달인시리즈 04
사랑과 연애의 달인 호모 에로스
발행일 개정증보판6쇄 2020년 2월 15일 | **지은이** 고미숙 | **펴낸곳** 북드라망 | **펴낸이** 김현경 |
주소 서울시 종로구 사직로8길 24 1221호(내수동, 경희궁의아침 2단지) | **전화** 02-739-9918 |
이메일 bookdramang@gmail.com

ISBN 978-89-97969-04-3 04800 | 이 도서의 국립중앙도서관 출판시도서목록(CIP)은 e-CIP홈페이지 (http://www.nl.go.kr/ecip)와 국가자료공동목록시스템(http://www.nl.go.kr/kolisnet)에서 이용하실 수 있습니다.(CIP제어번호: CIP2012003888) | **Copyright © 고미숙** 저작권자와의 협의에 따라 인지는 생략했습니다. 이 책은 지은이와 북드라망의 독점계약에 의해 출간되었으므로 무단전재와 무단복제를 금합니다. 잘못 만들어진 책은 서점에서 바꿔 드립니다.

책으로 여는 지혜의 인드라망, 북드라망 **www.bookdramang.com**

사랑과 연애의 달인 호모 에로스

| 개정증보판 |

고미숙 지음

개정판에 부쳐
다시, 사랑하라, 두려움 없이!

초판을 낸 지 4년 만이다. 숫자로만 보면 대단치 않은 시간이지만, 그간 겪은 사건들과 사람들을 생각하면 엄청나게 긴 시간이다. 평생 잊지 못할 기쁨과 슬픔, 분노와 격정 등을 다 겪은 것 같다. 하여, 이 개정판의 출간이 더욱 의미심장하다.

사회적 분위기도 그때와 지금 사이에는 상당한 간극이 생겼다. 초판을 낸 2008년, 그해 가을부터 시작된 금융위기는 이후 한층 가속화되어 사람들의 인식과 생활 전반에 큰 변화를 초래하고 있다. 그 이전에만 해도 우리 사회의 구호는 "부자 되세요!"였다. 하지만 이젠 누구도 이런 식의 구호를 입에 올리지 않는다. 금융자본의 붕괴로 부자가 되는 것이 불가능해졌기 때문만은 아니다. 부자가 된다고 해서 저절로 행복하거나 자유로워지는 건 아니라는 걸 어렴풋이나마 감지했기 때문이리라. 하물며 사랑이야 말할 나위도 없다. 부의 크기와 사랑의 능력과는 전혀 무관하다, 아니 때론 반비례한다, 는 걸 아직도 모른다면 그건 바보다!^^

물론 그렇다고 사랑이나 삶의 차원에서 창조를 향한 새로운 실험이 이루어지고 있는 것 같지는 않다. 오히려 부를 향한 맹목적 질주가 한낱 거품으로 판명나면서 망연자실하고 있는 느낌이랄까. 그래도 좋다! 더 이상 그런 식의 맹목이 지배하지는 않을 테니까. 그런 점에서 무상함이야말로 구원이다. 변화는 그 자체만으로 출구이자 생성의 가능성이기 때문이다. 하여, 이제 다시, 더 당당한 목소리로, 독자들에게 말하고 싶다. "사랑하라, 두려움 없이!"

개인적으로 겪은 최고의 사건은 『동의보감』을 '리라이팅'(『동의보감, 몸과 우주 그리고 삶의 비전을 찾아서』, 2011)하게 되었다는 사실이다. 『동의보감』과 마주친 지 무려 10여 년 만이다. 그 공부의 변곡점이 바로 이 책이었다. 이 책을 쓰면서부터 본격적으로 몸과 우주에 대한 탐구를 하기 시작했다. 사랑은 무엇보다 생명과 존재에 속하는 테마다. 화폐와 권력이 결코 장악할 수 없고, 해서도 안 되는 것도 바로 그 때문이다. 책이 책을 낳는다고, 그러고 보면 이 책이 『동의보감』 '리라이팅'의 산파 역할을 한 셈이다.

책과 책으로 이어지는 지혜의 인드라망!――내 인생의 비전이자 길이다. 간절한 발심이 통한 것일까. 놀랍게도 2011년 가을에 북드라망이 탄생했다. 북드라망은 출판계의 오랜 친구들과 내 일상의 거처인 감이당의 학인들이 함께 꾸려 가는 출판 코뮤니티다. 이제 막 걸음마를 뗐지만 한걸음 한걸음이 늘 새롭고 또 실험적이다. 『사랑과 연애의 달인, 호모 에로스』와 북드라망의 마주침! 이 또한 지혜를 향한 멋진 실험의 하나가 되리라고 믿어 의심치 않는다. 독자들도 이 책을 통해 낯설고 역동적인 창조의 기쁨을 누리시길! 사랑에 대하여, 또 삶에 대하여.

2012년 8월
인문의역학연구소 '감이당'에서
고미숙

초판머리말
사랑하라, 두려움 없이!

작년(2007년) 5월, 뜻하지 않게 『공부의 달인, 호모 쿵푸스』를 내게 되었다. 늘 그랬던 것처럼 몇 가지 인연이 얽히고설킨 탓이다. 헌데, 그게 또 예기치 않은 인연들을 불러들였다. 덕분에 거리에서, 현장에서 수많은 10대들과 만나게 되었다. 공부가 '동일성의 반복'이 아니라 '차이의 생성'이며, '부와 권력을 위한 도구'가 아니라 '존재와 세계에 대한 탐구'라는 나의 어설픈 열변에 그들은 뜨거운 눈빛으로 공명해 주었다. 그 분위기에 업!되어 옆으로 새기 시작했다. 그대들이 열렬히 욕망하고 있는 사랑도 오직 쿵푸를 통해서만 가능하다, 쿵푸의 달인이 되면 연애는 한큐!에 해결된다, 는 식으로. 그러자 이번엔 눈빛이 아니라, 온몸이 생기발랄해졌다. 와우! 거기에 맞들이다 보니 점점 말이 많아졌다. 마침내 그 말의 향연에 춘향이와 네루다, 임꺽정과 조르바, 루쉰과 스피노자, 니체 등 동서고금을 주름잡는 '사랑의 달인'들이 초대되기에 이르렀다.

그때 알았다. 우리시대 10대들이 얼마나 사랑에 굶주리고 있는지를. 학교와 교회, 집 어디서건 입만 열면 사랑타령이고, 미디어는 온통 사랑과 섹스를 쉬임없이 쏘아대고 있건만 정작 사랑의 열정을 누려야 할 청춘들은 부르짖고 있었다. 저 20세기 초 루쉰이 그랬던 것처럼 '사랑이 없는 비애를', '사랑할 사람이 없는 비애'를.『공부의 달인, 호모 쿵푸스』를 쓸 때 그랬듯이, 나는 또! 분노했다. 내가 청춘을 통과한 시대로부터 무려 30여 년이나 지났건만, 그 사이에 일어난 역사적 변화와 굴곡이 대체 얼만데, 어째서 청춘들은 여전히 사막을 배회하고 있단 말인가? 아니, 비단 10대뿐이 아니었다. 청춘을 통과한 중년들 역시 또 다른 사막을 배회하고 있었다. 그들 또한 사랑에 굶주리고 목말라했다. 애처로웠다. 이 책은 이런 분노와 안타까움이 낳은 산물이다.

한편, 에로스에 관한 말들이 꼬리를 물고 이어지면서 내 안에 수많은 질문들이 생겨났다. 나는 명색 고전평론가다. 그렇다면 고전의 지혜도 사랑의 기술로 운용될 수 있어야 한다. 예컨대, 붓다의 수행이 사랑의 문법으로 변용되면 어떤 일이 벌어질까? 공자의 인(仁)과 에로스는 어떤 관계지?『동의보감』의 양생술을 사랑의 테크닉으로 활용한다면? 등등. 게다가 나는 코뮌주의자다. 일상의 거의 모든 것을 공동체에서 해결한다. 배우고 먹고 놀고. 그리고 굳게 믿는다. '모든 고정된 것이 연기처럼 사라지는' 이 음울한 시대를 위풍당당하게 통과하려면 누구든 코뮌에 접속해야 한다고. 그렇다면 공동체가 추구하는 사랑과 성의 윤리적 배치란 과연 어떤 것일까? 탈주와 전복이라는 코뮌의 비전과 그것은 대체 어떤 방식으로 연결될 수 있을까? 등등.

이 책은 그 질문들에 대한 최초의 응답이라 할 수 있다. 물론 질문은 창대하나 응답은 미미하기 짝이 없다. 하지만, 분명한 건 고전이 시대를 뛰어넘은 전위적 텍스트를 의미한다면, 또 코뮌이 낯설고 이질적인 삶이 생성되는 곳이라면 이 질문들로부터 결코 자유로울 수 없다는 사실이다. 아직 그 사이는 너무 멀다. 이 책이 그 간극을 이어 주는 하나의 걸음이 되기를 기원한다.

    그리하여 이 책의 불씨를 지펴 주었던 10대들에게 에로스의 열정이 흘러넘칠 수 있기를! 또, 그 열정이 전방위적으로 산포되어 모든 세대가 '두려움 없는 사랑'을 꿈꿀 수 있기를!

2008년 10월
'연구공간 수유+너머'의
햇빛 따사로운 곳, 카페 트랜스에서
고미숙

차례

개정판에 부쳐 다시, 사랑하라, 두려움 없이! 4
초판 머리말 사랑하라, 두려움 없이! 6

프롤로그_ 사랑할 때 꼭 기억해야 할 세 가지 테제 12
테제 1 : "사랑하는 대상이 바로 '나'다!" 13
테제 2 : "실연은 행운이다!" 15
테제 3 : "에로스는 쿵푸다!" 17

1부 오만과 편견, 사랑과 성(性, sex)에 대한… 21

대한민국은 연애공화국이다? 24
장면 1 : '선수'들의 비열한 게임 26 | 장면 2 : 순정파들의 '유치한 망상' 29 |
장면 3 : '솔로'선국, '커플'시옥? 31

지독한 이분법들 37
순정 아니면 냉소 37 | '쿨'하거나 미치거나—선수 아니면 스토커 42 |
사랑과 섹스—가깝고도 먼 사이 45 | 차거나 차이거나 49

불멸의 판타지—"사랑이 어떻게 변하니?" 53
'반쪽이'는 없다! 53 | 슬픈 것은 영원하다? 59 | 미덕의 불운 62 | 추억과 몽상 사이 65

사랑엔 공부가 필요없다? 69
매뉴얼만 있으면, 만사 OK! 70 | 유치할수록 진실하다? 73 | 연애는 혁명의 걸림돌! 76

사랑, 삶을 망각하다!—권태 아니면 변태 80

세태톡톡 84 | 화보 91

2부 청춘의 '덫'—국가와 가족, 학교, 그리고 쇼핑몰 … ▶ 95

20세기와 욕망의 배치 98
'이팔청춘'은 어디로? 98 | 국가경쟁력은 욕망을 잠식한다! 100

집과 학교, 시설 좋~은 '감옥' 104
가족, 치명적인 유혹! 104 | 엄마의 '늪' 108 | 덧달기: '곽탁타'의 나무 기르는 법 111 |
연애는 드라마로, 섹스는 포르노로 114

쇼핑몰, 욕망을 집어삼키다 118
자동차와 성욕 119 | '절.차.탁.마.'—성형천국의 모토 122 | 덧달기: 환멸의 비애 127

청년문화가 없다! 133
'올드보이' 혹은 '간신음허' 세대 134 | 광장에서 밀실로! 136 | 덧달기: 2008 촛불광장과
에로스 138

세태톡톡 142 | 화보 146

3부 청춘이여, 욕망하라! … ▶ 151

몸은 '답'을 알고 있다! 154
작업 끝, 선수는 가라! 155 | "네 안에 너를 멸망시킬 태풍이 있는가?" 158 | 상상에서 관찰로! 161 |
쾌락과 금욕을 넘어 165 | 덧달기: 양생—'자유의 새로운 공간'을 향하여! 169

실연은 없다! 176
고통과 불행은 다른 것이다 177 | 짝사랑, 내공 수련의 찬스! 182 | 발원하라!—'고양이-되기' 186

화폐권력에 저항하라 192
'탈주선'—사랑의 본래 면목 193 | '쇼', 하지 마! 198 | 소유와 죽음충동 202

사랑하는 순간부터 책을 읽어라 206
아는 만큼 사랑한다 206 | 사랑은 가도 '수학'은 남는 법 209 | 책과 세미나—'질풍노도'의 원천 212

세태톡톡 218 | 화보 221

4부 에로스와 '운명애' ⋯▸ 225

사랑한다면, 삶을 창조하라! 228
루쉰의 '사랑법' 228 | '창조'의 키워드—리듬과 강도 233

에로스와 유머 238
'기쁜 능동촉발'—스피노자의 지혜 238 | '미친' 사랑의 노래—「노처녀가」 241

무상성, '불멸'의 진리 247
사랑도 '생로병사'를 겪는다 248 | 지나간 것은 지나가게 하라 252 |
운명애(Amor fati)—운명은 '용법'이다! 257

화보 265

에필로그_ 천 개의 사랑, 천 개의 길 268
"사랑하고 노래하고 투쟁하다" 270
코뮌주의자의 사랑법—사랑과 우정 '사이' 272
도와 에로스—사랑에 관한 '우주적' 농담 277
사랑하라, 두려움 없이! 279

프롤로그

사랑할 때 꼭 기억해야 할
세 가지 터제

테제 1 : "사랑하는 대상이 바로 '나'다!"

"부숴 버릴 거야!" 「청춘의 덫」이라는 드라마에서 여주인공(심은하 분)이 토해 냈던 유명한 대사다. 열렬히 사랑하고 온갖 뒷바라지를 다했는데, 상대가 부잣집 딸과 눈이 맞아 자신을 헌신짝처럼 버리고 떠나자 분기탱천하여 내뱉은 말이다. 죽이는 것도 모자라 부숴 버리겠다니. 사연이 뭐건 이 순간, 사랑은 지옥이 된다. ──이어지는 복수혈전. 그토록 착하고 헌신적이고 예쁘기까지(!) 한 여인을 비열하게 차 버렸으니, 다들 "통쾌하다" "당연하다"고 느낀다. 그와 더불어 시청자들도 마음속 깊이 아로새긴다. 나를 짓밟고 떠난 상대는 저주받아 마땅하다. 부숴 버려야 한다, 고. 심지어는 별로 희생적인 관계가 아닌 경우에도 "죽여 버리겠다"는 저주를 서슴지 않는다. 사랑과 증오의 교묘한 결탁! 기이하게도 둘 가운데 후자가 훨씬 강렬하고 매혹적이다. 그래서인가. 멜로드라마는 늘상 사랑의 기쁨보다 증오의 광기를 그리는 데 몰두한다.

그런데 이 복수혈전의 멜로적 공식구에는 치명적인 함정이 하나 있다. 복수의 씨앗인 그 사랑과 헌신이 자신이 '원해서' 한 짓이라는 사실, 누가 시켜서, 혹은 누가 강요해서 한 짓이 아니란 사실이 결락되어 있다는 점이다. 아무리 심한(?) 배신을 당했다 할지라도 애초 모든 사건이 자신으로부터 비롯했음을 망각하고 있는 것이다. 그리고 자신이 원인이 될 때, 사랑은 그 자체로 축복이다. 열심히 사랑한 다음, 그 대가로 천국에 가는 게 아니라, 사랑하는 행위 자체가 천국인 것. 거기에는 배신과 복수 따위가 들어설 자리가 없다. 따라서 복수혈전이 펼쳐진다는 건 그 사랑의 원인이 내가 아니라, 상대로부터 비롯되었음을 전제하고 있는 셈이다. 나는 별로 원하지 않았는데 상대의 유혹에 의해 엮인 것이라고 한다. 그리고 역시 상대한테 속아서 억지로 희생과 헌신을 강요당했다고 한다. 요컨대, 원인이 모조리 상대에게 있는 것이다. 만약 그게 사실이라면, 그 사랑은 보상과 대가가 필요하다. 내가 해준 만큼, 아니 그 이상으로 보답을 받아야 한다. 희생과 복수의 공식구가 등장하는 건 바로 이 대목이다. 그런데 만약 그렇게 모든 원인이 상대한테 있다면, 그걸 사랑이라고 이름할 수 있을까? 그건 사랑이라기보다 노동이나 거래라고 해야 맞지 않을까. 그런 점에서 우리시대 멜로드라마에는 사랑이 없다! 붕어빵에 붕어가 없는 것처럼.^^

이렇듯, 사람들은 사랑을 언제나 대상의 문제로 환원한다. 한마디로 대상만 잘 고르면 만사형통이라 여기는 것이다. 사랑에 실패한 건 대상을 잘못 골랐기 때문이고, 아직까지 사랑을 제대로 못해 본 건 '이상형'이 나타나지 않았기 때문이라는 식으로. 참으로 신기한 인과론이다. 모든 것이 다 갖춰져 있는 판에 나는 몸만 쏙! 들어가면 되는가? 실패한 다음엔 다시 몸만 쏙! 빠져나와 복수극을 펼치면 되고? 이렇게 지독한 이기주의가 또 있을까? 상대를 잘못 만나 인생을 망쳤다면, 그런 상대를 선택한 '나'라는 존재는 대체 뭔가?

상식적인 말이지만, 사랑 따로 대상 따로 나 따로가 아니라, 나와 사랑과 대상이 하나로 어우러질 때 사랑이라는 사건이 발생한다.

각자 따로 존재하다 서로 플러스된다면, 그건 사랑이 아니다. 작업이거나 게임이지. 그러므로, 작업이나 게임이 아닌 제대로 된 사랑을 꿈꾼다면, 반드시 환기해야 한다. 사랑과 대상과 나 사이는 결코 분리될 수 없다는 것, 나아가 사랑하는 대상, 그것은 바로 '나' 자신이라는 것을.

테제 2 : "실연은 행운이다!"

자본의 코드, 상품의 코스로부터 탈주해야 비로소 운명적 사랑을 만날 수 있다, 는 내용으로 한참 '썰'을 풀고 나자, 한 학생이 물었다. "만약 그런 코스에서 벗어나는 것을 방해하고 가로막는 상대가 있다면……" 말이 끝나기도 전에 내가 답했다. "당장 헤어지세요!" 잠시 후 이렇게 덧붙였다. "가차 없이!"

그렇다. 내 욕망을 자본의 프레임에 구겨 넣으려는 상대와는 가차 없이 결별해야 한다. 근거는 간단하다. 살기 위해서다. 시쳇말로 "다 살자고 하는 짓인데", 사랑 또한 마찬가지다. 죽기 위해 사랑을 하는 인간은 없다. 살기 위해, 더 충만하게 살기 위해 하는 것이다. 그럼, 산다는 건 뭔가? 존재의 자유와 해방을 향한 여정이다. 이 여정을 가로막는 상대라면, 그 대가로 주어지는 것은 성적 쾌락과 소비의 충만함일 터, 그건 '죽음충동'(타나토스)에 다름 아니다. 살자고 하면서 죽으로 달려가는 격이다. 그러므로 연애와 존재가 충돌하면 당연히 존재를 택해야 한다. 물론 쉬운 일은 아니다. 사랑이라는 미명하에

나에게 엄청난 호의를 베풀고 있는 상대를 뿌리친다는 건 웬만한 배짱이 아니고선 결코 쉽지 않다. "지옥으로 가는 길엔 호의와 친절로 가득 차 있다"(정화스님)는 건 그 때문이리라.

그럴 때 차이는 게 장땡이다. 차인다, 고 하면 다들 쓰라린 상처와 좌절을 떠올릴 것이다. 하지만 그렇지 않다. 내가 뿌리치기 어려운 인연을 저쪽에서 정리해 주는 것일 뿐이다. 미리 말하지만 사랑은 무상하다. '불멸의 사랑'은 망상 중의 망상이다. 그건 마치 어린아이 때 가지고 놀던 장난감을 어른이 된 다음에도 계속 끼고 다니는 거나 마찬가지다. 노망이 들지 않고서야 누가 그런 짓을 한단 말인가. 그뿐 아니라, 인생 또한 끊임없이 변곡점을 통과해야 한다. 한 번 변곡점을 통과할 때마다 인생은 전혀 다른 길로 접어들게 되어 있다. 그때 케케묵은 인연에 발목이 잡힌다면 참으로 난감한 일이다. 그러니 그 이전에 나를 버리고 떠나 준다면 그 얼마나 고마운 일인가!

그리고 또 하나. 차는 것과 차이는 건 동일한 사건이다. + – 방향만 다를 뿐, 일종의 어긋남을 겪어야 한다는 점에선 다를 게 없다. 단지 역할만 다른 셈이다. 그리고 결별의 진짜 이유는 아무도 알지 못한다. 사랑할 때 아무 이유가 없었듯이, 헤어질 때 역시 마찬가지다. 멜로드라마에서처럼 선악과 시비, 인과가 그렇게 선명하게 갈라지는 경우는 거의 없다. 굳이 원인을 찾는다면, 시절인연이 어긋난 탓이라고밖에는. 봄이 가면 여름이 오고, 여름이 지나면 가을이 오듯이 말이다. 사랑도, 삶도 마찬가지다. 시절인연이 바뀌면 서로 헤어져야 한다. 심하게 말하면 어떤 사건들 때문에 헤어진다기보다 헤어질 때가 되어서 그런 사건들이 일어난다고 하는 게 더 정확하다.

그러니 이 역할극에서 더 불리한 건 먼저 결별을 선언하는 쪽일 수 있다. 왜냐하면 계속해서 가책과 회한을 짊어지고 다녀야 할 테니 말이다. 차이는 쪽은 그 반대다. 처음엔 힘들지만, 시간이 지나면 곧 후련해진다. 하여, 아주 가뿐하게 길을 떠날 수 있다. 고로, 실연은 행운이다! 나로 하여금 전혀 다른 삶을 살 수 있도록 미리미리 길을 '비켜 준' 존재들한테 축복 있기를!

테제 3 : "에로스는 쿵푸다!"

사랑은 몸의 화학적 변이를 수반한다. 사랑에 빠진다는 건 신체가 전혀 다른 화학적 조성을 갖게 된다는 뜻이기도 하다. 그 화학적 변이를 동력 삼아서 존재는 전혀 다른 궤도 속으로 들어가게 된다. 만약 그런 변이와 전이를 체험하지 못했다면, 아직 사랑하지 않은 것이다! 그건 사랑이 아니라, 쾌락이오 소유의 환락일 뿐이다. 사랑이 이 쾌락의 함정에 빠지지 않으려면? 방법은 오직 하나! 공부를 해야 한다. '사랑도 공부를 해야 하나?'가 아니라, 사랑이야말로 공부가 필요하다.

앎의 크기가 내 존재의 크기를 결정한다. 그러므로 앎의 열정이 없는 존재가 운명적 사랑을 한다는 건 우주적 이치상 불가능하다. 주류적 척도로부터 벗어나 자유의 새로운 공간을 확보하고자 하는 열정, 자본과 권력의 외부를 향해 과감하게 발을 내디딜 수 있는 내공.

공부는 무엇보다 이 열정과 내공을 쌓아 가는 과정이다. 이런 공부는 머리가 아니라 몸으로 해야 한다. 그래서 쿵푸(!)다. 쿵푸를 해야 사랑이 도래하고, 그때 사랑은 스쳐 지나가는 바람이 아니라 '운명을 건 도약'이 된다. 이 방면의 대가인 크리슈나무르티는 말한다.

모든 관계는 훈련의 한 형태이며 모든 관계는 움직임입니다. 정지되어 있는 관계는 없습니다. 모든 관계가 저마다 새로운 배움을 필요로 합니다. 설사 결혼한 지 40년이나 되었고, 부부간에 늘 편안하고 늘 한결같고 품위 있는 관계를 이루어 놓았다 해도 그 관계가 이미 하나의 패턴으로 자리 잡는 순간 더 이상 배우지 못합니다. (『배움과 지식에 대하여』, 정채현 옮김, 고요아침, 2008, 181쪽)

그에 따르면, 사람들은 아주 오래된 이미지, 상징, 관념 같은 것들에 의존하여 서로 관계를 맺는다. 그리고 그걸 사랑이요 배려라고 착각한다. 하지만, "그것은 아무런 생기도 없고 아무런 생명력도 없고 열정도 없이, 죽은 것, 정체된 관계를 만들" 따름이다. 그러므로 그는 단언한다. "오직 배우는 마음만이 열정이 넘칩니다."

덧붙이면, 사랑은 절대 사적인 것이 아니다. 흔히 평생 가슴속에 은밀히 담아 두는 것이라 생각하지만, 그거야말로 무지의 소치다. 사랑을 야기하고 실천하는 욕망 자체가 사회적 배치의 산물이자 우주적 본능의 발현인데, 어찌 그럴 수 있단 말인가. 그렇게 협소한 영역에 가둬 두는 한 절대 상처와 연민, 동정 등의 미망에서 헤어날 수 없다. 상처로부터 떠나고 싶다면, 동정과 연민의 늪에서 벗어나고 싶다면, 마땅히 공공연히 배우고 익혀야 한다. 사랑 혹은 에로스적 본능이란 단지 둘 사이의 문제가 아니라, 존재가 외부와 맺는 모든 관계를 포함한다는 점에서 더욱 그렇다. 고로, 에로스는 쿵푸다!

1부

오만과 편견,
사랑과
성(性, sex)에 대한

클림트, 「죽음과 삶」, 1911

"무소의 뿔처럼 혼자서 가라!" 붓다의 유명한 가르침이다. 그 무엇에도 기대지 말고, 혼자의 힘으로 가라는 뜻이다. 왜? 우리 자신이 바로 붓다니까. 따라서 깨달음의 여정에는 어떤 우상도, 의지처도 용납되지 않는다. 중생을 구제하는 자비와 지혜도 그때 비로소 가능하다. 혼자 갈 수 있어야 무리와 접속할 수 있다는 이 도저한 역설! 만약 이 가르침을 사랑의 기술로 활용한다면? 사랑을 꿈꾸는 자 또한 그러하다. 무소의 뿔처럼 혼자서 가야 한다. 홀로 갈 수 없다면, 절대 타자를 사랑할 수 없다. 그때 사랑이란 의존과 예속의 다른 이름일 뿐이다. 그리고 혼자 갈 수 있으려면 무엇보다 가벼워야 한다. 무거운 자들은 길을 나설 수도, 떠날 수도 없기 때문이다. 가장 먼저 사랑에 관한 망상과 싸워야 하는 이유가 여기에 있다. 망상은 무겁다. 갖가지 오만과 편견으로 존재를 한없이 무겁게 얽어맨다. 그 그물망을 벗어던져야만 비로소 떠날 수 있다. 요컨대, 홀로 가기 위해선 먼저 가벼워져야 한다. 다시 붓다의 말을 빌리면, "오직 날개의 무게로만 가는 새처럼 가라!"

대한민국은 연애공화국이다?

2006년 여름, 우리 공동체가 원남동에 있던 시절. 점심당번이라 1층 주방에서 쌀을 씻고 있는데, 옆에서 양파를 까고 있던 후배 원만이[*]가 물었다.

"선생님이 학교에 다닐 때도 연애가 그렇게 중요했나요?"
"응? 왜?"
"친구들을 만나면 하는 얘기가 오직 연애 아니면 고시라서."
"연애는 그렇다 치고 웬 고시?"
"고시에 붙어야 연애도 '지대로' 할 수 있다는데요."

동서고금을 막론하고 청춘의 관심사가 연애인 거야 뭐, 새삼스러울 게 없다. 청춘이란 그 자체로 성에너지가 부글거리는 시기이니까. 하지만, 청춘의 '유일한' 관심사가 연애라면, 그건 좀 '기이한' 현상임에 틀림없다. 게다가 연애의 '짝'이 '고시'라는 것도 좀 '거시기'

---

[*] 원만이(가명)는 30대 초반 남성으로 연구실 경력 3년차다. 연애 경력 두 번. 두 번 다 '썰렁하게' 끝났다. 기본적으로 여친의 감성코드를 전혀 따라잡지 못했을 뿐 아니라, 그게 어떤 맥락의 소산인지도 잘 납득하지 못하고 있다. 그의 고민. 연애를 무지 하고 싶다. 그런데 연애 때문에 생활(공부와 공동체 활동)의 리듬이 왜곡되는 건 싫다. 그럼 어떻게 해야 하는 거지?

하다. 요즘 대학가를 휩쓸고 있는 고시열풍이 꼴랑 연애 한번 '폼나게' 하기 위한 것이란 말인가.

그런가 하면 한 주간지 조사에 따르면, 우리나라 40~50대 중년 남성들의 최대 관심사는 '연애'라고 한다. 가족과 국가를 위하여 산업현장을 불철주야 뛰어다니다 보니 마음이 헛헛해서, 또 부부관계가 원만하지 않아서……가 아니라, 그냥 남부럽지 않게 넉넉하게, 또 나름 화목하게 사는 경우에도 다들 모이면 연애 한번 멋지게 해보는 게 꿈이라고 한단다. 여성들은 한술 더 뜬다. 요즘 중년 여성들은 '연하 남친' 하나쯤은 있어야 바보취급을 당하지 않는다.

멜로드라마(특히 아침드라마)가 좋은 거울이다. 90년대까지만 해도 멜로물에서 연애는 결혼 이전에 치러야 할 '통과의례' 같은 것이었다. 하지만, 지금은 유부남, 유부녀의 삼각·사각관계가 기본이다. 이런 현상을 전문용어로 '외도의 일상화'라고 명명한다나. 또 예전처럼 남편이나 부인 어느 한쪽이 명백한 결격사유—예컨대, 폭력이나 사기, 질병 등—를 가지고 있는 경우도 아니다. 솔직히 말하면, 아무 이유 없다!

어디 그뿐인가. 노인세대의 급격한 증가와 더불어 '노인의 성과 연애' 또한 대중문화의 새로운 트렌드로 부상 중이다. 인터넷 뉴스에 따르면, 60~70대, 아니 80대까지도 '연애붐' 혹은 '황혼재혼붐'이 일고 있다고 한다. 결국 청춘에서 노년까지 모든 세대를 가로질러 한국인의 당면과제는 연애가 된 셈이다. 바야흐로 '연애의 시대'가 도래한 셈인가? '대한민국은 민주공화국이다!'—2008년 여름

촛불집회 때 서울광장에 모인 시민들이 목이 터져라 불렀던 노래다. 그 결과 알게 된 사실. 대한민국은 절대 민주공화국이 아니라는 것. 그래서 이참에 헌법 제1조를 이렇게 바꾸면 어떨까? ─ 대한민국은 연애공화국이다!(쩝! 농담 한번 해봤다.)

아무튼 이렇게 '연애담론'이 흘러넘치건만, 역설적이게도 지금 같은 '연애무능시대'도 드물다. 10대, 20대들은 100일을 못 넘기고 파트너를 갈아 치운다. 아니, 이것도 '이미' 한물간 얘기고 요즘은 22일(투투데이)이 고비란다. 하긴 길게 간다고 나을 것도 없다. 「6년째 연애중」이라는 영화도 있듯이, 좀 길어진다 싶으면 지루함과 권태에 찌들어 사랑인지 뭔지도 모르는 지경이 되곤 한다. 젊은 애들만 그런 것도 아니다. 중년들의 로맨스도 한심하긴 마찬가지다. 유치찬란한 몽상 아니면 야동식 변태 사이를 오락가락한다. 한마디로 다들 연애에 대한 갈증으로 애를 태우면서도 연애를 '지대로' 하는 인간들은 천고에 드문 것이다. 참, 말을 할수록 억장이 무너진다.

일단 구체적으로 현장조사부터 해보자.

장면 1: '선수'들의 '비열한 게임'

'연애계'의 가장 흔해 빠진 유형이 바로 '선수들'일 것이다. 선수라니, 연애가 무슨 스포츠 경기감? 그렇다. 이들은 연애를 스포츠 경기나 게임 같은 걸로 간주한다. 그래서 늘 경쟁모드로 임할뿐더러, 상대방을 제압하지 못해 안달복달한다. 이들의 욕망은 아주 뚜렷한 척도를 중심으로 움직인다. 돈과 권력과 외모. 이것들의 조합에 의해 성욕이 작동하기 시작한다. 그래서 선수들은 이 세 가지 사이의 절묘한 배치를 읽어 낼 수 있는 동물적 감각이 필요하다.

일단 감이 오면, 즉시 행동으로 돌입한다. 그 행동에는 아주 치밀한 계산과 잔머리가 수반된다. 만나는 횟수와 스킨십의 진도에 이르기까지 '용의주도하게' 체크, 검색된다. 어떤 콘셉트로 접근할지, 어떤 멘트를 날릴지, 어떤 속옷을 입을지 등등. 이런 짓거리를 일러 '작업'이라고 명명한다. 사랑도 아니고, 연애도 아니고, 작업이다! 사랑이 다양한 관계를 망라하는 보편적인 명칭이라면, 연애는 1920년대에 수입된 신조어다. 'Love'의 일본식 번역어다. 사랑이 수많은 의미의 생산이 가능한 용어라면, 연애는 남녀 사이의 이성적 관계라는 의미로 압축된다(물론 동성애도 여기에 포함된다). 동성애건 이성애건 이 방식에도 수많은 의미연쇄가 가능할 테지만, 근대적 연애 개념으로 흡수되면서 한없이 협소해져 버렸다.

그럼 작업은? IMF 이후 등장한 신조어다. 연애보다 더 의미가 축소되어 아주 특정한 방식의 연애행태를 지칭한다. '선수'란 이 '작업의 달인'들을 지칭하는 말이다. 한 입담 좋은 탤런트가 퍼뜨린 말이라는데, 중요한 건 기원이 아니라, 그 말이 만들어 내는 욕망의 배치다. 연애가 작업이라는 '허접한' 이름으로 불리면서 아주 기이한 전도가 일어났다. 사랑이나 연애는 일단 이성 혹은 합리성의 외부에 있는 충동 혹은 열정을 뜻한다. 즉, 접근법이나 형태가 무엇이건 일단은 상식적 코드로부터 탈주하는 힘을 내장하고 있다. 그에 반해 작업은 정반대의 벡터를 지닌다. 그것은 출발부터 돈과 권력과 외모라는 주류적 가치를 향해 달려가기 때문이다. 따라서 그것은 에로틱한 열정과는 거리가 먼, 말 그대로 '작업의 일환'이 되었다. 입시나 취업 전선과 차이가 없어진 것이다.

처음 만난 날, 그는 나더러 은방울꽃 같다고 말했다. …… 다음날부터 나의 콘셉트는 청순함이었다. 아주 어려운 일은 아니었다. 흰색이나 파스텔 계열의 원피스를 입고, 머리를 정성껏 드라이하여 어깨쯤에서 찰랑이게 하고, 말을 많이 하는 대신 수줍은 미소를 지으면 되었다. 스킨십에 있어서도 조신하려고 애썼다. 그렇다. 마침내 내 인생 스물두 해를 걸고 배팅해 볼 만한 남자가 나타난 것이다.

『낭만적 사랑과 사회』(정이현, 문학과지성사, 2003)라는 소설에 나오는 대목이다. 소설이라지만 거의 다큐에 가깝다. 요즘 젊은이들이 추구하는 '선수들의 세계'를 고스란히 옮겨 놓았기 때문이다. 참, 어이없다. 이런 걸 연애랍시고 하고 있다니. 선수들의 특징은 자기가 연애와 인생살이에 관해 상당한 노하우를 확보하고 있다고 착각한다는 점이다. 하지만, 사실은 가장 멍청하고 무능한 존재들이다. 왜냐하면, 온갖 잔머리를 굴리느라 자신의 원초적 욕망을 다 거세시켜 버린 탓이다. 즉, 존재의 밑바닥에서 올라오는 원초적 에너지를 완전 '침묵, 봉쇄'시켜야만 이따위 짓거리를 할 수 있다. 또 하나, 선수답게 거의 매일같이 경기에 출장한다. 서로 계약조건이 맞으면, '원나잇스탠드'도 얼마든지 가능하다. 그 이상의 교환이 가능하면, 거기서 좀 더 진도가 나가고. 그래서 보통 평생 한두 번 올까말까한 사랑을 이들은 거의 한두 달 단위로 갈아 치운다. 하지만, 중요한 건 그 모든 경기패턴이 동일하다는 것. 7번을 하건 8번을 하건, 또 몇 명과 동시다발적으로 하건 '그 나물에 그 밥'이라는 거다.

그러니 이거야 뭐, 하면 할수록 몸과 마음이 피폐해질 수밖에 없다. 그러다 보면 결국 자기 꾀에 자기가 걸려 넘어진다. 더 비극적인 건 상대방도, 나의 경쟁자도 다들 선수라는 것. 따라서 이 게임에선 누구도 인정사정 봐주지 않는다. 소위 선수 중의 선수인 유명 연예인 커플들이 결별할 때 보이는 추태(폭행시비, 재산다툼, 법정소송)를 떠올려 보라! 따라서 이 바닥에서 살아남으려면 더한층 비열해지는 수밖에 없다. 결국 존재와 삶이 송두리째 수렁에 빠지는 걸 감수해야 한다. 이런 존재들이 타자와의 능동적 소통이 가능할 리 없다. 결국 청춘의 열정과 더불어 삶의 기술 또한 박탈당하고 만다. 백전백패! 이게 바로 선수들의 세계다.

장면 2 : 순정파들의 '유치한 망상'

40~50대로 보이는 여성들 몇이 공원 벤치에 앉아 있다. 남편들한테서 문자가 온다. "어디 아프냐?" "마누라 뭐 잘못 먹었어?" 짐작컨대, 남편들한테 '사랑한다'는 문자를 보내고 답신을 기다리는 중이었나 보다. 마지막으로 한 여성의 문자메시지 알림벨이 '딩동' 울렸다. "명

애 씨 내가 더 사랑하오♡" 당사자는 행복에 겨워 죽으려 하고, 옆에 있던 여성들은 부러워서 죽으려 한다. 광고의 한 장면이다. 이거 보면서, 참, 불쌍해서 죽을 뻔했다. 저 나이의 여성들이 저 시간에 모여 저따위 '사랑타령'이나 하는 걸 무슨 낭만이나 되듯이 연출하다니. 저거야말로 여성차별 아닌감? 정말로 남편의 사랑을 저런 식으로 확인받고 싶은가? 그리고 내가 '하는' 것보다 더 많이 '받으면' 만사형통인가? 그거야말로 순전히 도둑놈 심보 혹은 거지근성 아닌가. '더, 더' 받으려고만 드니까. 그렇게 좋은 거면 자신이 '더 하면' 되지 않는가?

하지만, 이게 소위 순정파들이 꿈꾸는 사랑의 판타지다. 여성들이 좀더 이런 경향이 두드러지긴 하지만, 남성들 중에도 이런 케이스는 아주 많다. 공원의 벤치, 휘날리는 낙엽, 사랑한다는 말, 꽃과 선물 등등. 사춘기 적에 한번 품었음직한 망상을 그대로 간직하고 사는 중년 남녀들. 이와 관련하여 충격적인 경험이 하나 있다.

미국에 잠깐 체류한 적이 있었다. 그때 그곳에 있던 일본인들은 남녀노소를 불문하고 「겨울연가」(일본 방영 시 제목은 「겨울 소나타」 冬のソナタ)에 열광했다. 대사를 달달 외는 사람, 주인공들이 먹었던 떡볶이를 직접 만들어 먹는 사람, 주제가를 하루 종일 연주하는 사람 등등. 정말이지 그들은 굶주린 이리처럼 「겨울연가」를 '먹어 치우고' 있었다. 그때 든 생각. 일본 사람들, 정말 외롭게 살고 있구나! 또 세대와 국경을 넘어 순정파들의 행태는 하나같구나!

실제로 요즘 10대와 20대들 역시 이런 식의 멜로적 문법 위에서 사랑에 대한 망상을 구축한다. 청순가련한 여성, 터프하지만 자상한 남성, 애틋한 추억의 장소들, 우아한 배경음악, 닭살돋는 대사들 등등. 사랑을 확인하는 순간까지의 온갖 스릴과 서스펜스를 즐기고, 막상 사랑을 확인한 다음엔? 별로 할 일이 없다. 아니, 있긴 하다. 아름다운 순간들을 추억하는 일, 그리고 또 다시 그와 같은 순간이 오기를 몽상하는 일. 추억하거나 몽상하거나. 이들 순정파들은 한마디로 이런 유의 낭만적 궤도 안에 갇힌 '고매한 족속들'이다. 그들의 연애 또한 늘 실패한다. 왜? 과거와 미래를 '왕복달리기'하느라 현재를 살 능력도, 여유도 없기 때문이다.

장면 3 : '솔로'천국, '커플'지옥?

    필자 : "이 회사에도 미혼남녀들이 꽤 있죠?"
    박부장 : "네, 20대에서 30대 후반까지 골고루 있지요."
    필자 : "그럼, 사내커플도 많겠네요?"
    박부장 : "아뇨. 없습니다. 전 사내커플, 결사반대입니다."

한 출판사에서 나눈 대화다. 위에 등장하는 박부장은 30대 초반 솔로다. 헌데, 연애에 관한 한 '자포자기형' 인물이다. 그런데, 자신이 아예 가능성이 없다고 여겨서인지 회사이념까지 '사내커플 결사반대!'를 주창하고 나섰다.
    내가 다시 물었다. "아니 왜? 정규직이 청춘의 목표인 시대에 사내 커플이 많을수록 좋은 거 아닌가?" "아닙니다. 솔로가 훨씬 좋습니다. 커플이 생기면 사원들 사이의 위화감만 조성되고…… 에 또 좌우지간, 우리의 슬로건은 '커플지옥, 솔로천국!'입니다."

오 마이 갓! '솔로천국'은 그렇다 치고, '커플지옥'이라니. 이거야 뭐, 연애 아나키스트들도 아니고. 듣자니 이런 식의 '이념 같지 않은 이념'이 꽤나 성행하고 있다고 한다.

하기사 남의 회사 걱정할 때가 아니다. 우리 연구실에도 이런 솔로들이 수두룩하다. 20대는 물론이거니와 30대 중·후반, 심지어 40대까지 있다. 노처녀, 노총각의 단계를 훌쩍 뛰어넘었기 때문에 우리끼리는 '독거노인'이라 부른다. 우리 연구실은 명색이 지식인코뮌이다. '좋은 앎과 좋은 삶의 일치'! 이게 우리들의 슬로건이다. 한마디로 공부를 통해 삶을 바꾸고, 세상을 바꾸는 것. 그러나 연애에 관한 한, 다들 젬병이다. 공부가 더 재미있다는 둥, 시간이 없다는 둥 따위의 '말도 안 되는' 명분들을 내세우긴 하지만, 까놓고 말하면 사랑의 지혜와 능력이 부족한 탓이다. 결국 '좋은 삶'의 영역에서 사랑은 쏙 빼놓은 셈이다. 이런!

어디 이뿐이랴. 사회 전체로 봐도, 바야흐로 골드 미스 2만 7천여 명(한국경제TV 2008년 10월 10일자 기사), 1인 가구 300만(2008년 9월 보도. LG경제연구원 추산 268만)의 시대에 접어들었다고 한다. 이들은 대부분 '솔로천국 커플지옥'을 외친다. 솔로레타리아(프롤레타리아)와 커플주아(부르주아)라는 계급적 명칭까지 만들고, 「공산당 선언」 뺨치는 '솔로레타리아 선언문'까지 작성했다고 한다. 하지만

이게 과연 진심일까? 아니, 그 전에 이들은 과연 연애나 사랑에 대한 욕망으로부터 자유로운가? 아니다! 절대 그럴 리 없다(고 나는 생각한다). 천국과 지옥이라는 수사 자체가 그 증거다. 여기서 핵심은 '지옥'이다. 커플이 지옥이 되기 때문에 솔로가 천국이라는 전도가 가능한 것이다. 즉, 커플에 대한 두려움 때문에 솔로의 길을 선택하게 (실은 선택당하게) 된 것일 뿐이다. 솔로일 땐 목청을 있는 대로 높이지만, 막상 필이 꽂히는 상대가 나타나면 즉각(1초의 고민이나 번뇌도 없이) '솔로레타리아' 조직을 배신하는 것만 봐도 그 이념적 허구성은 짐작하고도 남음이 있다.

이들은 온갖 잔머리를 굴리면서 돈과 쾌락을 거머쥐기 위해 안간힘을 쓰는 '선수들'도 아니고, 연애에 관한 망상에 빠져 허우적대는 '순정파'도 아니다. 오히려 그런 경향들에 '반하여' 새로운 삶과 관계를 창안하고자 하는 의욕에 불타는 인물들이다. 그럼에도 이들 또한 연애에 관해서는 '속수무책'이다. 때문에 겉으론 의연한 척하지만, 내적으론 상당한 결핍에 시달린다. 그 결핍은 무엇보다 사랑에 대한 원초적 욕망과 이들이 추구하는 코뮌이나 혁명, 혹은 독립적이고 당당한 삶 같은 가치 사이의 엄청난 간극에서 비롯한다. 이 간극에 대한 탐색과 비전이 없는 한, 그 결핍감으로부터 자유롭기란 불가능하다(만약 진짜로 무심하다면 둘 중 하나다. 신체적으로 문제가 있거나 정신적으로 무감증 환자거나^^).

결정적인 증거가 있다. 야식 혹은 야동이 그것이다. 대부분의 솔로들은 야식 혹은 야동을 탐한다. 야동은 말할 것도 없고, 야식(특히 폭식)은 외로움의 신체적 표상이다. 정신적 공허를 채우기 위한 몸적 반응이 바로 허기이기 때문이다. 결국 외롭고 두렵지만 사랑의 지혜와 기술이 없다 보니 본의 아니게 금욕적으로 살아가면서 야식만 축낼 수밖에 없다. 금욕적이지 않은 이들은? 야식을 먹으면서 야동을 본다. 물론 둘 다 몸을 망치는 지름길이다. 쩝!

자, 이게 우리시대 연애의 자화상들이다. 행복해 보이는가? 행복은커녕 황폐하기 이를 데 없다. 게다가 이것은 남녀관계뿐 아니라, 여타의 관계들—친구지간이나 사제지간, 부모자식 간 혹은 형제애나 자매애—마저 와해시킨다. 즉, 사랑이 추락하면서 존재 전체가 위태로워진 것이다.

그런데 이 세 가지 유형을 포함해 모든 종류의 사랑을 관통하는 하나의 공통점이 있다. '사랑을 공부의 대상'으로 여기지 않는다는 것. 이 방면의 고전인 『사랑의 기술』의 저자, 에리히 프롬은 말한다.

> 사랑처럼 엄청난 희망과 기대 속에서 시작되었다가 반드시 실패로 끝나고 마는 활동이나 사업은 찾아보기 어려울 것이다. 만일 이것이 다른 활동의 경우라면 사람들은 열심히 실패의 원인을 가려내려 하고 개선법을 찾아내려고 할 것이다. 그렇지 않으면 이 활동을 포기할 것이다. (『사랑의 기술』, 황문수 옮김, 문예출판사, 2006, 17쪽)

그런데, 포기하기란 불가능하다. 사랑이란 윤리적 선택의 문제가 아니라, 생명의 원초적 동력이기 때문이다. 즉, 살려면, 행복하게 살아가려면, 사랑과 연애, 성 ─ 이 열정의 불꽃 속을 관통해야 한다. 에둘러 가는 길은? 없다! 오직 한가운데를 가로지르는 것뿐. 그렇다면, 방법은 오직 하나! '열렬히, 제대로' 배우는 것. 배움 속에서 내공을 터득하는 것.

> 최초의 조치는 삶이 기술인 것과 마찬가지로 '사랑도 기술'이라는 것을 깨닫는 것이다. 어떻게 사랑해야 하는가를 배우고 싶다면 우리는 다른 기술, 예컨대 음악이나 그림, 건축, 또는 의학이나 공학 기술을 배우려고 할 때 거치는 것과 동일한 과정을 거치지 않으면 안 된다. (『사랑의 기술』, 17쪽)

그렇다. 더 쉬운 예로, 검법이나 쿵푸를 익히는 거랑 같다고 생각하면 된다. 검의 고수가 되거나 쿵푸의 달인이 되려면 뭐니뭐니 해도 초식이 튼튼해야 한다. 사랑 또한 그러하다. 아니, 사랑이야말로 초식이 중요하다. 이중, 삼중으로 덮쳐 오는 망상의 그물망에 걸려들지 않으려면 말이다.

우리의 마음은 사랑과 연애, 섹스에 대한 무수한 망상들로 가득하다. 우리는 그것을 우리 '고유의 것'이라 착각하며 살아간다. 그래서 그것이 수없이 우리를 불행에 빠뜨리고 있음에도 절대 그에 대해 질문을 던지지 않는다. 다시 말해, 그 이상을, 그 외부를 사유하려 하지 않는다. 우리의 존재와 생을 잠식하는 오만과 편견들! 오만과 편견은 나란히 간다. 오만하기 때문에 편견에 휩싸이고, 그 편견이 또 다른 오만을 부른다. 이 오만과 편견이야말로 우리를 미망에서 헤어 나지 못하게 만드는 중력장이다.

그러므로 호모 에로스가 되기 위해 가장 먼저 터득해야 할 제1초식은? 오만과 편견으로 가득 찬 망상기제를 낱낱이 파악할 것!

지독한 이분법들

먼저, 수많은 이분법적 코드들이 존재한다. 선과 악, 영혼과 육체, 아(我)와 비아(非我), 사랑과 증오, 개인과 사회, 좌와 우 등등. 한국인은 '이분법을 먹고 산다'고 할 정도로 각종 이분법에 길들여져 있다. 계보학적으로 보면 이런 경향은 저 20세기 초, 이 땅에 이식된 기독교와 민족주의에 기원이 맞닿아 있다. 기독교와 민족주의는 여러 사상 가운데 하나로 들어온 것이 아니라, '문명의 이름으로, 진리의 이름으로' 유입되었기 때문에 사람들의 사유와 일상을 조직하는 데 있어 결정적인 영향을 미쳤다. 특히 사랑이라는 감정기제에 미친 영향력은 깊고도 넓다.

순정 아니면 냉소

여기 두 남성이 있다. 이들이 연출하는 사랑의 행보를 음미해 보자.

> 봉구는 무슨 까닭으로 이 운동을 시작하였던가, 그것조차 잊어버렸다. 인제는 다만 자기가 힘을 쓰면 쓰는 만큼, 위험을 무릅쓰면 무릅쓰는 만큼, 순영이가 기뻐해 주고 애썼다고 칭찬해 주는 것이

기뻤다. "나는 한국을 사랑한다. 순영을 낳아서 길러 준 한국을 사랑한다. 만일 순영이가 없다고 하면 내가 무슨 까닭으로 한국을 사랑할까? 순영이를 알기 전에도 나는 한국을 사랑하노라고 하였다. 그러나 그때에는 내가 왜 한국을 사랑하였는지 모른다. 순영이를 떼놓으면 한국이 무슨 의미가 있을까? …… 순영이가 그처럼 사랑하는 한국을 내가 아니 사랑할 수 있을까? 내가 한국을 위하여 이까짓 감옥의 고초를 받는 따위는 어떠랴! 살이 찢기고 뼈가 부서지고 목숨이 가루가 된들 무엇이 아까우랴!"

봉구. 이름이 좀 촌스럽긴 하지만, 이광수의 소설 「재생」의 주인공이다. 그가 말하는 운동은 그 이름도 거룩한 3·1운동. 헌데, 분위기가 좀 이상하다. 왜 운동을 했는지도 '잊어불고' 순영이한테 칭찬받는 게 기뻐서 했단다. 게다가 자신이 애국하는 게 한국이 순영이를 낳아 주었기 때문이란다. 이거 뭐 순 또라이 아냐? 아니다. 이광수가 누군가. 역사적 평가야 어떻든 한국소설사의 선구자 아닌가. 게다가 그는 소설로 사상적 계몽을 시도한 인물이다. 그냥 취미와 유행으로 쓴 게 아니라는 뜻이다. 이 소설만 해도 그렇다. 「재생」은 당대의 시대적 분위기를 예리하게 포착한 작품이다. 주지하듯, 3·1운동 이후 식민지 조선은 연애의 열풍에 휩싸였다. 조국해방을 향했던 갈망이 졸지에 연애열기로 전이되면서 바야흐로 '연애의 시대'가 열린 것이다. 봉구가 그 전형적인 케이스다. 그는 운동권 투사였으나, 감옥에서 순영이에 대한 사랑을 키우고 이후 '사랑에 살고 사랑에 죽는' 사랑의 화신이 되었다. 그가 하는 고백은 늘 이런 식이다.

"순영 씨, 사랑의 힘이 어찌하면 이토록 크고 무서우리까. 그 뜨거움이 눈 깜짝할 사이에 나를 온통 살라버릴 듯하여이다. 나는 당신 앞에 이렇게 두 무릎을 꿇고 두 팔을 들어 당신의 손이 이 불쌍한 영혼을 쳐들어 일으키기를 고대하고 있나이다."

거의 십자가나 마리아상 앞에서 하는 경배 수준이다. 엄청 부담스럽다고? 맞다. 하지만, 지금도 많은 여성들이 이런 식의 고백을 받고 싶어 하지 않나? '너는 내 운명', '내 안에 너 있다', '너 없으면 나, 죽을 거 같애' 등등. 멜로물을 보면 이보다 더 '쎈' 멘트들이 무시로 출현한다. 봉구는 오히려 아주 소박한 편이다.

다음 두번째 유형.

"구보는 여자와 시선이 마주칠까 겁하여, 얼토당토 않은 곳을 보며, 저 여자는 내가 여기 있는 것을 보았을까, 하고 생각한다."
"그는 결코 대담하지 못한 눈초리로, 비스듬히 두 간통 떨어진 곳에 앉아 있는 여자의 옆얼굴을 곁눈질하였다. 그리고 다음 순간, 그와 눈이 마주칠 것을 겁하여 시선을 돌리며, 여자는 혹은 자기를 곁눈질한 남자의 꼴을, 곁눈으로 느꼈을지도 모르겠다고, 그렇게 생각하여 본다."
"그러다가, 갑자기, 그러한 것에 마음을 태우고 있는 자기가 스스로 괴이하고 우스워, 나는 오직 요만 일로 이렇게 흥분할 수가 있었던가 하고 스스로를 의심하여 보았다. 그러나 그가 여자와 한 번 본 뒤로, 이래 1년간, 그를 일찍이 한 번도 꿈에 본 일이 없었던 것을 생각해 냈을 때, 자기는 역시 진정으로 그를 사랑하고 있는 것은 아닌지도 모르겠다고, 그러한 생각이 들었다. 만약 그렇다면 자기가 여자의 마음을 헤아려 보고, 그리고 이리저리 공상을 달리고 하는 것은, 이를테면 감정의 모독이었고, 그리고 일종의 죄악이었다."

박태원의 「소설가 구보씨의 하루」에 나오는 그 구보다. 1930년대에 출현한 유형이다. 자기만의 글쓰기 안에 갇혀 연애는커녕 여자랑 수작하는 것조차 힘들어하는 '자의식의 화신'이다. 그의 연애는 썰렁하기 이를 데 없다. 그렇다고 순진한 건 절대 아니다. 생각은 억수로 많다. 하지만, 그 생각이란 게 상대 여성에 대한 감정이 아니라, 오직 감정에 대한 분석뿐이다. 구체적인 행동이라곤 '곁눈질' 말곤 거의 없다. 근데, 마치 무슨 대단한 연애경험이나 한듯 주절주절 늘어놓고 있다. 즉, 행위로서의 연애는 없고, 연애에 대한 담론('썰')만이 난무하고 있다. 자의식의 줄에 꽁꽁 묶인 근대 도시인의 전형. 이 또한 우리에게 너무나 익숙한 캐릭터다.

일본 근대문학의 거장 나쓰메 소세키는 이 자의식에 대해 이렇게 진단한 바 있다. "자의식이라는 것은, 문명이 진보함에 따라 점점 더 예민해지는 것이기 때문에 나중에는 일거수일투족도 자연스럽게 할 수 없게 되지. …… 앉으나 서나 '나', 자나 깨나 '나'가 항상 따라다니기 때문에 인간의 언행이나 행위가 공산품처럼 자질구레해지고, 저절로 옹색해지고, 세상이 괴로워질 뿐이어서 아침부터 밤까지 마치 맞선 보는 젊은 남녀처럼 잔뜩 긴장한 상태로 지내지 않으면 안 되는 거거든. …… 사시사철 두리번두리번 살금살금하면서, 무덤에 들어가기 직전까지 잠시도 안심할 수 없는 게 현대인이 안고 있는 마음의 병이야. 문명의 저주인 거지."(『나는 고양이로소이다』, 김상수 옮김, 신세계북스, 2006, 541~542쪽) 그의 말대로 이 자의식은 문명의 저주다. 타자와의 소통을 가로막는 장벽이기 때문이다. 신경쇠약과 우울증 및 각종 질병의 원인이기도 하다. 아니나 다를까, 구보씨는 과연 수십 가지의 질병에 시달린다.

봉구와 구보씨. 열렬히 타오르거나 썰렁하게 가라앉거나. 이 두 유형이 근대 초기에 구축된 가장 보편적인 이분법이다(더 자세한 내용은 『연애의 시대』 참조). 그리고 이 이분법은 시대의 흐름에 발맞추어 변주에 변주를 거듭해 왔다. 예컨대, 1990년대, 사회 전체가 온통 연애담론으로 도배되던 시절, 공지영과 은희경이 보여 준 행로가 딱 그렇다. 공지영의 소설 속 주인공들이 여전히 연애에 대한 낭만과 희망을 붙들고 있는 순정파라면, 은희경의 소설에는 가능한 한 열정에 빠지지 않으려고 몸부림치는 '되바라진' 인물들로 가득하다. 달라진 게 있다면, 전자는 봉구의 거룩함 대신 '청승'가련함으로, 후자는 구보씨의 신경과민 대신 냉소적 계산으로 무장했다는 것. 아, 연애의 주체가 남성에서 여성으로 바뀐 것도 두드러진 변화라면 변화다.

순정이 과잉이라면, 냉소는 과소다. 아주 다르게 보이지만, 실은 깊이 상통한다. 무엇보다 사랑에 관한 비관주의를 공유하고 있다는 점에서 그렇다. 순정파는 사랑에 올인하는 만큼 일방통행이다. 즉, 대상과의 교감을 거의 고려하지 않는다. 죽음을 불사한 사랑이라고 하지만, 그건 어디까지나 자신이 구축한 망상일 뿐이다. 봉구 역시 순영이가 자신의 그런 사랑을 받을 만한지 아닌지, 자신과 같은 의미의 사랑을 원하는지 아닌지 따위는 당최 고려하질 않는다. 그냥 무데뽀로, 자신이 설정한 콘셉트대로, 밀고 나간다. 그러니 당연히 배신을 당할밖에. 그리고 나면 '죽네 사네', '죽이네 살리네' 하며 생난리를 친다.

그런가 하면, 냉소의 벡터는 그 반대다. 자기 안에 웅크리고 있으면서 절대 일정한 선 이상을 허용하지 않는다. 선을 넘는 순간, 바로 밀쳐 낸다. 그 경계선을 어떻게 아냐고? 그러니 그거 계산하느라 머리가 깨진다. 겉으로야 지적이고 냉철한 듯 보이지만, 그런 건 지성이 아니라, 잔머리다. 그리고 그렇게 머리를 굴려 대는 이유는 지극히 간단하다. 자의식을 침범당하는 게 두려워서다. 자신을 온전히 내보이는 게 겁이 나서다. 그렇다고 내면에 대단한 무엇이 있느냐? 하면 그것도 아니다. 그래서 더 완강하다. 그 두려움의 표현형식이 바로 냉소다.

'쿨'하거나 미치거나 — 선수 아니면 스토커

헌데, IMF 이후 이 이분법적 구도에 약간의 변화가 생겼다. 알다시피 최근에 등장한 주류적 콘셉트는 '쿨한' 연애다. 절대 빠지지 말고, 적당히 즐기다가 깔끔하게 이별하는 것, 치고 빠지기. 그게 쿨의 대략적 의미다. 한마디로 감정을 끈적하게 낭비하지 말자는 거다. 소위 '선수들'의 전략이 여기에 속한다. 박태원의 '구보씨'나 은희경 소설의 주인공에 비하면 한층 '냉각된' 형태에 해당한다. 그리고 그것이 연애의 자유라고 착각한다. 하지만 속내를 따져 보면, 이들이야말로 자의식과 두려움으로 똘똘 뭉쳐 있다. 구보씨보다 훨씬 더 나약해지고 더 협소해지고 더 견고해진 셈이다. 쿨한 연애가 가는 코스를 따라가 보면 기껏해야 '원나잇스탠드', 아니면 적당한 거리에서 데이트 코스를 섭렵하는 수준에서 끝난다. 쩝! 그런 걸 연애라고 할 수 있나? 실제로 이들은 연애의 수준을 최소치로 낮추는 데 기여한다. 그리고 이들이 바로 쇼핑몰의 경제적 토대이기도 하다. 이들의 연애는 쇼핑의 루트와 분리될 수 없는 까닭이다.

흥미로운 것은 이렇게 쿨한 연애가 유행하게 되자, 그 대쌍으로 스토커가 등장했다. 스토커들은 순정파들의 경향이 '병적으로' 변주된 케이스에 속한다. 언급한 대로, 순정파는 대상에 관한 망상에 기초하고 있다. 스토커는 그것을 더욱 극단으로 몰고 간 케이스다. 아예 대상이 누군지, 그가 뭘 원하는지 따위도 중요하지 않다. 그저 일방적으로 자신의 감정을 배설하는 것만이 중요할 따름이다. 그게 바로 스토커다. 그리고 그것을 사랑의 순수한 표현이라고 착각한다. 스토커의 등장 역시 내면의 두려움이 병적으로 드러난 경우다. 상대방과 능동적으로 소통할 용기가 없을 때 그런 식의 마니아적 광기가 나타나는 법이다. 그러고 보면, 지난 100년간 연애의 패턴은 계속해서 질적 저하를 경험한 셈이다. 말하자면, 국가는 날로 부강해지는데, 국민들의 구체적 삶은 나날이 초라해져 가는 것. 이 역설과 아이러니에 대해서는 다음 장을 기대하시라!

그건 그렇고, 여기서 한 가지 짚고 넘어가야 할 사항이 있다. 이런 식의 이분법은 충동과 열정을 혼동하는 경향과 맞물려 있다. 당연한 말이지만, 충동과 열정은 전혀 다른 개념이다. 충동이란 무엇인가? 내가 통제할 수 없는, 그래서 늘 중독적 상태로 치닫는 힘이다. 나에게 엄청난 쾌락을 주긴 하지만, 그 원인은 늘 외부에 있다. 그러므로 강도가 높아지면 높아질수록 나는 노예적으로 끌달리게 된다. 따라서 필연적으로 죽음충동과 마주칠 수밖에 없다. 알코올과 마약, 게임, 도박 같은 걸 떠올리면 된다. 열정은 정확히 그 반대의 벡터를 지닌다. 즉, 아무리 뜨겁게 솟구친다 해도 삶의 의지와 연동되어 있다. 그러므로 절대 중독되지 않는다. 충동이 존재 전체를 불안으로 요동치게 한다면, 열정은 '유래 없는 평온'을 선사한다. 수백 도의 열 속에서 도자기가 단단히 구워지는 것과 같은 이치다.

에리히 프롬에 따르면, 대개의 연인들은 "사랑을 '하게 되는' 최초의 경험과 사랑하고 '있는' 지속적 상태" 혹은 "사랑에 '머물러' 있는 상태"를 혼동한다. 그래서 "강렬한 열중, 곧 서로 '미쳐 버리는' 것을 열정적인 사랑의 증거로 생각하지만, 이것은 기껏해야 그들이 서로 만나기 전에 얼마나 외로웠는가를 입증할 뿐이다." 물론 초기의 격정엔 충동과 열정이 섞여 있을 수 있다. 하지만, 이 둘 사이의 균형

추가 어디로 기우느냐에 따라 사랑의 행로가 결정된다. 분명한 건 충동이 잦아들어야만 열정이 순연히 타오를 수 있다는 점. 그렇지 못할 경우, 둘 중 하나의 코스를 밟는다. 순식간에 냉각되거나 아니면 중독되거나. 쿨하거나 미치거나! 결국 순정과 냉소가 한통속이었듯, 선수와 스토커 역시 한끝 차이인 셈이다.

사랑과 섹스 — 가깝고도 먼 사이

다시 봉구의 연애담으로. 하루는 봉구가 순영이와 기차여행을 떠났다. 둘이 침대칸에 머무르게 되었을 때의 장면이다. 순영이는 먼저 잠들었다.

> 아직도 땀에 젖은 내복 단추를 두어 개쯤 끄르다가 그는 마지막 단추에 손을 댄 채 무엇에 놀란 듯이 고개를 번쩍 들었다.
> "이게 잘못이 아닌가? 내가 아직 혼인도 안 한 여자와 같이 한방에서 자는 것이 잘못이 아닌가?" …… "처음이다. 처음이다. 어머니 곁에서 자던 것 외에 여자와 한방에서 자기는 첨이다." …… "그러나 순영은 내가 사랑하는 여자가 아닌가, 내가 일생을 같이하기로 맹세한 여자가 아닌가, 순영은 내 아내가 아닌가, 그렇다. 그는 내 아내다."
> "아내? 순영이가 내 아내? 그러나 아직 내 아내는 아니다. 남들도 순영을 내 아내라고 불러 주지를 않고, 내 생각에도 어쨌든 그가

내 아내는 아닌 것 같다. 나는 옷을 입을 대로 갖춰 입고 단추 하나도 떼놓지 않고 손까지라도 감추고 그를 대하여야만 될 것 같다." …… 이렇게 생각하고 봉구는 급작스럽게 옷을 갈아입었다. 그러나 그의 얼굴은 후끈거리고 그의 가슴은 떨렸다. 그는 무슨 죄나 지은 사람 모양으로 얼른 담요를 들고 자리 속으로 들어가서 벽으로 얼굴을 향하고 돌아누웠다.

정신분열증 환자의 독백을 듣는 듯하다. 사랑하는 여자 앞에서 성욕을 느끼는 건 지극히 자연스럽다. 그런데 그 순간 봉구는 죄의식을 느낀다. 성욕은 곧 죄라는 자체검열 시스템이 작동한 것이다. 그리고 그가 갈등을 느끼는 이유는 성욕 자체에 있다기보다 순영이가 '아내인가 아닌가'라는 데 있다. 즉, '혼전순결'에 대한 것이다. 그의 결론은? 혼인을 하기 전에는 스킨십은커녕 내복의 단추 하나도 끌러서는 안 된다는 것. 이 정도면 가히 '순결 근본주의'라고 해도 좋겠다. 그러면 대체 왜 이렇게까지 지독하게, 거의 성고문에 가까운 금욕을 감내하는가?

이게 바로 성정치학적 배치다. 20세기 이후 서구로부터 '자유연애'가 유입되면서 혼전순결이라는 성정치학이 작동하기 시작하였다. 기독교적 윤리, 인구론, 임상의학 등이 이 성정치학적 기제를 만든 주역들이다. 이렇게 해서 진정, 사랑한다면 혼전순결을 지켜 주어야 하고, 또 그래야 마땅하다는 표상이 만들어졌다. 자유의 이름으로 내적 검열이 더 강화된 셈이다. 그리고 그 파급효과는 대단했다. 그것은 혼전순결의 영역을 넘어 사랑이라는 행위에서 성적 욕망을 소거시켜 버리는 방향으로 나아가게 된 것이다.

　어디 저 백 년 전의 봉구뿐인가. 「가을동화」, 「겨울연가」, 「천국의 계단」 같은 우리시대의 멜로들을 떠올려 보라. 거기서 사랑은 하나같이 '탈성화'되어 있다. 사랑에 빠진 남녀 주인공이 손을 잡고 입을 맞추기까지 무지막지한 시간이 걸린다. 기다리다 지쳐 쓰러질 지경이다. 키스신이 나온 이후에도 둘이 몸을 합쳤다는 건 암시조차 나오지 않는다. 한마디로, 사랑과 섹스 사이엔 만리장성이 가로놓여 있다. 대체 왜? 성욕이 개입할수록 사랑은 타락해 버린다는 전제 때문이다. 이런 '얼토당토않은' 인식론적 전제의 배후세력은 크게 둘이다. 하나는 민족주의 혹은 국가경쟁력. 성욕은 곧 국가생산력의 토대인 까닭에 반드시 합법적인 부부 사이에서만 이루어져야 한다. 민족과 국가의 최소단위는 '가족'이다. 고로, 가족 바깥에서의 성생활은 국가적 낭비다! 또 다른 하나는 기독교. 섹스는 부부의 침대 위에서, 오로지 생식을 위해서만 이루어져야 한다. 그것도 어디까지나 성스럽게! 성스러운 섹스라? 생각만 해도 우습지 않은가. 아무튼 혼전순결의 윤리적 강령은 이런 배경 위에서 만들어진 표상이다.

　이 망상체계가 얼마나 많은 연애와 결혼을 파탄으로 몰아넣었는지는 말하지 않아도 충분히 짐작들 하시리라. 사랑을 저 하늘 위에 떠 있는 '천공의 성'처럼 만들어 버린 것도, 그리하여 늘 지상적 삶과 미끄러지게 만든 것도, 뿌리는 다 여기에 맞닿아 있다.

　그래도 요즘엔 많이 변했다구? 글쎄, 꼭 그런 것 같지도 않다. 아침드라마는 여전히 혼전관계에 대한 소재가 주를 이룬다. 멜로에 늘 따라다니는 출생의 비밀이나 숨겨 둔 자식 같은 것도 따지고 보면 혼전순결을 지키지 않으면 불행한 결혼으로 이어진다는 도식이 암암리에 깔려 있는 셈이다. 실제로 그렇다. 요즘도 강남 부유층에선 결혼 전에 처녀막 재생수술을 하는 게 통례라고 한다. 혼전순결이 아직도 결혼의 보증수표가 된다는 사실도 어이없지만, 무슨 짓이건 다해도 되지만 처녀막만 있으면 된다는 발상은 더욱 어이없다. 이거야 뭐 '속고 속이는' 게임이 아니고 뭐란 말인가?

물론 성욕이 곧바로 사랑으로 이어지는 건 아니다. 하지만, 상대방에게 신체적 합일에의 욕망을 느끼지 못한다면 사랑이라는 관계에 진입하기는 어렵다. 그러나 지금 같은 패턴에선 사랑과 성욕은 운명적으로 엇갈릴 수밖에 없다. 가깝고도 먼, 아니, 가까이 하기엔 너무 먼 사이라고나 할까. 이를테면, 순정파들에게 있어 사랑은 너무나 고매하여, 성욕과는 '무관한' 행위가 되었다. 그에 반해, 냉소파들에게 있어 사랑은 한낱 '작업'에 불과하다. 그에 따라 성욕은 아주 허접한 배설작용이 되어 버렸다. 두 방향 모두 사랑과 섹스, 나아가 몸과 마음의 간극을 확대재생산한다. 그리고 그 간극만큼의 고통과 번뇌를 감당해야 한다.

존 레넌이 오노 요코와의 사랑에 대해 이렇게 고백한 적이 있다. "그녀와 나는 음악과 정치, 예술, 모든 분야에 대해 함께 이야기를 나눌 수 있다. 거기다 섹스까지 할 수 있으니 이보다 더 좋은 파트너가 어디 있단 말인가"라고.

차거나 차이거나

연애에 관한 뒷담화들을 들어 보면, 두 가지 유형이 대부분이다. 차거나 차이거나. 당사자들은 물론, 제3자들까지도 누가 찼는가, 혹은 차였는가가 최대 관심사다. 찼다고 생각하는 쪽은 늘 의기양양하다. 차였다고 생각하는 쪽은 가능한 한 숨기려 하거나 아니면 깊은 상처를 안고 살아간다. 많이 찬 쪽일수록 의기양양하고, 여러 번 차인 쪽일수록 인생의 패배자로 자처한다. 사랑을 무슨 물건 아니면 계급장이라도 되는 양, 더 많이 받고 싶어 안달하는 것도 이 때문이다. 가능하면 다수로부터, 될 수 있는 한 더 많이 받는다는 확신이 들어야만 비로소 안심하는 것이다. 심지어 별로 좋아하지 않으면서도 자신의 능력을 과시하기 위해 자기 주변에 묶어 놓아야만 직성이 풀리는 경우도 있다. 개그 프로그램 「웃찾사」에 '영숙아'라는 코너가 있었다. 몇 명의 남자가 등장하여 영숙이를 차지하기 위해 갖은 쇼를 다하는 설정이다. 그러는 사이에 영숙이는 이놈 저놈의 품을 전전한다. 여성을 저런 식으로 다뤄도 되나, 싶을 정도로 어이없는 코너다. 헌데, 더 어이없는 건 영숙이 역할을 하는 인물이 개그맨이 아니라, 방청객이라는 것이다. 아마 미리 자원을 하는 모양이다. 엄청 늘씬한 미인들이 등장하는 걸 보면, 자신의 미모를 과시하고 싶은 욕심에서 나오는 듯싶다. 나와서 하는 역할은 이 남자 저 남자한테 이리저리 끌려다니는 게 전부다. 이런 말도 안 되는 개그가 한동안 계속된 걸 보면 여성들은 여전히 다수의 남성들로부터 프러포즈를 받는 걸 '인생의 큰 의미'라고 여기는 게 분명하다. 이러니 사랑의 성공과 실패는 결국 찼는가 차였는가로 귀결될밖에. 허나, 따지고 보면, 이런 논법만큼 무지한 것도 드물다.

사랑이 둘만의 역학적 배치를 만들어 내는 건 맞다. 또 열정의 차이에 따라 권력관계가 형성되는 것도 맞다. 헌데, 가장 중요한 건 시절인연이다. 말하자면, 대상이 누구냐보다 언제 어디서 만났느냐가 더 결정적이다. 즉, 어떤 특별한 '시공간적 배치' 속에서 사랑이라는 특별한 감정이 생기고 관계가 이루어진다는 것이다. 따라서 만약 그 관계에 균열이 일어났다면, 즉 누군가 먼저 결별을 선언하게 되었다면, 그것은 일단 둘의 인생행로에 커다란 '시공간적 격차'가 생겼다는 걸 의미한다. 그리고 그 점에선 가해자, 피해자가 있을 수 없다. 둘 다 그 간극만큼의 번뇌를 감당해야 하는 까닭이다. 소위 '차는 쪽'도 그 어긋남이 가져오는 번뇌에서 절대 자유로울 수 없다. 그 역시 감정의 온전한 교감에 있어 실패한 건 마찬가지니까. 그리고 그 또한 자신의 감정과 행위가 그런 식의 굴절을 겪는 것에 대해 충분히 통찰할 능력이 없다. 그것을 일러 무명(無明) 혹은 무능력이라 이른다. 어리석음과 무능력은 폭력과 짝한다. 상대에게 치명적인 상처를 입히는 건 바로 그 때문이다. 그리고 그것은 자신에게도 고스란히 적용된다. 왜냐면, 폭력은 그만큼의 반작용을 불러오기 때문이다. 작용과 반작용의 법칙! 따라서 그때 당시가 아니라면 이후에라도 반드시 대가를 치르게 되어 있다. 여기엔 어떤 예외도 없다(이런 이치를 터득하려면? 역시 공부를 해야 한다).

만약 그런 경우가 아니라, 상대방이 비열한 사기꾼이거나 변덕스런 바람둥이였다면, 상대를 비난하고 복수의 칼을 갈기 이전에 그런 상대한테 꽂힌 자기 자신에 대해 더 심각하게 질문을 던져야 한다. 대체 나의 어떤 성향이 그런 대상을 욕망하도록 유도했는지, 그런 식의 시절인연이 인생 전체의 리듬에서 어떤 의미가 있는지 등등. 이 과정을 통과하지 않으면 이후에도 반드시 동일한 상황을 반복하게 마련이다. 자신을 망가뜨리는 상대한테만 끌리는 경우는 참으로 흔하다. 이걸 단지 상대의 도덕성의 문제로만 환원할 수 있을까? 요컨대, 어떤 경우건 만남과 헤어짐이라는 사건에는 두 사람의 성향 및 행로를 포함하여 시공간적 흐름이 깊이 관여하고 있다.

그럼에도 연애에 대한 표상은 오직 두 주체만을 중심에 놓는다. 또 감정이 생겨난 주변조건 및 그 흐름과 궤적에 대해선 전혀 살피지 않고, 오직 누가 더 감정을 오래~ 많이~ 간직하고 있었던가를 기준으로 사랑의 성패를 나누고 싶어 한다. 니체는 일찍이 주체를 유별나게 강조하는 근대적 인식론은 주체에게 책임과 의무를 지우기 위한 것이라고 비판한 바 있다. 연애표상 역시 그런 측면이 적지 않다. 그래서 시절인연이 어긋나게 되면 서로 책임전가를 하느라 바쁘고, 그것이 더 감정적 골을 부추겨 사랑과 배려가 졸지에 원한과 복수의 정서로 돌변해 버린다. '너 없인 못 살아'에서 '너 죽고 나 죽자'로. 남는 건 결국 누가 찼는가 누가 차였는가, 뿐!

덧붙여 사랑과 우정 사이의 깊은 단절도 이런 양상과 맞닿아 있다. 사랑과 섹스도 가까운 개념이지만, 사랑과 우정 역시 이웃사촌이다. 하지만, 사랑과 섹스 사이에 만리장성이 가로놓여 있듯이, 사랑과 우정 사이에도 아주 깊고 차가운 강이 흐른다. 남녀 사이에는 우정이 불가능하다──모든 멜로의 대표적인 공식구 중의 하나다. 대체 왜 그럴까? 이유는 간단하다. 사랑과 우정의 차이를 견뎌 내기가 힘들어서다. 그럼, 차이가 대체 뭐지? 배타적 소유가 바로 그것이다. 사랑은 존재를 '통째로' 차지하는 것인 데 반해, 우정은 그런 식의 독점을 지향하지 않는다는 것. 그래서 결국은 '모 아니면 도'식으로 승부를 걸게 된다.

그렇게 되면 결국 모든 연애는 '차거나 차이거나' 하는 양분법적 굴레를 벗어나기 어렵다. 소유 문제는 뒤에서 본격적으로 다루기로 하고, 일단 여기서는 두 가지 질문만 던져 두기로 하자. 사랑이 정말 소중하다면, 또 진실로 누군가를 사랑한다면, 그 사랑이 어떤 조건하에서 어긋나게 될 경우, 우정을 통해 그 열망을 지속시키려는 생각은 왜 하지 않는가? 아니, 그 이전에 사랑과 우정 사이를 가르는 이 지독한 이분법이 삶의 행복이라는 측면에서 볼 때 과연 유용한 전략인가?

불멸의 판타지 "사랑이 어떻게 변하니?"

"사랑이 어떻게 변하니?"라는 유행어가 있다. 사랑은 절대 변해서는 안 된다는 뜻이리라. 그렇다. 사랑은 변하면 안 된다. 변하는 것은 사랑이 아니라고들 생각한다. 그래서 사랑과 영원, 사랑과 불멸, 이것은 늘 하나로 포개진다. 그런 점에서 사랑이라는 단어만큼 '보수 반동적인' 것도 없지 싶다. 세상 모든 게 다 변해도 사랑만은 변하지 말아야 한다는 정의를 자체 안에 내장하고 있으니 말이다. 사랑과 상품을 동일시하는 요즘 시대도 별반 다르지 않다. "사랑도 할부가 되면 한 100년쯤 할부로 너랑 살고 싶다"는 광고문구도 사랑의 영원성에 대한 저속한 변주에 다름 아니다. 상품의 형태일망정 불멸에 대한 꿈을 투사하고 있는 것이다. 하지만 그거야말로 망상이다. 사랑을 둘러싼 망상 가운데 가장 치명적인 망상.

'반쪽이'는 없다!

에리히 프롬에 따르면, 사람들은 사랑을 '능력'이 아니라, '대상'의 문제라고 가정한다. 즉, "'사랑한다'는 것은 쉬운 일이고, 사랑할 대상 또는 나를 사랑해 줄 올바른 대상을 발견하기가 어려울 뿐이라고 생각한다."(『사랑의 기술』, 14쪽) 그래서 가장 흔하게 듣는 것이 "사랑을 하고 싶어 미치겠는데, 도무지 남자(혹은 여자)가 없어!"라는 아우성이다. 대상만 잘 만나면 언제든 폼나는 사랑을 할 수 있다고 믿어 의심치 않는 것이다. 반쪽이에 대한 환상도 이런 유의 믿음과 맥락을 같이한다. 반쪽이 신화에 따르면, 사랑은 잃어버린 나의 반쪽을 찾는 일이다.

잠깐 이 신화에 대해 공부를 하고 넘어가도록 하자. "플라톤의 『향연』에는 사랑의 본성에 대해서 음주를 즐기면서 벌이는 철학적 논쟁이 그려져 있다. 거기에서 아리스토파네스(Aristophanes)는 우리에게 남자와 여자가——그리고 남자와 남자, 여자와 여자가——함께 하나의 존재로 살았던 원초적 시대에 대해 말하고 있다. 그는 말하기를 우리의 이중 선조들은 네 개의 팔과 네 개의 다리를 가진, 마치 공 모양을 한 몸을 가지고 있어서 몸을 웅크리면 그 어떤 사람이 달리는 것보다도 더 빠른 속도로 구를 수 있었다고 했다. 이 선조들이 바로 남녀 한몸인 안드로진인(androgynes)으로, 그들에게서 현대의 남성과 여성이 갈려져 나왔다고 한다. 그들은 너무나 힘이 강해 오만을 부렸고 마침내 신들의 제왕인 제우스가 그 오만에 대해 처벌을 내렸다고 한다. 제우스는 그들을 쪼개었다. 그리고 갈라진 반쪽 선조들의 배꼽을 한데 묶어 놓았는데, 세월이 지나면서 그 반쪽들은 자신의 잃어버린 나머지 반쪽 연인들을 찾아서 세상을 헤매는 운명을 겪게 되었다"는 것. 린 마굴리스의 『섹스란 무엇인가?』(홍욱희 옮김, 지호, 1999)라는 책에 인용된 내용이다.

신기하게도 모든 연인들은 이 신화를 믿어 의심치 않는다. 공공연히 그리고 무의식적으로. 점성술이 크게 번성하는 이유도 이와 무관하지 않다. 점성술과 반쪽이가 어떻게 연결되냐고? 아주 흥미로운 사례가 하나 있다.

이름 조영철(가명). 나이 40대 초반의 남성. 비혼 솔로다. 80년대를 풍미한 멜로영화 「겨울나그네」의 감성을 여전히 간직하고 있는 순정파다. 「겨울나그네」는 배우 이미숙이 청순가련한 여주인공으로 나왔던 흥행작이다. 첫사랑의 순정, 어긋난 운명, 비극적 결말 등, 멜로의 문법을 고스란히 재현하고 있다. 「겨울연가」의 80년대적 버전이라고 보면 맞겠다.

조영철, 그는 수많은 '사랑의 서사'를 가슴속에 품고 다니는 인물이다. 언제 어느 곳에서도 사랑과 관련한 추억거리가 있는(혹은 만들어 낼 수 있는) 대단한 경력의 소유자다. 그가 들려준 이야기 가운데 한 토막. 대학 시절 한 여학생과 사랑에 빠지게 되었는데, 처음 만난 날 그녀가 이렇게 말했다. 일주일 전에 한 할머니한테서 점을 봤는데, 곧 운명의 짝을 만난다고 했다, 그런데 지금 널 만났다, 고. '너는 내 운명'이라는 암시를 던진 셈이다. 아무튼 그렇게 해서 사랑이 시작되었다. 중간과정은 생략하고, 결론만 말하면, 그녀는 결국 다른 '넘'과 결혼을 했다. 운명의 짝은 따로 있었던 거다. 이런! 여기까지는 흔한 이야기다. 문제는 그 다음이다. 그렇게 헤어지고 나서 10년 뒤 '아이 러브 스쿨'이라는 인터넷 사이트를 통해 다시 그녀를 만났다. 만나자마자 그녀가 말했다. "얼마 전에 부산에 용하다는 점쟁이가 있다길래 찾아가서 점을 봤는데, 결혼을 두 번 하게 된다는 거야. 다시 널 만나게 되려고 그랬나 봐."

와우~ 놀랍지 않은가. 조영철 본인도 놀랐다고 한다. 10년을 두고 똑같은 말을 두 번이나 듣게 될 줄이야. 남편에 자식까지 있는 유부녀가 계속 점쟁이를 찾아다닌 것도 어이없지만, 여전히 운명적인 짝을 찾아 헤매고 있다는 사실도 참으로 놀랍기 '짝'!이 없다.

현재 우리나라에서 활동하는 점쟁이들이 무려 45만이라고 한다. 도심 한복판에 즐비하게 늘어선 사주카페들을 보라. 어디 그뿐인가. 타로카드에 시초점, 무속신앙, 별자리에 애니어그램 등등. 바야흐로 동서고금의 모든 점성술이 백가쟁명하고 있다. 점쟁이들이 다루는 길흉화복은 몇 가지 안 된다. 돈과 권력과 성. 특히 청춘남녀들이 가장 궁금해하는 사항은 운명적 파트너에 대한 것이다. 그리고 그것은 자신과 딱 맞는 반쪽이 있다면 영원히 함께할 수 있을 거라는 맹목적 믿음에 근거한다. 즉, 반쪽에 대한 집착이야말로 영원불멸에 대한 신앙과 짝을 이루고 있다. 하지만 결론부터 말하면, 반쪽이는 없다! 아담과 이브도 반쪽의 관계가 아니지 않는가. 아담의 갈비뼈로 만들어졌는데, 어떻게 꼭 들어맞는 반쪽이 될 수 있으랴? 알다시피, 지구의 자전축은 23.5도 옆으로 기울어져 있다. 뿐만 아니라 동양의 천문도를 보면, 태양이 움직이는 길인 황도는 조금 찌그러진 타원으로 이루어져 있다. 따라서 밤하늘의 별들(이십팔수)도 비틀거리며 운행한다. 그러므로 이 우주의 자식인 인간 역시 태어나기 위해선 기운이 어떤 식으로든 치우칠 수밖에 없다. 태과(太過, 지나침) 아니면 불급(不及, 모자람)으로. 사주명리학이란 바로 이 태과와 불급이 어떤 운명적 궤적을 만들어 내는지를 읽어 내는 '앎의 체계'라 할 수 있다.

천지가 이러하고 인간이 태생적으로 그러하다면, 자신에게 딱 맞는 반쪽이란 있을 수가 없다. 그건 마치 비틀거리며 걷는 사람끼리 나랑 반대로 비틀거리는 인간을 찾는 것과 같다. 그게 말이 되는가? 린 마굴리스 또한 이렇게 말한다. "성적 열정은 플라톤이 그랬듯이 우리의 잃어버린 원초적 반쪽을 찾고자 하는 끝없는 탐구에서 비롯된 것이 아니라, 바로 자신의 몸을 두 배로 불리고자 했던 절박성에서 비롯되었다." 그러므로 중요한 건 반쪽이를 향한 무한도전이 아니라, '지금, 이 순간' 함께 걸어갈 수 있는 짝을 찾는 일이다. 함께 걸으려면 최소한 방향이나 시선이 같아야 한다. 사주명리학에서 궁합을 보는 방법 가운데 용신(用神)을 따져 보는 게 있다. 용신이란 내 몸이 선천적으로 타고난 치우침을 조화로운 상태로 이끌어 주는 오행의 기운을 뜻한다. 용신이 같거나 용신이 서로 상생관계에 있으면 지향점이 같아서 잘 어울린다고 보는 것이다.

그래서 시절인연이 아주 중요하다. 시절인연이란 서로 다른 길을 가던 두 사람이 어떤 강한 촉발에 의해 공통의 리듬을 구성하게 된 특정한 시간대를 뜻한다. 일종의 매트릭스 같은 것이다. 사랑은 대상이 아니라, 나 자신의 문제다. 어떤 대상을 만나느냐가 아니라, 내 안에 잠재하고 있던 욕망이 표면으로 솟구칠 때 사랑이라는 사건이 일어난다. 그런데, 이 욕망이 솟아오르려면 시절을 타야 한다. 시절을 타게 되면 아주 작은 촉발만으로도 사랑에 빠지게 된다. 봄이 오면 겨우내 잠자고 있던 씨앗들이 순식간에 땅을 뚫고 나오는 것과 같은 이치다. 서로 눈이 맞는다는 건 상대방 역시 같은 흐름을 탔다는 의미다. 만약 이 시절을 타지 못하면 한쪽에서 아무리 용을 써도 도무지 진도가 나가질 않는 법이다. 둘이 서로 다른 시공간적 좌표 위에 있기 때문이다(그럴 땐 어떡하냐구? 마음을 편안히 먹고 시절인연이 오기를 기다리면 된다. 이 책의 3부를 기대하시라!). 그만큼 우리의 삶은 우주적으로 연동되어 있다. 사랑의 소멸 또한 마찬가지다. 시절인연이 바뀌면 아무리 불같던 사랑이라도 순식간에 결별을 맞이한다. 봄·여름·가을·겨울이 순환하는 것과 같은 이치다. 봄이 오면 대지는 뭇 생명을 키워 내지만 가을이 되면 '숙살지기'가 도래하면서 모든 살아 있는 것들을 가차 없이 죽여 버린다. 그리고 그렇게 죽어서 땅에 묻혀야 다시 봄을 맞을 수 있다. 이 천지의 흐름을 누가 감히 거역할 수 있단 말인가. 그리고 인간이 천지의 자식인 한, 인생 또한 이런 변화의 리듬에서 절대 벗어날 수 없다. 말하자면, 사랑에도 엄연히 춘하추동(春夏秋冬), 사계절이 있는 법이다. 시절인연이란 바로 그런 것이다.

그런 점에서 '불멸'이라는 판타지와는 절대 공존할 수가 없다. 불멸은 그런 식의 시간적 리듬과 변화를 '얼어붙게' 만드는 개념 아닌가. 이 불멸이라는 망상에 사로잡혀 있는 한, 사랑과 시절의 인연법에 대해선 아무것도 배우지 못하리라. 그러므로 시절인연의 오묘한 이치를 체득하고자 한다면 가장 먼저 불멸의 판타지에서 벗어나야 한다. 반쪽이에 대한 맹목적 집착에서 자유로워져야 하는 건 말할 나위도 없고. 마무리 삼아 린 마굴리스의 가르침을 한마디만 더 경청해 보자.

"우리 선조들은 유성적 원생생물들로 평소에는 독신생활을 즐겼지만 환경적 위기가 닥칠 때에는 두 몸이 한데 합쳐 한몸으로 되었던 그런 생물이었을 것이다. 그러다 이윽고 주변 환경이 다시 나아지면 그들은 독신생활로 되돌아갔다."(『섹스란 무엇인가?』, 123쪽)
"오늘날 모든 동식물과 곰팡이류들은——유성생식을 하는 모든 원생생물을 포함해서——전적으로 독신생활만을 수행하거나 또는 전적으로 결합생활만을 하거나 하지는 않는다. 오히려 이들은 그 두 가지를 함께 영위하고 있다. 동물의 한 가족으로서 우리 자신은 체세포(body cell)라는 결합상태와 성세포(sex cell)라는 독신상태 사이를 규칙적으로 오가며 생활하고 있는 것이다."(같은 책, 138쪽)

슬픈 것은 영원하다?

원만이 : "갑자기 여자친구가 강의동 1.5층 되는 난간 위에서 뛰어 내리라는 거예요."
필자 : "아니 왜?"
원만이 : "사랑을 확인하는 거라나 뭐 그러던데요."
필자 : "그래서 뛰어내렸어?"

원만이 : "아뇨. 도무지 왜 그래야 하는지 이해가 안 돼서리."

그때 옆에서 듣고 있던 중년(유부남)이 말했다. "저런! 바로 뛰어내려야지. 그럴 땐 생각을 하면 안 돼. 난 술취한 채 새벽에 8차선 도로를 횡단하는 짓도 막 했는데." 그리고 나서 그 중년은 아주 의기양양하게 덧붙였다. "결혼은 아무나 하나. 사랑을 증명하려면 그 정도는 해줘야지. 그러니까 넌 아직까지 그 지경인 거야."

이런 식으로 사랑을 확인하는 건 상당히 일반화되어 있다. 뭔가 과격하고 위험한 짓을 감내하는 것, 아주 비극적인 상황을 무릅쓰는 거랑 사랑의 강도가 비례한다고 보는 관념 말이다. 물론 멜로물들이 널리 전파한 이념(?)이다. 멜로물에 나오는 사랑은 늘 슬픔을 통해서만 그 진실성을 보증받는다. 신분적 격차, 주위의 격렬한 반대, 출생의 비밀, 그리고 불치병. 특히 불치병은 단골메뉴다. 기억상실증 아니면 암. 이런 서사를 반복적으로 접하다 보면 사랑은 불행의 크기에 비례한다는 통념에 빠져들게 된다. 그리고 당연한 수순이지만, 그건 결국 '사의 찬미'로 이어질 수밖에 없다. 죽음이야말로 비극에 관한 한 최고의 경지에 해당하기 때문이다. 말할 것도 없이, 이것은 일종의 허무주의다. '지금, 여기'의 삶을 부정하고, 불행과 상처를 과장하면서 자학증과 피학증 사이를 오가는 허무주의.

그리고 그 과정에서 아주 결정적인 전도망상이 일어난다. 슬픔을 딛고 사랑을 쟁취하는 것이 아니라, 거꾸로 사랑이 영원하고 위대하려면 슬픔을 동반해야 한다는 식의 전도가. 그렇다고 정말로 사랑에 목숨을 거느냐, 하면 그건 절대 아니다. 솔직히 현실적으론 사랑을 위해 어떤 것도 포기하지 않는다. 다만 망상 속에서 그렇게 동경할 따름이다. 첫사랑이라는 환상에 집착하는 것, 사랑의 추억을 가능한 한 비극으로 덧칠하는 것 등도 같은 맥락에 있다. 그 과정에서 '없는' 사연도 만들어 낸다. 그래야만 뭔가 남다른 사랑을 한 것 같은 착각이 들기 때문이다. 이를테면, '슬픔은 순수하다', '순수한 건 영원하다', '고로, 슬픈 것은 영원하다'는 식의 삼단논법에 길들여져 있는 것이다.

이런 망상의 기저에 기독교적 사유가 자리하고 있음은 말할 나위도 없다. 순수한 영혼이라는 발상에서 영원한 실체에 대한 믿음, 그리고 비극적 구조에 이르기까지 모두 기독교적 토양 위에서 자라난 관념들이다. 멜로드라마를 보면, 주인공들이 난관에 봉착했을 때면 어김없이 교회나 성당이 등장한다. 혹은 사랑의 서약을 할 때도 뜬금없이 신부님이나 목사님이 등장하곤 한다. 절이나 성황당이 나오는 경우는 거의 없다. 신기한 노릇 아닌가? 그렇다고 주인공들이 그다지 신앙심이 깊은 것 같지도 않다. 그런데도 사랑의 맹세는 교회에서 해야 한다고 철석같이 믿고 있는 것이다. 솔직히 이런 식의 무의식이 겉으로 드러난 신앙심보다 더 무섭다. 그건 종교의 영역을 떠나 신체에 깊이 각인된 무의식적 습속이라는 뜻이기 때문이다. 순수와 영원과 비극으로 이어지는 이 연쇄고리를 어떻게 폭파할 것인가? 그것이 문제로다!

미덕의 불운

> 어떤 이는 자신이 사랑하는 대상을 우상화해서 스스로 복종하는 노예가 되고, 어떤 이는 사랑이라는 명목으로 그 대상을 구속해서 노예로 삼는다. 이러한 구속은 희생이라는 아름다운 포장지를 뒤집어쓰고, '진정한 사랑'이라는 영예를 얻기도 한다. (고병권, 『니체의 위험한 책, 차라투스트라는 이렇게 말했다』, 그린비, 2003, 128쪽)

그래서 니체는 사랑을 경멸하고 대신 우정을 한껏 드높인다. 우정은 노예도 폭군도 필요로 하지 않기 때문이다. 차라투스트라는 말한다. "너는 노예인가? 그렇다면 너는 벗이 될 수 없다. 너는 폭군인가? 그렇다면 너는 벗을 가질 수 없다." 역시 니체는 아포리즘의 대가다.

여기서 핵심은 '희생'이라는 덕목이다. 사랑, 하면 으레 따라다니는 덕목이기도 하다. 봉구를 비롯하여 사랑의 화신들은 한결같이 희생과 헌신을 장기로 내세운다. 상황이 나빠질수록, 사태가 비참해질수록 더더욱 희생과 헌신을 마다 않는다. 때론 마조히스트처럼 보일 정도다. "너 때문에 산다!", "니가 원하는 것이라면 난 뭐든지 할 수 있어", "죽어도 좋아!" 등등. 니체에 따르면 그게 바로 폭군과 노예의 관계를 만드는 원천이다. 따지고 보면 그렇다. 정말 열정의 발로라면 그건 희생이 될 수 없다. 그게 아니라, 만약 어떤 대가를 원하고 한 것이라면 역시 희생이라는 말에 걸맞지 않는다. 그럼에도 희생에 대한 예찬은 절대 식을 줄 모른다.

이 희생이라는 덕목은 연인관계뿐 아니라, 부모자식관계에서 특히 두드러진다. 부모들은 내 삶의 의미는 자식뿐이라고, 자식을 위해서라면 뭐든 할 수 있다는 말을 입에 달고 산다. 하지만, 그걸 믿는 자식은 아무도 없다. 그리고 자식들 입장에선 그 말처럼 끔찍한 것도 없다. 그런 관계에선 사랑이 기쁨의 원천이 아니라, 참을 수 없는 짐덩어리에 해당한다. 부모자식 간이 이럴진대, 연인 사이야 더 말해 무엇하리. 그토록 열렬하던 사랑이 순식간에 복수의 정념으로 바뀌는 것도 이 때문이다.

좋은 예가 하나 있다. 2007년도에 인기리에 방영된 드라마 가운데 김수현 각본의 「내 남자의 여자」라는 작품이 있다. 아내의 친구와 사랑에 빠지는 중년 남성의 불륜을 다룬 드라마였다. 아내는 실로 헌신적이었다. 남편을 위해 모든 것을 지극 정성으로 바쳐 온 인물이다. 하지만, 그 헌신은 남편을 지겹게 만들었고, 그 와중에 남편은 불같은 격정을 지닌 '아내의 친구'와 사랑에 빠지고 만다. 남편의 배신을 확인한 아내는 분노에 몸부림친다. 그런데 그녀를 몸부림치게 한 건 단지 남편의 배신이 아니라, 자신이 모든 것을 바쳤다는 사실 자체에 있었다. 희생은 절대 그에 상응하는 대가를 주지 않는다. 둘 사이를 의무와 양심으로 묶어 놓기 때문이다. 따라서 희생의 구조에 묶여 있는 한 돌아오는 건 배신밖에 없다. 이게 일단 미덕의 불운이다. 우여곡절 끝에 마침내 아내 친구와의 동거가 시작되었다. 하지만, 이런 사랑이 오래갈 리가 없다. 당연히 결별의 순간이 도래했다. 헌데, 여자가 내세운 이유가 참, 재미있었다. 나는 너를 위해 다 버렸는데,

너는 다 버리지 않았다는 것이다. 역시 이때도 문제는 누가 더 많이 희생했는가였다.

이성적으로 따져 보면, 다 버렸으면 아무것도 바라서는 안 된다. 뭔가를 바라는 순간, 그건 이미 희생이 아니라, 교환이자 거래다. 내가 버린 것만큼 너도 버리라고 하는. 하지만 그럼에도 사람들은 서로를 속고 속인다. 사랑은 희생을 통해서만 빛난다, 내가 더 많이 희생했다, 고로 나의 희생을 저버린 상대는 나쁘다, 고 하는. 결국 이 남자는 두 여자와 동일한 패턴의 사랑을 반복한 셈이다. 여기서 불륜이냐 아니냐는 실로 부차적이다. 더 중요한 건 사랑 때문에 그토록 엄청난 난리법석을 떨었건만 그 과정에서 아무것도 달라진 게 없다는 점이다. 그도 그럴 것이, 사랑과 희생과 교환이 고스란히 오버랩되는, 이 뻔히 보이는 감정적 교차에 대해 어떤 통찰도 이뤄지지 않은 탓이다.

그리고 또 하나. 사랑은 갈등이 없는 것이라는 착각도 희생이라는 미덕과 연계되어 있다. 예컨대, 뭔가를 꾹꾹 참거나 덮어 주는 것이 사랑의 기술이라고 간주하는 것이다. 하지만, 참는 건 참는 것일 뿐이다. 참고 견딘다는 건 속에 꾹꾹 눌러 담는 것이지 상대와 진심으로 소통하는 행위완 거리가 멀다. 고로, 반드시 언젠가 폭발해 버린다. 그리고 그땐 이미 걷잡을 수 없는 파국으로 치닫고 만다. 남은 것은 환멸과 상처뿐! "왜 나만 참고 살아야 해?" "죽여 버릴 거야!"

더 나쁜 건 관계가 종결된 다음에도 그런 감정으로부터 벗어나질 못한다는 것. 뿐만 아니라, 대개 그 감정적 상흔을 무슨 훈장처럼 떠안고 살아간다. 그리고 그 흔적 속에 자신을 웅크린 채 더 이상의 소통을 거부한다. 비련의 주인공이 탄생되는 순간! 이 코스를 밟는 한, 희생이라는 미덕은 사랑이 아니라, 불운의 모태일 뿐이다. 이 불운의 코스를 자명하게 간주하게 되면, 할 수 있는 건 동정과 연민뿐이다. 대부분의 심리서들이 상처받은 영혼에 대한 위안과 동정으로 가득한 것도 바로 이 때문이다. 하지만, 반드시 환기해야 할 것은 동정과 연민만큼 인간을 나약하고 비참하게 만드는 것도 없다는 사실이다.

니체는 말했다. 벗을 원한다면, 그를 위해 기꺼이 전쟁이라도 일으킬 각오를 해야 한다, 고. 친구 사이만 그렇겠는가. 연인 사이, 부모자식 간도 마찬가지다. 희생이라는 포장 속에 어설픈 평화를 누리기보다 솔직하게 서로의 욕망을 드러내면서 화끈하게 전투를 벌이는 것이 사랑의 본래면목에 더 가깝지 않을까. 고로, 희생과 헌신이라는 미덕만큼 사랑과 거리가 먼 항목도 없다. 이 문제를 더 천착하고 싶은 분들은 사드의 명작 『미덕의 불운』을 꼭 읽어 보시길 권한다.

추억과 몽상 사이

이름 박인철. 중3 때부터 '연애질'을 시작해서 20대 후반인 현재까지 무려 8번의 연애경험을 갖고 있다. 대개 겨울에 시작해서 여름에 헤어지는 사이클을 밟았다고 한다. 결별의 이유는 극히 간단했다. 처음 필이 꽂히고 나면 거의 매일같이 만나서 사랑을 확인한다(동거를 한 경험도 있다). 그러다 세 달 정도 지나면 점차 열기가 가라앉기 시작한다. 호기심도, 감응도 약화되는 것이다. 정작 본인은 그 상태가 아주 편안했다고 한다. 하지만, 여친들은 그 상황을 그렇게 받아들이질 않았다. 사랑이 식었다고, 더 이상 자신을 사랑하지 않는다고 간주하는 것이다. 처음 뜨거웠던 그 상태만이 진정한 사랑이라는 신념(?)을 갖고 있는 것이다. 그렇게 감정적 간극이 벌어지게 되면 자주 투닥거리게 되고, 그러다 보면 어느새 결별의 상황에 이르고. 그러면 또 다시 새로운 짝을 찾아 헤맨다. 최근에 헤어진 여자친구는 자신과 헤어진 지 1주일 만에 다른 남친이 생겼다고 한다. 사실 이런 경우는 사랑을 한다기보다는 혼자 있는 걸 못 견딘다고 해야 맞다. 일종의 중독증인 셈이다.

 이 예가 말해 주듯, 대개의 경우, 사랑의 영원성이란 보통 초기의 격정을 계속 유지하는 것을 의미한다. 멜로물의 구조는 대개 남녀 주인공이 사랑을 확인하기까지의 스릴과 서스펜스로 이루어져 있다. 그 다음엔? 드라마가 끝난다. 말하자면, 서로를 열렬하게 갈망하는 순간만을 포착하는 것이다. 그것만이 사랑이라는, 사랑의 진수라는 생각에 사로잡혀 있는 것이다. 허나, 이거야말로 편견이자 오만이다. 만약 이 초기의 격정이 2년, 3년 계속된다면? 아마 과도한 정력소모로 수명이 반으로 줄고 말 것이다. 아님 불치병에 걸리거나.

 그럼에도 사랑이 시작될 땐 이런 상황을 절대 예측하지 못한다. 그 순간에는 남들은 다 그럴지라도 우리만은 이 격정을 오래오래 지속시킬 것 같은 착각에 빠진다. 그렇기 때문에 환상이 심한 케이스일수록 열정이 가라앉는 시간적 리듬 앞에서 당황한다. 그런 시간을 어떻게 보내야 하는지에 대한 지혜와 기술이 전혀 없기 때문이다. 내키는 대로 좌충우돌하다가 결국 결별의 시간을 맞이하게 된다. 그 다음엔? "새로운 사람, 새로운 타인과의 사랑을 추구한다. 이 타인은 다시금 '친밀한' 사람으로 변하고, 사랑에 빠지는 경험은 다시금 유쾌하고 강렬하지만, 이 경험은 다시금 차츰 덜 강렬한 것이 되고 마침내 새로운 정복, 새로운 사랑을 ──언제나 새로운 사랑은 이전의 사랑과는 다르리라는 환상을 품고── 바라게 된다. 성적 욕망의 기만적 성격은 이러한 환상에 많은 도움을 준다."(『사랑의 기술』, 78쪽) 끊임없는 반복 혹은 미끄러짐! 마치 바닷물을 마실 때처럼 마셔도 마셔도 목마른 상태가 이런 것일 터. 이 또한 불멸의 판타지가 낳은 오만과 편견 중의 하나다. 그러니까 "사랑이 어떻게 변하니?"라는 말은, 곰곰이 따져 보면, 사랑은 늘 처음의 그 격정적 상태를 유지해야 한다는 의미를 담고 있다. 그렇지 않으면 변한 것, 아니 변절에 해당한다.

그리고 이런 망상에 사로잡힌 이들에게 사랑이란 추억 아니면 몽상으로만 존재한다. 추억은 지나간 것에 대한 미련과 집착이고, 몽상은 아직 오지 않은 것에 대한 두려움과 기대다. 사랑에 관한 각종 뒷담화들을 가만히 들어 보면, 신기하게도 '추억 만들기'가 주내용을 이룬다. 풍광 좋은 곳을 찾아가는 것도, 이벤트를 즐기는 것도, 찐한 키스신을 연출하는 것도 다 추억을 위해서다. 첫사랑을 언제 경험했는가. 첫키스를 언제 했는가. 언제, 어디서 사랑고백을 받았는가 등등. 요컨대, 카메라 셔터를 누르듯 그 순간을 찰칵 찍어서 영원히 기억 속에 가두고자 하는 것이다. 멜로물에 툭하면 회상신들이 나오는 이유도 거기에 있다.

    그런 맥락에서 보면, 격정이 잦아든 일상적 관계는 더 이상 사랑이 아니다. 왜? '추억거리'가 안 되니까. 그래서 또 다시 그런 낭만이 도래하기를 고대함으로써 지루한 일상으로부터 탈출하고자 한다. 추억을 토대로 다시 몽상에 돌입하는 것. 첫사랑에 대한 터무니없는 집착도 같은 맥락에 있다. 솔직히 아무도 첫사랑을 그렇게 절실하게 품지 않는다. 그런데도 첫사랑의 판타지는 지겹게도 되풀이된다. 그게 바로 추억이라는 망상 때문이다. 말로는 아름답다, 순수하다, 아직도 그리워한다 하지만, 솔직히 말뿐이다. 막상 만날 기회가 오면 거의 대부분 달아나 버린다. 왜? 아름다운 추억이 망가질까 봐. 참 신기한 구조 아닌가. 지금 현재를 과거로 만들기 위해, 과거 속에 구겨 넣고 되새김질하기 위해 제물로 바치다니. 그 과거는 현재를 지우고 마침내 미래까지 지배해 버린다. 몽상이란 그 추억을 다시 되풀이하기 위한 미래적 투사에 다름 아니다. 결국 추억과 몽상 사이를 오가느라 현재를 망각해 버린다. 그리하여, 지금, 이 순간을 살지 못한다. 단 한순간도 '지금, 여기'의 사랑을 누리지 못한다.

사랑엔 공부가 필요없다?

> 대부분의 사람들은 사랑의 문제를 '사랑하는', 곧 사랑할 줄 아는 능력의 문제가 아니라 오히려 '사랑받는' 문제로 생각한다. 그들에게 사랑의 문제는 어떻게 하면 사랑받을 수 있는가, 어떻게 하면 사랑스러워지는가 하는 문제이다. (에리히 프롬, 『사랑의 기술』, 13쪽)

그리하여, 남자들은 오직 권력과 돈, 여성들은 성적 매력과 몸치장에 몰두한다. 마치 그것만 갖춰지면 사랑은 절로 굴러온다는 듯이 말이다. 그 다음엔? 끝! 그 이상에 대해선 더 알려고도, 더 배우려고도 하질 않는다. 세대불문, 좌우불문, 남녀불문하고 말이다.

사랑은 분명 예기치 않은 열정과 충동을 수반한다. 느닷없이 다가오기도 하고, 순식간에 물거품처럼 사라지기도 한다. 그래서 사람들은 이것은 절대 배움의 대상이 아니라고 간주한다. 그러니까 여기에는 공부에 대한 지독한 편견도 같이 작용한다. 공부의 대상은 예측가능한, 더 노골적으로 말하면 계산가능한 것들이라는. 이거야말로 20세기 이후 서구에서 들어온 외래품종이다. 공부는 근본적으로 몸과 우주에 대한 탐구다. 따라서 존재하는 한 누구나, 존재와 관련한 무엇이든 배우고 또 배워야 한다. ─ 공부하거나 존재하지 않거나!

지난 100년간 우리는 이 원대한 비전을 망각한 채 오직 부국강병과 관련된 것들만 공부요 지식이라고 간주해 왔다. 그 결과, 인문학은 망했고, 대학은 폐기처분 직전이다. 어디 그뿐인가. 사람들은 몸과 마음의 극심한 소외에 시달리고 있다. 늘 사랑타령을 하면서도 평생 동안 사랑에 관해 어떤 지혜도 터득하지 못하는 것도 그 때문이다. 하긴, 숫제 배울 생각조차 않는다는 것, 이것이야말로 근대적 공부법이 낳은 지독한 폐해다.

매뉴얼만 있으면, 만사 OK!

대신 우리 주변엔 실전연애 노하우에 대한 숱한 책들이 널려 있다. 그 책들은 연애를 하나의 사업으로 간주한다. 패션에서 향수, 날짜별 스킨십의 진도, 주고받는 말, 추억 만들기의 경로 등등. 말할 것도 없이, 이건 사랑의 지혜 따위와는 아무런 관련이 없다. 연애를 위해 어떤 상품들을 구매하고 소비할 것인가에 대한 '쇼핑 매뉴얼'의 일종일 뿐이다.

> 스킨십은 되도록 조심스럽게 시도하고, 아슬아슬한 접촉부터 시작하자. 손 잡는 일, 팔짱 끼는 일, 밀착된 공간에서는 무릎이 마주칠 정도, 웃으면서 어깨를 살짝 치는 일, 무언가를 털어주거나 바로 잡아주는 일, 따뜻하게 안아주는 정도가 좋다. 이 모든 걸 시간을 들여 천천히 밟아 나가야 한다. (송창민, 『연애의 정석』, 해냄, 2006)

참, 어처구니가 없다. 정말, 이런 식으로 감정을 교류할 수 있다고 믿고 있는 것일까? 기교라고 쳐도 참으로 유치한 수준 아닌가. 그런데도 이런 유의 책들이 넘쳐나는 건 그만큼 연애가 힘들다는 뜻일 터. 과연 그런 것 같다. 이 책의 목차 중 일부를 훑어 보면, '①일주일 만에 깨지는 연애의 꿈 ②아직은 불안한 관찰기, 연애 1개월 ③리듬조절이 필요한 연애 3개월 ④이별이 쉬워진다, 연애 6개월 ⑤사랑인지 혼란스럽다, 연애 9개월 ⑥연애 1년, 그리고 그 이후의 선택' 등등. 보는 것만으로도 숨이 막힌다. 세상에, 노동도 이런 노동이 없다.

이건 극단적인 케이스라 쳐도 순정파건 냉소파건 다들 나름대로 테크닉에 골몰하는 건 틀림없다. 어떻게 상대방을 감동시킬 것인가, 그리고 자신이 어떻게 하면 멋들어지게 보일 것인가 등등. 이들은 소설이나 영화, 심리서 같은 다방면의 매뉴얼을 참조하기도 하지만, 그에 못지않게 주변 사람들한테 각종 조언을 받는다. 물론 그 조언들의 출처 역시 각종 매뉴얼이다. 결국 그 나물에 그 밥! 어쨌든 이른바 매뉴얼 혹은 훈수들을 종합해 보면 아주 간단하다. 사랑의 모든 과정은 타인의 시선에 맞춰 진행하라는 것. 예컨대, 처음 고백을 하거나 서로 사랑을 확인할 때 반드시 공공연한 장소를 활용해야 한다. 전광판이나 옥상 위에서 스피커로 떠들어 대든지 수백 송이의 꽃다발을 바친다든지. 성인식에서 꽃과 향수를 가지고 와서 키스를 해야 한다든지. 화려한 이벤트를 하되, 반드시 '중인환시리'(衆人環視裡)에 해야 한다. 예전에도 소위 순정파들 혹은 바람둥이들은 좀 오버액션을 많이 하긴 했다. 억수로 비가 쏟아질 때 비를 흠뻑 맞으며 달려

간다든가, 영하 10도의 추위 속에서 밤새 기다린다든가, 6개월 내내 엽서를 보낸다든가. 이것도 당시로선 멜로의 공식구에 속했다. 그렇지만, 그때는 몸으로 때웠지 돈으로 때우진 않았다. 또 쇼하듯 만인이 보는 앞에서 하지는 않았다. 자신만의 소중한 경험이라 생각해서다. 지금은 다르다. 꼭 타인의 눈에 띄는 데서 해야 한다. 당연히 돈이 꽤 든다. 왜? 돈의 크기와 감동의 크기가 비례하기 때문이다. 사랑과 시장의 완벽한 일체!

결국 아무리 순수한 척, 순정파인 척해 봤자 그런 식의 애정표현은 결국 자본의 논리에 충실한 하수인일 따름이다. 따라서 이건 전적으로 자신의 사랑을 타인의 시선에 가두는 인정욕망에 지나지 않는다. 하기사, 요즘엔 파트너를 택하는 기준 자체가 타인들에게 어떻게 보이느냐에 있다. 자신이 정말로 원하는 상대인가 아닌가는 아주 부차적이다. 타인을 위해 이렇게 갖은 정성을 다하다니, 참, 희한한 이타주의다.^^

그래서 허망하다. 아니, 위험하다. 한의학적으로 보면, 시각적 기운을 많이 쓰게 되면 간과 신장이 점차 약해진다. 그리 되면, 하단전에 정기가 모이지를 못한다. 자연 긴호흡과 뒷심이 약해진다. 정기가 부족해지면? 당연히 몸과 마음의 간극이 더 벌어지게 된다. 그러면, 그 간극을 더 "쎈" 오버액션으로 커버하게 되고, 그러면 정기가 더 후달리게 되고…… 그래서 타인들 앞에서 노골적으로 애정을 과시하는 커플일수록 깨질 확률이 높다. 깨지기도 잘 깨질뿐더러, 깨질 때도 각종 추문에 휩쓸리게 된다(주로 폭력과 돈 문제). 요즘 커플들이 100일을 넘기기 어려운 것도 내적 충만감보다는 인정욕망에 휘둘리는 이런 식의 문법을 따르고 있기 때문일 터. 타인의 시선에 집착하면 할수록 나의 내부는 비어 간다. 결국 연애를 할수록 몸으로부터의 소외가 일어나는 역설적 상황에 처하는 셈!

그러니 사랑에 대해 뭔가를 배우고자 한다면, 가장 먼저 각종 매뉴얼들(혹은 거기에 의존하고자 하는 이타적[?] 정신세계)부터 태워 버려라.

유치할수록 진실하다?

선수들을 위한 매뉴얼 아니면 순정파들의 오래된 관습. 이게 연애와 관련된 공부의 전부다. 그 이상은? 물론 있긴 하다. 남자와 여자의 심리에 관한 고상한 에세이들. 마음의 상처를 치유하는 심오한 정신분석서들. 현재 우리나라 인문서의 상당 부분을 이런 유의 책들이 차지하고 있다. 아마 외국에서도 크게 다르지 않을 것이다. 이런 책들의 범람은 크게 세 가지 점을 말해 준다. 첫째, 현대인은 자신의 마음의 행로에 대해 실로 무지하다는 것, 둘째는 그 무지로 인해 엄청난 고통을 겪고 있다는 것, 셋째 그것을 정면으로 돌파하려고 하기보다 뭔가에 의존해서 타개하고 싶어 한다는 것. 사실, 이 책들에 나오는 대부분의 내용은 이미 스스로 알고 있는 것들을 재확인하는 것에 불과하다. 남자는 이런 식이고, 여자는 저런 식이며, 사랑은 이렇고, 이별은 저렇고. 그래서? 거기서 핵심은 분석과 통찰이 아니라, 연민과 위안이다. 그 책들을 보면 세상엔 온통 상처받은 영혼들로 그득하다. 심하게 말하면, '영혼은 곧 상처'라는 뜻인 것처럼 보일 정도다. 그래서 정말 궁금하다. 그렇게 많은 전문가들이 동원되어 상담과 위로를 해주는데, 왜 상처받은 영혼은 나날이 늘어나는 거지? 의료기술이 발전되고 병원이 많아질수록 병과 환자가 나날이 늘어나는 것처럼 말이다.

너무나 당연한 말이지만, 동정이나 연민은 전혀 다른 삶으로 인도하지 못한다. 다만 순간적인 안정감을 줄 뿐! 그러니 상처가 가라앉으면 또다시 똑같은 방식의 실패를 반복할 수밖에 없다. 그러면 또다시 상담과 위로를 받아야 하고. 해서, 때론 상담증후군처럼 느껴지기도 한다. 치유를 받고 싶어 한다기보다 누군가의 상담을 받는 것 자체를 즐긴다고 할까. 이를테면, 상담사가 치유를 위해 근본적인 처방을 해준다 해도 그것을 위한 실천에는 절대 돌입하지 않는다. 다만 위로받았다는 사실, 그걸로 땡이다!

사람은 평생 단 하나의 병만을 앓는다는 말이 있다. 신체적으로 볼 때, 하나의 약한 고리를 중심으로 다양한 병들이 변주된다는 뜻이다. 마찬가지 이치로 사람은 평생 단 한 종류의 연애만 한다고 할 수 있다. 동일한 패턴을 반복하기 때문이다. 따라서 중요한 건 위안이나 동정이 아니라, 전혀 다른 방식의 사랑법을 배우는 것이다. 그럴 때라야 진정 상처로부터 자유로워질 수 있는 법이다. 헌데, 문제는 다들 상담을 받거나 점쟁이를 찾아가려 하지 스스로 깨우치려고 하질 않는다는 데 있다.

그리고 거기에는 지성과 욕망은 서로 모순관계라는 뿌리깊은 편견이 담겨 있다. 지적인 사람은 에로스적 열정이 박약하고, 에로스가 왕성하려면 지성이 좀 덜떨어져야 한다는. 예컨대, 멜로물에는 지적 활동에 종사하는 주인공이 등장하는 경우가 거의 없다. 아, 가끔 교수나 강사가 나오긴 한다. 하지만, 그들이 하는 공부와 연애가 어떤 연관관계 안에 있는지는 전혀 드러나지 않는다. 그들이 하는 공부란 그저 직업의 일환일 뿐, 연애의 기술이나 생에 대한 통찰과는 아무런 연관성이 없다. 그러니 소위 인텔리들이 하는 연애의 행로도 다른 이들과 전혀 다르지 않다. 충동적이고 맹목적이다가 격정이 가라앉으면 말도 안 되는 이기적인 짓거리를 마구 해대는. 결국 그들의 지성과 사랑은 어떤 연관관계도 없다.

이런 식이니, 사랑에 관한 한 성숙해진다는 관념이 들어설 여지가 없다. 10대의 풋사랑이건 중년의 일탈이건 로맨스 그레이건 수준이 다 똑같다. 다만 유치할 뿐!이다. 그래서 나온 것이 유치할수록 진실하다는 편견이다. 남들에게 절대 보여 줄 수 없는 치졸함, 인간적 나약함, 어리광 따위를 주고받는 것을 연애라고 간주하는 것이다. 사랑이 지배와 예속관계를 반복하는 것도 이런 구조와 무관하지 않다. 특히 경제력이나 사회적 지위가 높은 여성들일 경우, 그 파트너들은 대개 정신적으로 덜떨어지고 사회적으로 부적응자인 경우가 많다. 그때 여성들은 대체로 이런 식의 명분을 표방하곤 한다. '쟤는 원래 순수한데, 사회가 그 순수성을 알아주질 않는다, 그래서 내가 돌봐 주어야 한다, 혹은 나 아니면 쟤는 제대로 살아가기 어렵다' 등등.

하지만, 실제론 그 유치함을 독점함으로써 그 대상을 완벽하게 지배하고 싶은 욕구에 다름 아니다. 솔직히 성인이 되었는데도 여전히 유치하기 짝이 없다면 그건 일종의 발달장애에 해당한다. 헌데, 그것이 졸지에 순수함으로, 그리고 다시 사랑의 미덕으로 치환되어 버린다. 이 오묘한 착각의 연쇄고리들!

사회적으로 상당한 성취를 이룬 중년 남성들이 사랑과 성에 관해서는 어이없는 사태를 연출하는 것도 마찬가지 맥락이다. 주지하듯, 우리시대엔 소위 사회지도층 인사들의 각종 변태적 행각들이 만연하고 있다. 소설이나 영화에선 그게 뭐, 특별한 실존적 양태인 양 잔뜩 분위기를 잡고 있지만, 사실 그건 아주 단순하다. 자신의 욕망에 대한 어떤 공부도 하지 않은 채 청춘을 통과한 이들이 돈과 권력에 기대어 그 욕망을 행사하기 시작했을 때 일어나는 왜곡된 여정일 뿐이다.

마르크스는 말했다. 무지가 역사에 도움이 된 적은 한 번도 없었노라고. 사랑도 마찬가지다. 유치한 건 유치한 것일 뿐! 유치한 게 사랑과 인생에 도움이 된 적은 단 한 번도 없었다!

연애는 혁명의 걸림돌!

20세기 초, 계몽의 선각자인 신채호는 청년들에게 소리 높여 강변했다. 조국 아니면 연인, 둘 사이에 하나만 선택하라고. 전자가 공공의 영역이라면, 후자는 사사로운 세계다. 따라서 후자는 전자를 위해 희생되어도 좋다, 아니 기꺼이 희생되어야 한다고 간주한 것이다. 이런 구도를 조금 더 밀고 가면, 연애는 '공공의 적'이 된다.

이런 양분법이 다시 한번 크게 영향력을 행사한 때가 바로 80년대다. 다들 알다시피, 80년대에 청춘을 보낸 젊은이들은 혁명을 꿈꾸었다. 열정과 패기, 지성과 야성, 모든 에너지는 혁명이라는 가치로 흡수되었다. 당연히 청춘의 특권인 연애감정과 충돌할 수밖에 없었다. 그리고 그 결론은 신채호와 크게 다르지 않았다. 즉, 혁명에 투신하려면 연애를 포기해야 하고, 연애에 몰입하려면 혁명을 배신해야 했다. 연애와 혁명 사이에 엄청난 간극이 생겨 버린 것이다. 그러다 보니 아주 기형적 상황이 종종 연출되었다. 소위 운동서클에서 커플이 생기면 조직에 심각한 균열이 생기고, 그래서 결국 커플이 조직을 이탈하거나 아니면 커플이 깨지거나. 그뿐 아니다. 아무리 혁명에 복무한다 해도 부글거리는 청춘의 열기는 어쩔 수 없었다. 아니, 오히려 혁명적 파토스가 지배하는 시대엔 에로스 또한 들끓는 법, 당시는 어느 시대 못지않게 연애의 열기 또한 뜨거웠다. 당연히 수많은 커플들이 이합집산을 거듭했다. 특히 남학생들의 경우는 성욕이 워낙 왕성한 시기이다 보니 그 때문에 동료를 배신하는 일도 적지 않았다. 예를 들면, 수배자가 되어 잠행을 하다 보면 남녀가 같은 공간에서 밤을 지새야 하는 경우가 있다. 그럴 때 예상치 못한 '사고'가 일어난다. 혁명에 대한 신념으로 무장하긴 했지만, 사랑과 성에 관한 한 그저 통속적 수준에 머물러 있었던 여성들은 깊은 상처를 받을 수밖에 없었다. 남성들 역시 그 상황 앞에서 당혹스럽긴 마찬가지였다.

90년대 들어 혁명담론이 퇴조하면서 그간 묻어 두었던 이런 행태들에 대한 엄청난 반론이 쏟아졌다. 물론 80년대식 풍조가 남성중심주의의 산물인 건 틀림없다. 하지만, 단지 그렇게 환원되고 말 문제는 아니다. 그런 배치하에서 남성들 역시 적지 않은 존재의 분열을 경험해야 했기 때문이다. 그렇다고 그런 분열과 갈등에 대해 공공연하게 말할 수 있는 장소가 있는 것도 아니었다. 결국 사적인 어둠 속에서 은밀히 해소될 수밖에 없었다. 한마디로 사랑과 성을 학습할 공간이 전혀 없었던 것이다. 소위 운동권은 삶을 바꾸고 사회를 개혁하겠다고 존재를 다 건 집단이었건만, 기묘하게도 일상과 신체의 가장 핵심적 이슈인 사랑과 성에 대해서는 어떤 학습도 하려고 하지 않았다. 그저 혁명과 정치가 공적 담론이라면, 연애나 사랑은 지극히 사적인 영역에 해당한다는 이분법적 발상을 답습했을 뿐이다. 해서, 후자의 문제는 전자의 가치에 입각하여 해소하면 된다는 식의 오만과 편견이 팽배했던 것이다.

　20세기 초반, 빌헬름 라이히라는 사상가가 있었다. 프로이트의 제자이자 마르크스주의자라는 독특한 편력을 지닌 이다. 그의 철학적 화두는 "대중은 왜 스스로의 억압을 욕망하는가?"였다. 당시 유럽의 대중들이 자발적으로, 그리고 열광적으로 히틀러를 선택하는 것을 목격하고서 제기한 질문이었다. 그는 그것이 가부장제 이데올로기와 성욕의 억압에 있다고 판단했다. 부르주아와 프롤레타리아 사이엔 단지 경제적 불평등뿐 아니라, 성적 불평등이 존재한다는 것, 그리고 그런 식의 성적 억압이 대중들로 하여금 파시즘을 향해 달려

가게 만든다는 게 그의 주장이었다. 그의 대안은 간단하다. "사랑, 노동, 지식은 우리 생활의 원천이며, 이것들이 우리의 생활을 지배해야 한다." 그의 주장에 귀가 솔깃하다면, 그의 저서 『파시즘의 대중심리』, 『오르가즘의 기능』 등을 탐독해 보시라. 하지만 그의 주장은 이해받기는커녕, 철저하게 묵살되었다. 그는 결국 프로이트 문하에서도, 유럽 공산당에서도 축출되었다.

그 이후 지금까지도 크게 달라진 건 없다. 소위 좌파들은 여전히 혁명과 개혁을 오직 경제적 분배의 문제로만 사유하고 있다. 경제적 분배와 평등이 이루어지면, 삶의 질은 자동적으로 보장되리라고 간주하고 있는 것이다. 그 결과, 삶과 존재의 충만함에 관해선 별다른 비전이 없다. 특히 사랑이나 성에 대해선 어떤 보수주의자 못지않게 상투적인 도덕과 윤리적 틀 안에 갇혀 있다. 라이히가 제기한 문제설정으로부터 한 걸음도 나아가지 못한 셈이다.

왜 사회를 전면적으로 전복하기를 꿈꾸면서 사랑과 성적 관계에 있어서는 새로운 실험을 기획하지 않는 것일까? 사랑이야말로 혁명의 뇌관임을 눈치조차 채지 못하고 있는 것일까? 대체 왜?

사랑, 삶을 망각하다!—권태 아니면 변태

지독한 이분법, 불멸에 대한 판타지, 학습의 부재 등 사랑과 성을 둘러싼 오만과 편견은 실로 깊고도 넓다. 헌데, 이 모든 것을 관통하는 오만과 편견이 하나 있다. 연애는 둘만의 관계이고 다른 삶과는 분리되어 있다는, 다시 말해 사랑과 삶은 별개라고 생각하는 것이다. 일단 관계가 형성되면 일이고 공부고 다 집어치우고 오직 연애를 향해 돌진한다. 한마디로 연애가 삶을 집어삼켜 버리는 형국이다. 그러니 당연히 몸과 마음이 엄청 부담스러울밖에. "그렇다고 일상생활에만 관심을 쏟자니 사랑은 있으나 마나고, 결국엔 서로 지쳐서 끝나게 되는 것이다. 사랑과 삶이 따로 노는 것! 이것이 가장 큰 문제가 아닐까 싶다. 삶과 떨어진 사랑이니 뭘 할지 몰라서 허둥대기도 하고 말이다."(해완이의 인터뷰*) 소박하지만, 아주 적실한 지적이다. 요컨대 가장 큰 이분법은 사랑과 삶의 과격한 단절이라 할 수 있다.

사랑이 둘 사이의 아주 특별한 관계인 건 맞다. 하지만 그것은 어디까지나 타인들과의 관계 속에서 만들어지고 소멸된다. 앞에서

---

* 해완이는 현재 〈남산강학원〉 청년 대중지성의 멤버로 활동 중이다. 대안학교를 다니다 고등학교 1학년 때 자퇴를 했고, 이후 공동체에서 인문학을 공부하여 『다른 십대의 탄생』(그린비, 2011)이라는 책을 내기도 했다. 이 글은 해완이가 연애경험이 있는 동급생 친구들과 인터뷰를 해서 「인터뷰-16, 열애 中」이라는 글로 정리를 한 것이다.

도 강조했다시피, 특별한 시공간적 조건이 없으면 사랑은 태어날 수도, 이루어질 수도 없다. 그 시공간적 조건 중에서 가장 중요한 것이 바로 일상의 배치다. 그리고 그 일상은 수많은 관계들로 직조되어 있다. 한번 생각해 보라. 만약 지금 사랑하는 연인과 모든 것이 다 갖추어져 있는 무인도로 가서 영원히 살라고 한다면? 아마 누구도 들어가지 않을 것이다. 차라리 헤어지면 헤어졌지. 설령 들어간다손 쳐도 장담컨대, 둘의 사랑은 순식간에 붕괴될 것이다. 홀로 빛나는 별이 없듯이, 배경이 없으면 어떤 존재도 빛을 발할 수가 없다. 그럼에도 불구하고 사랑은 맹목적일수록, 다른 관계와 단절될수록 강렬하다는 믿음이 여전하다. 상대방에게 그런 식의 집중을 요구하는 것도 그 때문이다. 예컨대 연애가 시작되면, 어떤 여성들은 친구관계를 다 끊어 버린다. 당연히 사회적 관계나 활동도 사라져 버린다. 오직 남자 친구만 쳐다보면서 하루를 보낸다. 하기사, 요즘은 남성들도 비슷한 경향이 있다. 하루 종일 문자메시지를 통해 애인의 모든 동선을 체크하고 자신의 일과를 보고하는 데 골몰한다. 그러다 연애가 깨지면 완전 패닉에 빠진다. 깊이, 순수하게 사랑을 해서라기보다 일상의 토대가 졸지에 붕괴되기 때문이다.

  그런데, 한번 이렇게 가정해 보자. 만약 로미오와 줄리엣이 죽지 않고 계속 사랑을 나누게 되었다면? 또 멜로드라마의 주인공들이 죽지 않고 무사히 결혼에 골인했다면? 그들 앞에 놓인 건 둘 중 하나다. 먼저, 권태로운 일상. 둘만을 바라보는 사랑은 필연적으로 권태와 마주한다. 초기의 격정이 잦아들면 그때부터 서서히 생활 쪽으로 시선이 이동하기 시작한다. 그리고 그때서야 함께 공유할 수 있는 일상이 거의 없다는 걸 깨닫게 된다. 결국 둘의 관계는 권태로운 반복 속으로 빠져든다. 권태는 고독을 낳고 고독은 우울증을 낳고 우울증은? 죽음에 이르는 질병이다.

다른 하나는 변태적 쾌락. 성욕에 탐닉하는 것이다. 연인들에게 있어 일정 기간은 성욕이 가져다주는 쾌락 때문에 관계가 돈독해지기도 한다. 헌데, 이것도 계속 유지되려면 더더욱 쾌락의 강도를 높여야 한다. 멈추는 건 불가능하다. 결국 죽음을 향해 나아갈 수밖에 없다. 성욕이 죽음으로? 「감각의 제국」이라는 영화가 그에 대한 좋은 교과서다. 영화는 두 주인공, 사다와 기치의 성행위를 중심으로 진행된다. 처음엔 여급인 사다가 주인인 기치에게 예속되었다가 차츰 둘의 관계가 전도되기 시작한다. 사다가 원하는 것, 거기에 맞춰 기치의 신체가 움직이기 시작한 것이다. 그때부터 기치의 신체는 오직 남근으로서만 기능하게 된다. 길을 걸을 때에도, 화장실에 갈 때에도, 깨어 있거나 잠들거나 사다는 기치의 '그것'을 놓지 않는다. 사랑이 성욕으로, 성욕이 다시 남근에 대한 욕망으로 전이한 것이다. 남근에 대한 이 맹목적 집착에는 원인도, 목적도 없다. 그리고 그때부터 욕망은 죽음을 향해 질주하기 시작한다. 죽음이야말로 성적 쾌락을 극대화할 수 있는 최고의 사건이기 때문이다. 사다는 기치의 목을 조르기 시작한다. 그리고 마침내 기치도 죽음을 수락한다. 아니, 기치에겐 이미 생에 대한 어떤 의지도 남아 있지 않았다. 모든 욕망을 완벽하게 사다에게 회수당했기 때문이다. 종류와 유형이 다를지

언정 변태성욕은 필연적으로 이런 궤적을 밟을 수밖에 없다. 사디즘 아니면 마조히즘의 여정!

남녀간의 사랑만 그런 게 아니다. 특히 요즘은 부모자식 간의 사랑도 심각한 수준이다. 아들을 스토킹하는 엄마, 하루 종일 딸의 동선만 챙기는 엄마 등등. 어떤 점에선 이성애보다 더 심각한 블랙홀이 되기도 한다. 이성애는 헤어질 수나 있지 부모자식 간은 평생 이별도 불가능한 관계 아닌가. 이미 언급했듯이 넘치거나 모자라는 건 다 나쁘다. 특히 넘치는 건 더 좋지 않다. 상대가 감당해야 할 몫까지 일일이 챙기는 건 사랑이 아니라 지배욕이다. 그런 점에서 부모들의 이런 과잉서비스도 일종의 변태다. 무엇보다 사랑의 이름으로 자식의 삶을 수렁으로 빠뜨리고 있다는 점에서 그렇다. 대체 왜 이런 어이없는 일이 일어나는 것일까? 이유는 간단하다. 삶이라는 배경을 망각한 채 오로지 서로한테만 몰입하기 때문이다. 그러다 자식이 어느 정도 자라 이 관계에 틈이 생기게 되면 앞에서 말한 연인들과 동일한 수순을 밟는다. 갑자기 모든 것이 허무해지면서 무기력한 권태에 빠지거나 아니면 그 틈을 메우기 위해 더더욱 그 관계에 집착하거나. 전자는 흔히 중년우울증으로, 후자는 주로 시어머니-며느리 아니면 장모-사위 간의 처절한 갈등으로 표현되곤 한다.

결국 남녀 사이뿐 아니라 우리시대 모든 사랑의 여정에는 두 개의 함정이 도사리고 있다. 권태 아니면 변태라고 하는. 이것이 사랑이라는 활동의 장에서 삶을 지워 버린 데 대한 가혹한 대가임은 말할 나위도 없다.

'해품달'에 대한 농담

지난해엔 「시크릿가든」이더니, 올해는 「해를 품은 달」(이하 「해품달」)이다. 해가 바뀌어도, 시절이 아무리 하 수상해도 멜로의 열풍은 식을 줄을 모른다. 배우들의 탁월한 연기, 감칠맛 나는 대사, 궁정 판타지가 주는 묘한 긴장감 등. 다 인정한다. 하지만 그렇다고 다 용납되는 건 아니다. 주지하듯, 멜로는 생을 잠식한다. 이번에도 예외는 아니다. 아침 프로그램에서 기묘한 장면을 하나 목격했다. 앞의 뉴스는 「해품달」의 인기를 분석하는 코너였다. 10대, 20대는 물론 중년여성들까지 「해품달」에 열광하고 있음을 보여 주면서 그걸 증명하기 위해 뇌파촬영까지 시도하고 있었다. 좀 심하다고 생각하는 순간, 바로 이어지는 뉴스는 재혼 뒤 불화 끝에 아내를 죽인 남편의 이야기였다. 참으로 기묘한 배치 아닌가. 청춘남녀의 낭만적 사랑과 중년부부 간의 끔찍한 참극이라니.

사람들은 아마도 이렇게 생각할 것이다. 전자는 이상이며 후자는 현실이라고. 현실이 그렇듯 암울하니 판타지를 통해서나마 잠시 위안을 받는 것이라고. 과연 그럴까? 인문학적 관점에서 보자면 둘은 다른 것이 아니다. 더 정확히 말하면, 전자와 후자는 '나란히, 함께' 간다.

매년 새롭게 변주되지만, 멜로의 문법은 사실 뻔하다. 선남선녀의 운명적인 만남, 그걸 가로막는 '악의 축'들, 끔찍한 고난, 그럴수록 깊어가는 사랑의 불꽃. 그 불꽃은 아름답고 순수하다. 어찌나 순수한지 성욕 같은 건 들어설 자리가 없다. 손목 한번 잡은 것이 평생 잊을 수 없는 추억이 되고 키스는 '일생일대의 대사'가 된다. 그럼 뭘 하는가? 멀리서 그리워하고 만나면 운다. 울면서 '시적인 고백'을 주고받는다. 마침내 둘 중 하나는 죽거나 기억을 상실한다. (이 대목에서 농담 한마디. 운명론적으로 보자면, 멜로의 주인공들은 '전생의 원수들'이다. 서로를 끊임없이 괴롭히고 있는데 헤어질 수도 없으니 말이다. 이거야말로 '복수혈전'의 최고 경지가 아닌가.)

이번에도 역시 여주인공이 죽었다 깨어났다. 그 사이에 8년이라는 '결코 짧지 않은!' 세월이 흘렀다. 주인공들의 신분도 엄청나게 달라졌다. 세자는 왕이 됐고, 세자빈은 무녀가 됐다. 그런데 똑같다! 동일한 공간을 배회하고, 동일한 동작을 반복하면서 서로를 애타게 찾고 또 찾는다. 대사마저 동일하다. 그래서 아름답다고? 그럼 이런 가정은 어떤가? 전생에 내 돈을 떼먹은 사람을 이생에 다시 만나 또 당한다면? 20년 전에 짝사랑하던 이를 중년에 다시 만나 또 죽으라고 쫓아다녀야 한다면? 사랑이 반복된다면 삶도 반복된다. 삶이 동일한 궤도를 되풀이하는 것을 윤회라고 한다.

인류의 스승들은 이 윤회의 수레바퀴를 벗어나는 것을 '진리'요, '대자유'라고 불렀다. 그렇다면 멜로적 사랑이야말로 가장 '자유와 진리에 반하는' 행위가 아닐까? 아마 앞으로 두 주인공은 서로를 죽도록 힘들게 할 것이다. 그래야 서로의 사랑을 증명할 수 있을 테니까. 그리고 그 과정을 지켜보면서 사람들은 생각할 것이다. 비극이야말로 진정한 사랑의 원천이라고. 이것이 멜로가 생을 잠식하는 원리다.

「시크릿가든」의 주인공은 재벌2세였는데, 이번엔 한술 더 떠 군주다. 군주는 재벌 회장이나 대통령과도 다르다. 무소불위의 권력을 누리지만 대신 천하를 가슴에 품어야 한다. 첫사랑에 사무치고 내시나 호위무사 등과 은밀한 정을 나누고 대신들과는 건건사사 각을 세운다. 이건 무슨 뜻인가? 폭군의 징후다. 하긴, '해'를 품은 '달'이면 가는 곳마다 환하게 길을 밝혀줘야 할 텐데, 자신은 물론 주변 사람들의 인생까지 온통 어둠침침하게 만들다니, 무슨 '해'와 '달'이 이런가. 요컨대, 사랑의 화신은 성군이 될 수 없다. 성군에겐 '첫사랑'은커녕 한순간의 잡념도 허용되지 않는다. 한편으론 명분과 이념을 구축해야 하고 다른 한편으론 백성들의 생업을 돌보아야 하기 때문이다. 「뿌리깊은 나무」의 세종이 그랬듯이.

하지만 멜로는 현실을 움직이는 이 모든 원리를 간단히 잠재워 버린다. 그래서 자가당착에 빠진다. 사랑의 화신이 되려면 삶을 외면해야 한다. 그런데 삶을 외면하는 이는 결코 사랑의 화신이 될 수 없다. 그럼, 그가 하는 것은? 사랑이 아니라, 사랑에 대한 열병이자 중

독일 뿐이다. 겉보기엔 서로를 위해 아낌없이 주는 것처럼 보이지만 실상은 서로를 결코 놓아주지 않는다. 하여, 이런 판타지를 사랑의 척도로 삼으면 삶은 말할 수 없이 황폐해진다. 그래서 결국 서로를 파국으로 인도한다. 멜로의 판타지와 가족의 참극이 '나란히, 함께' 가는 연유가 여기에 있다.

그냥 재미삼아 보는데 뭐 그렇게 까칠하게 구느냐고? 딴은 그렇다. 그래서 농담이다. 하지만 멜로는 전 국민의 연애 교과서다. 사람들은 멜로를 통해 사랑에 대한 감정과 신념을 훈련받는다. 그래서 그 어떤 정치적 개혁도 이 멜로적 감성을 바꾸기란 거의 불가능하다. 하지만 이걸 바꾸지 않는 한 삶의 근본적 변화는 결코 일어나지 않는다. 이것만은 결코! 농담이 아니다.

여자들이 밥을 사는 그날까지

"여자들이 밥을 사는 그날까지, 남자들이여 일어나라!"——한때 인기를 끌었던 「개그콘서트」의 한 코너에서 등장인물들이 외쳤던 구호다. 이 코너는 남성들이 자신의 여자친구들한테 어떻게 혹사당하고 얼마나 뜯기는지를 낱낱이 까발림으로써 웃음을 작렬시키는 것이 기본 컨셉이다. 이 코너뿐 아니라 개콘에는 이런 식의 설정이 빈번하게 등장한다. 그만큼 많은 공감대를 얻고 있다는 뜻인데, 그래서 참 걱정스럽다. 남성들이 아니라, 여성들의 삶과 미래가. 연애시절부터 그렇게 남친들을 "뜯어먹는" 데 익숙해지면, 화폐가 에로스를 "먹어치우는" 건 시간문제이기 때문이다. 더구나 지금이 어느 땐가. 바야흐로 '여성의 시대' 아닌가. 아, 아직도 각종 성차별이 도처에 잔존하고 있는데 뭔 소리냐고? 그런 원론적 논의는 일단 제쳐두고 이런 장면들을 주목해 보라.

어딜 가나 여성들이 넘쳐난다. 대학이나 대학원, 각종 인문학 아카데미, 도서관과 문화센터 등 첨단의 정보가 유통되는 곳에는 어김없이 여성들로 그득하다. 남성은 1%나 될까. 내가 대학에 다닐 때의 성비율과 완벽하게 전도된 양상이다. 대체 그 많은 남성들은 어디에 있는 것일까? PC방? 아니면 인력시장? 뭐가 됐건 이제 지성의 현장에서 '남성들의 퇴출'은 부인할 수 없는 대세가 되어 버렸다. 그뿐 아니다. '꿈의 정규직'이라는 교육계나 출판계, 방송계와 공무원 등의 분야 역시 이미 여성들이 평정했다고 해도 무방하다. 요컨대, 이쯤 되면 이제 여성들의 물적 토대는 웬만큼 갖춰진 셈이다. 한데도 남성들에 대한 의존심이 줄어들기는커녕 더더욱 심화되고 있다니 이걸 대체 어떻게 설명해야 할까. 연애시절은 그렇다치고 특히 놀라운 건 고급 정규직에 진출한 여성들의 경우조차 결혼상대자를 고를 때는 자신보다 학벌이나 연봉이 높은 남성을 찾는다는 사실이다. 그래야 결혼에 성공했다고 간주하는 것이다. 이상하지 않은가? 이미 물심양면에서 사회적 성취가 다 가능한데 왜 또 남성을 통한 대리만족을 꿈꾸는 것인지. 더구나 그거야말로 빈부격차를 심화시키는 결정적 요인이 아닌가. 공적 장에선 빈부격차를 해소해야 한다고 강변하면서 자신의 일상에선 그걸 더더욱 심화시키는, 이 교묘한 '이중플레이'를 어떻게 해석해야 할까.

그리고 그런 시각은 무엇보다 여성들 자신에게 불리하다. 그렇게 되면 성공한 여성들의 '짝짓기' 관문은 절로 좁아진다. 직장 내에서 파트너를 찾기도 어려워진 마당에 그 이상의 직업을 가진 남성들은 더더욱 소수일 테니 말이다. 아닌 게 아니라, 이미 '짝짓기'에서 배제된, 혹은 그 자체를 거부하는 솔로여성들이 점차 늘고 있다. 경제적 성취가 에로스를 원천봉쇄해 버리는 이런 코스가 과연 여성들이 추구하는 성공과 행복이라 할 수 있을까.

말할 나위도 없지만, 경제적 의존관계는 정서적 의존성과 뗄 수 없이 결합되어 있다. 모든 드라마가 수없이 반복해대는 결혼의 비극——권태와 불륜, 배신과 복수——은 대부분 이런 사슬에 기인하고 있다. 결혼의 조건에도, 불륜의 과정에도, 그리고 이어지는 복수혈전에도 핵심은 늘 '화폐'다. 그러니까 여성들이 '지성을 주름잡고' 있는 이 '대명천지'에 여성들은 여전히 남성을 통한 계층상승의 미련을 떨쳐내지 못하고 있는 것이다. 그래서 더더욱 남성들의 사랑을 '받아야!' 한다는 강박증에 사로잡히는 것이고. 마르크스의 말처럼 "사랑은 오직 사랑하고만 교환할 수 있다. 너의 사랑이 사랑으로서 그에 화답하는 사랑을 탄생시키지 못한다면 너의 사랑은 무력하고 불행한 것이다."(『경제학-철학 초고』)

그렇다! 그 무력과 불행의 사슬에서 벗어나고 싶다면 여성들은 에로스와 화폐의 관계를 근원적으로 재구성하는 지성의 위력을 발휘해야 한다. 이를 테면, '사랑과 경제의 로고스'가 절실한 시점이다. 그런 점에서 앞으로 개콘의 구호는 이렇게 바뀌어야 하지 않을까. 여자들이 밥을 사는 그날까지! 여자들이여, 부디 두 발로 서라!

사랑과 성sex에 대한 오만과 편견

호슬리, 「꽃피는 시절」, 1860

우리시대 연애의 자화상

우리 연애란 게 이렇다. 나는 특별한 것 같고 우리는 분명 남들과 다른 것 같지만 사실은 그게 그거다. 감정도 비슷비슷, 하는 짓들도 비슷비슷하다. 연애 책 좀 들춰 본 사람들은 이미 눈치챘겠지만, 첫키스, 첫만남의 설렘은 누구에게나 동일하게 찾아온다. 다만, 그 설렘과 사랑의 기쁨이 오래가지 않는 이유는 에리히 프롬 말마따나 사랑을 '공부의 대상'으로 여기지 않기 때문이다. 그래서 우리의 연애는 늘 그렇게 동일하게 반복되고 끝이 난다. 정이현이 『낭만적 사랑과 사회』에서 연애의 과정을 마치 하나의 매뉴얼처럼 선언할 수 있었던 것도 바로 모든 연애가 천편일률적이기 때문이 아닐까?

지로데, 「아탈라의 장례」, 1808

미안하다, 못 지켰다

그림 속에 고이 누운 저 여인은 아탈라. 아마도 그녀의 발을 붙든 남자에게 순결을 맹세한 모양인데, 그 순결을 깨뜨릴 뻔했단다. "미안하다, 못 지켰다." 그래서 아탈라는 목숨을 끊었다. 깬 것도 아니고 깰 '뻔'해서 자살을 한 저 여인은 과연 무엇을 위해 그 젊음과 생명과 사랑의 에너지를 내팽개친 것일까? 필사적으로 지켜야만 하는 순결, 반드시 죽어서[必死]까지 지킨 건 참으로 가상하다만, 글쎄, 남은 연인은 뭐가 되나? 뭐, 21세기인 지금도 여학교에서는 순결캔디를 나눠 준다고 하니 할 말은 없지만, 도대체 식을 줄 모르는 이 순결에 대한 강박증은 언제쯤 사라지려나! 쩝!

브랑쿠시, 「키스」, 1907

사랑공식, 1+1=1?

우리가 신봉해 마지않는 반쪽이 신화는 참 희한한 공식을 전제로 하고 있다. 1+1=1. 이상하다. '나'의 세계와 '그'의 세계의 중첩이라는 엄청난 더하기(혹은 곱하기?)에도 불구하고 결국 다시 '1'이 되고 만다. 내 짝을 만나기 전까지 나는 '미완'의 존재, '불완전한' 인간이라고 생각하는 탓이다. 우리 자신은 혼자서도 이미 충분한 하나의 개체임을 왜 그렇게들 모르는 걸까? 다시 한번 말하지만, 사랑은 대상이 아니라 나 자신의 문제다. 어떤 대상, 나의 반쪽을 만나느냐가 아니라, 내 안에 잠재하고 있던 욕망이 표면으로 솟구칠 때 사랑이라는 사건이 일어난다!

멈출 수 없다, 죽음을 향한 무한질주!

영화「감각의 제국」은 변태적 쾌락이 어떻게 죽음을 향해 나아가는지를 생생하게 보여 주는 '교과서'다. 남근으로서만 기능하는 남자주인공의 신체, 남근에 대해 맹목적으로 집착하는 사다. 권태를 피하려 변태를 택했다가는 그야말로 지옥행 급행열차로 직행하기 십상이다. 사랑이 둘 사이의 아주 특별한 관계인 건 사실이지만, 거기서 정말 중요한 건 타인들과의 관계이고, 일상의 토대. 그게 붕괴되면? 사랑은 물론, 삶도 무너져 버린다!

2부

청춘의 '덫' —
국가와
가족, 학교,

그리고
쇼핑몰

에셔, 「뫼비우스의 띠 2」, 1963

'넘어진 자, 땅을 짚고 일어나리라'는 말이 있다. 헌데, 일어나려면 자신이 넘어진 곳을 정확히 알아야 한다. 언제, 어떤 지점에서 넘어졌는지, 그 위상을 정확히 알아야 툭툭 털고 일어날 수 있다. 대개의 사람들은 거의 비슷한 지점에서 걸려 넘어진다. 왜냐? 욕망이란 고유한 실체가 아니라, 관계와 배치의 산물이기 때문이다. 즉, 시대에 따라 욕망을 특정한 방향으로 조직하고 유도하는 '사회적 배치'가 존재한다는 것. 그리고 그것이 바로 사랑을 열망하는 우리시대 청춘들을 끊임없이 좌절시키는 대지, 아니 '덫'이다.

그러므로 호모 에로스가 되기 위한 두번째 초식은? 오만과 편견의 '시공간적 좌표'를 파악할 것. 멋진 말이긴 한데 좀 어렵다고? 그럼 조금 쉽게 다시. 우리의 욕망은, 아니 우리의 망상은 어떤 시대적·사회적 조건에 붙들려 있는가?

20세기와 욕망의 배치

'이팔청춘'은 어디로?

햇살이 눈부신 오월 단오, 성춘향과 이몽룡은 광한루에서 그네를 뛰다 한 방에 필이 꽂힌다. 그 순간, 둘의 신체는 아주 특별한 감응의 자기장 속으로 들어간다. 말하자면, 사랑에 빠진 것이다. 그리고 바로 그날 밤 둘은 몸을 합친다. 요즘 식으로 말하면, '원나잇스탠드'인 셈. 세상에! 어디 그뿐인가. 그날 밤 둘은 열정과 노련미를 동시에 갖춘 '농염한 베드신'을 유감없이 연출한다. 혼전순결의 압박, 혹시라도 처녀성을 인정받지 못하면 어쩌나 노심초사하는 내숭, 임신에 대한 공포 등 우리시대 청춘들을 사로잡는 온갖 그림자 따윌랑은 눈을 씻고 봐도 찾을 길이 없다. 물론 그날 밤의 격정은 일회성으로 끝나지 않고 이몽룡이 서울로 끌려 올라갈 때까지 주욱 이어진다. (오홋~)

그때 그들의 나이는 방년 16세, 한창 물이 오른 '이팔청춘'이었다. 열여섯? 지금으로 치면 중학교 3학년이나 고등학교 1학년. 허걱! 만약 지금 이 또래의 아이들이 이 커플과 비슷한 짓을 저지른다면 주변의 반응은 어떨까?—"머리에 피도 안 마른 것들이", "만날 포르노만 봤군", "완존 날라리들 아냐?" 그것도 하룻밤 정사가 아니라, 본격적인 동거에 들어가겠다고 한다면? 부모는 물론 친지들까지 이구동성으로 외칠 것이다. "니들 미쳤냐?" 그렇다! 그건 결코 제정신으론 저지를 수 없는 '대형사고'에 해당한다.

『88만원 세대』의 저자 우석훈은 말한다. IMF 이후 우리시대 젊은이들은 인류가 3천 년 동안 누려 온 이팔청춘의 특권인 사랑과 섹스를 박탈당했다고. 맞다. 하지만, 그건 '88만원 세대'에만 해당되는 사항은 아니다. 이미 그 이전부터 우리나라 청소년들에겐 이팔청춘이 사라진 지 오래다. 지금의 10대는 이팔청춘이라 불리지 않는다. '청소년'이라 불린다. 이팔청춘과 청소년, 분명 같은 연령대를 지칭하는 말이건만 이렇게 느낌이 다를 수가. 그렇다. 이팔청춘에서 청소년으로!―그것은 이미 100년 전부터 시작된 '국민국가 프로젝트'였다. 20세기 초 서구문명이 이 땅에 도래할 즈음, 당대를 주름잡던 계몽가들은 각종 신문매체를 통해 엄숙하게 경고했다. 조선이 망한 건 열대여섯 살의, '머리에 피도 안 마른' 애들을 억지로 혼인시켰기 때문이라고. 억지로? 춘향이랑 이몽룡이 억지로 합궁을 했다는 건가? 걔들은 특별히 노는 애들이라 그렇다고? 오 노! 조선시대엔 누구나 그 나이에 혼인을 했다. 다산과 연암 같은 대문장가들도 열대여섯에 혼인을 했다. 그 시대엔 그게 결혼적령기였으니까. 조선만 그런 것도 아니다. 근대 이전, 더 정확히 말하면, 자본주의가 도래하기 이전, 세계 모든 종족의 결혼적령기는 이팔청춘이었다. 로미오와 줄리엣도 그 나이에 '대형사고'를 쳤고, 결국 동반자살까지 하지 않았는가. 하지만 당시 계몽주의자들에게 그런 건 전혀 고려대상이 아니었다. 10

대에 그런 일을 하는 건 짐승만도 못한 짓이며, 망할 놈의 조선왕조가 억지로 강요한 '나쁜' 제도라 단정한 것이다. 그럼 대체 언제 해야 하는가? 그들이 내린 결론은 스물두 살 즈음이었다. 당시로선 그 나이가 되면 공교육 과정이 끝나고 사회에 진출할 수 있었기 때문이다. 그렇게 해서 결혼적령기가 10대에서 20대로 늦춰지게 되었다.

그럼 지금은? 만약 스물두 살쯤 된 청년이 결혼이나 동거를 하겠다고 나선다면? 택도 없는 소리다! 스물둘이면 재수, 삼수를 거치지 않고 진학을 했다 해도 꼴랑 대학 3년차쯤 되는데 감히(!) 그때 결혼이나 동거를 한다고? 주변의 시선은 둘째 치고 숫제 당사자들조차 엄두도 못 낼 것이다. 그럼 언제가 적당할까? 한 서른쯤 되어야 한다. 지금의 경제조건에선 최소한 서른은 되어야 사회적으로 성인이 될 수 있다는 견적이 나오기 때문이다. 물론 그것도 정규직에 무사히 진입한 소수의 승자들에 해당되는 사항이지만. 아무튼 이렇게 해서 지난 100년 사이에 한 인간이 자신을 성적 주체로 당당하게 표현할 수 있는 연령은 다시 20대에서 30대로 늦춰지고 말았다. 우리 주변에 널려 있는 30대 후반 솔로(레타리아)들이 그 구체적 부산물이다. 결국 춘향이의 시대와 비교해 보면 무려 15년에서 20여 년이 지연된 셈이다. 오 마이 갓!

국가경쟁력은 욕망을 잠식한다!

지난 100년간 우리나라는 발전에 발전을 거듭했다. GDP 수준은 세계 상위권에 속하고, 인터넷과 핸드폰 기술은 세계 최강이다. 민주주의와 사회복지도 비약적으로 진보했다(고들 말한다). 올림픽 순위도 상위 톱클래스에 속한다. 그런데, 좀 이상하지 않은가? 선진문명을 이룰수록 청춘들의 원초적 욕망은 계속 지체되어야 하다니 말이다. 만약 이런 식으로 우리나라가 계속 선진화를 향해 나아간다면? 결혼 적령기가 30대 후반, 아니 불혹(마흔)의 나이가 되어야 한다는 결론이 나온다. 오, 생각만 해도 끔찍하다.

『동의보감』에 따르면 인간의 자연적 생체리듬은 남녀 모두 10대부터 상승곡선을 타다가 30대 후반부터는 하강곡선을 긋기 시작한다. 그런 기준에서 보면, 춘향이와 이몽룡이 펼친 질탕한 베드신은 지극히 자연스러운 생체리듬에 속한다. 하지만, 요즘 청년들은 성적 에너지가 요동치는 10대, 20대에는 입시와 취업으로 욕망을 완전 거세당한 채 살아야 하고, 성적 에너지가 하강곡선을 그리기 시작하는 30대 후반이 되어야 간신히 욕망의 주체가 되는 격이다. 세상에, 뭐 이런 '거지 같은 인생'이 다 있는가? 하지만 이것이 바로 근대문명, 더 가까이는 신자유주의가 우리에게 선사한 '라이프 스타일'이다.

알다시피, 20세기 이전에는 미성년과 성년 사이에 엄격한 단절이 존재하지 않았다. 소년이란 '덜 자란 어른'일 뿐이었다. 10대 중반이면 혼인을 하고 바로 어른이 되었기 때문에 소년이나 청년이라는 명명도 그다지 유효하지 않았다. 즉, 10대 이후엔 주욱 성인으로 살았다고 할 수 있다. 최근에 대하소설 『임꺽정』을 읽으면서 이 점을 새삼 실감하게 되었다. 알다시피, 『임꺽정』에 나오는 인물들은 주류적 범주에 포섭되기 어려운 '마이너'들이다. 하여, 그들은 모두 길 위에서 배우고, 놀고, 싸운다. 그러다 보니 사랑과 결연이 이루어지는 것도 다 길 위에서다. 이들은 모두 천민이자 도망자들이지만 사랑과 성을 박탈당하기는커녕 오히려 더 자유분방하게 누린다. 이들이 펼쳐 내는 사랑의 서사는 하나하나가 다 '블록버스터'다. 먼저 껑정이는 힘과 검술도 최고지만 사랑과 성의 화신이기도 하다. 처음, 백두산을 유람하던 중에 화전민의 딸인 운총이와 눈이 맞는다. 서로 사랑을 확인하자마자 바로 천왕당에 가서 혼인서약을 한다. 부모의 승낙 같은 건 안중에도 없다. 사랑을 확인하기 위해 밀고 당기는 짓거리도 일체 없다. 야생적 신체들답게 단도직입적으로 해결한다. 한편, 활의 명인 봉학이는 귀신이 나오는 방에서 계월향이라는 기생과 사랑에 빠진다. 길막봉이는 소금 팔러 가다가 그야말로 길 위에서 처녀를 꼬드겨 아내로 맞는다. 황천왕동이, 곽오주나 배돌석이의 사연도 숨막히게 흥미롭다. 이들이 이렇게 사랑에 빠지고 결연을 맺는 연령대는 다 10대 후반에서 20대 초반이다. 어떤 장애도, 걸림돌도 없다.

하지만, 20세기 이후 근대 자본주의 사회가 시작되면서 성인과 미성년 사이는 날카롭게 단절되었다. 그리고 다시 미성년은 소년·청소년·청년 등으로, 나아가 어린이기·유아기로 세분화되기에 이르렀다. 근대권력은 인구 전체를 촘촘하게 통제·관리하는 일종의 생체권력이다. 인구가 곧 생산력이라는 계산하에서다. 특히 청춘의 힘과 열정은 생산의 원동력이자 토대에 해당한다. 따라서 절대 그냥 방치되어서는 안 된다. 학교라는 제도를 통해 전면적으로 포획되어야 한다.

학교 교육이 문명의 초석이 된 건 이 때문이다. 학교의 탄생과 더불어 모든 구성원들은 반드시(!) 학교 교육의 전 과정을 거쳐야 한다. 그래야만 국가생산력에 필요한 자질을 두루 갖출 수 있다는 계산하에서다. 따라서 당연히 청년기에는 남녀간의 결연이나 결혼 따위에 몰두해서는 안 된다. 만약 춘향이랑 이몽룡처럼 욕망을 '제멋대로' 발산하게 된다면, 국가생산력은 막대한 손실을 감수해야 한다. 따라서, 이걸 거꾸로 추론해 보면 국가경쟁력이란 다름 아닌 이 청춘의 성에너지를 흡수한 것이라는 결론이 나온다.

    결국 지난 100년간 우리가 엄청난 속도로 근대화를 추진할 수 있었던 건 '성에너지의 국가적 몰수'라는 대가를 치렀기에 가능했던 셈이다. 이젠 바야흐로 이 '브레이크 없는 질주'를 멈출 법도 하건만 그렇기는커녕 21세기 들어서도 여전히, 아니 한층 더 가열차게 경쟁력, 경쟁력!만을 외치고 있다. 그러니 그럴수록 청년기는 더더욱 연장될밖에. 그런 점에서 자본이야말로 흡혈마왕임에 분명하다. 청춘의 피 끓는 열정을 착취함으로써 자신을 증식하는 흡혈마왕! 그럼, 그런 착취가 청춘기로 끝나느냐? 하면, 당연 아니다. 청년들이 이럴진대, 가족을 부양해야 하는 기성세대야 더 말할 나위가 있으랴. 최근 몇 년 사이에 전체 남성들의 정자 수가 현저히 줄었다고 한다. 에로스 불감증에 걸린 골드 미스, 섹스리스 부부들도 점차 늘어나는 추세다. 이게 과연 신자유주의의 '경쟁력 지상주의'와 무관한 것일까?

집과학교, 시설 좋~은 '감옥'

시야를 조금 압축해 보자. IMF 이후 등장한 신자유주의는 국가가 직접통치하는 방식을 택하지 않는다. 제도와 시장을 통한 간접통치 전략을 택한다. 실제로 최근 10년 사이에 우리 사회에는 '제도적 서비스와 상품화의 증대'라는 두 가지 현상이 두드러졌다. 사람들의 욕망은 한편으론 제도를 통해, 다른 한편으론 상품의 경로를 따라 움직인다. 그리고 이 흐름의 중심에는 '가족'이 있다. 특히 10대, 20대들은 개별 주체로서가 아니라, 가족이라는 집합체를 통해 학교라는 '제도'와 쇼핑몰의 '상품'과 접속한다. 그러므로 가족이야말로 신자유주의적 전략의 핵심단위다.

가족, 치명적인 유혹!

아주 예외적인 경우를 제외한다면, 우리시대의 가족은 대개 평균 3, 4인을 넘지 않는다. 대부분의 가족이 자녀가 하나 아니면 둘이다. 드디어 20세기 초 이래 꿈꾸어 왔던 핵가족의 결정체(?)에 도달한 셈이다.

사정이 이렇다 보니 가정의 모든 스케줄과 프로그램은 한두 명의 아이들을 중심으로 '세팅'된다. 특히 우리시대의 부모들은 자녀 교육에 관한 한 거의 필사적이다. 태어나는 순간부터 아이가 원하는 것, 아이에게 좋은 것이라면 100% 이상을 갖춰 주지 못해 안달한다. 사교육비를 벌기 위해 온갖 험한 일도 마다하지 않고, 힘만 된다면 조기유학도 기꺼이 감당할 태세다. '기러기 아빠'라는 처량한 신세가 되는 것도 마다하지 않는다. 그러면서도 뭔가 조금이라도 미진한 점이 있다 싶으면 거의 원죄의식에 가까운 죄책감에 시달린다. 그 결과, 아이는 마침내 '집안의 제왕'으로 군림하기에 이르렀다. 주말이면 생일파티에 다니느라 바쁘고, 방학 때면 해외여행 아니면 눈썰매장이나 스키장 유람 등으로 분주하다. 요컨대, '가족의 사랑'이라는 명분하에 엄청난 양의 상품이 소비되고 있는 것이다.

가장 두드러진 예가 바로 어린이날이다. 어린이날에, 어린이를 위해 해야 하는 일들이란 게 참으로 한심하기 이를 데 없다. 놀이동산이나 화려한 유원지에서 벌어지는 이벤트에 참여하는 것, 아이들이 원하는 값비싼 물건들을 사 주는 것, 혹은 럭셔리한 외국음식들로 외식을 시켜 주는 것 따위가 전부다. 어린이날이라기보다 어린이들이 '소비자의 왕'으로 군림하는 날이라는 게 더 맞을 지경이다.

청소년이라는 용어와 마찬가지로, '어린이'라는 명칭도 어디까지나 20세기에 등장한 개념이다. 특히 학교제도가 도입되면서 모든 국민을 연령별로 관리·통제하기 시작한 근대국민국가 프로젝트의 산물이다. 하지만, 그런 문명담론은 일단 제쳐 두고 아주 단순하게 어린이날의 제정에 담긴 좋은 의도만 되새겨 보기로 하자. 당시는 일

제치하라 사회 전체가 궁핍했을뿐더러, 당시 한 가구당 식구는 열 명이 넘는 것이 보통이었다. 그런 상황에서 어린이를 돌보고 배려한다는 건 상상조차 하기 어려웠다. 어린이날의 제정은 이런 악조건 속에서 사회적 약자로서의 어린이에 대한 따뜻한 배려를 환기하기 위함이었으리라. 그리고 해방 이후 80년대까지는 그런 식의 사회적 배려가 나름대로 의미가 없지 않았다. 80년대까지만 해도 한 집안에 형제들이 대여섯 명은 되었고, 한 끼 배불리 먹으려면 형제끼리 아귀다툼을 벌여야 했으니까. 하지만, 지금은 분명 아니다! 형제도 없을뿐더러 굶주림이 아니라, 영양과잉이 문제가 되는 시대 아닌가. 다들 이 사실을 알고 있다. 그런데도 왜 어린이날은 폐지되지 않는가? 그건 명백하게 자본의 농간이다. 자본은 상품을 소비하기 위해 가족의 사랑과 어린이의 순수함이라는 망상을 계속 유포한다. 온갖 화려하고 가식에 찬 이미지들을 총동원하여. 거기에 '내 자식은 특별해', '하나밖에 없는데', '힘닿는 한 최대로' 이런 식의 가족(이기)주의가 맞장구를 친다. 가족주의와 자본의 노골적 결탁! 고아나 빈민, 한부모가정의 아이들을 돌보는 역할이 있지 않느냐고 반론할지도 모르겠다. 것도 말도 안 되는 소리다. 오히려 그 반대다. 어린이날 때문에 그 아이들은 갑자기 엄청난 결핍감에 시달려야 하고, 나아가 자신들이 비정상적인 존재라는 것을 환기해야 한다. 만약 그 아이들을 정말 배려하고 싶다면 평소에 일상적으로 하면 된다. 그렇게 날 잡아서 쇼를 하지 말고.

  말이 나온 김에, 왜 어린이는 일방적으로 배려를 받아야만 하는가? 어린이는 어린이 나름의 힘과 능력으로 타인과 세상을 얼마든지 배려할 수 있다. 왜 어린이의 특권은 오직 받는 것에만 있다고 여기는가? 에피쿠로스는 말했다. 어린이든 노인이든, 매춘부건 병자건 누구나 그 자리에서 행복해야 한다고. 마찬가지로 누구나, 그 자리에서 '사랑해야' 한다. 그리고 '할 수' 있다. 세상에는 사랑을 나눌 수 없을 만큼 나약한 존재도 없고, 사랑이 필요없을 만큼 강한 존재 또한 없다! 무엇보다 그런 식의 일방적 배려는 어린이들을 행복하게 해주기는커녕 불행으로 이끈다는 사실이다. 왜냐하면, 거기에 길들여지다 보면 타인과의 관계를 맺는 능력을 완전 상실하게 되기 때문이다.

한의학적으로 보면, 태과(太過)와 불급(不及)은 모두 질병의 원인이 된다. 태과는 넘치는 것, 불급은 모자라는 것. 여기에는 어떤 것도 예외가 없다. 다다익선은 통용되지 않는다. 좋은 것이 많으면? 그게 바로 독이다! 모자라는 것보다 더 나쁘다. 그러니까 지금 어린이들은 사랑의 이름으로 엄청난 양의 독을 주입당하고 있는 셈이다. 오, 치명적인, 너무나 치명적인!

그래서인가. 요즘은 성인이 되어서도 여전히 부모의 그늘을 벗어나지 못하는 '철딱서니 없는' 청년 및 성인들이 수두룩하다. 정신적 수준이 어린이의 상태에서 딱 멈춰 버린 것이다. 이런! 그런 재앙이 자식에게만 그칠 리 없다. 부모 역시 같은 상태에 묶여 버린다. 자식의 성장을 가로막은 대가로 부모의 삶 역시 심각하게 퇴보할 수밖에 없다. 이것이 사회적으로, 가정적으로 어떤 불행을 초래하는지는 더 말할 나위도 없다. 이를테면, 이런 식이다.

엄마의 '늪'

"웬 학부모가 전화를 해서 자기 딸 학점 문제로 상담을 하자네요."
"엄마가 수강신청을 대신 해주는 애도 있어요."
"세미나에 왜 빠졌냐구 물으면, 엄마가 가지 말랬어요, 이럽니다."

심지어는 미팅할 때 여자친구와 뭘 먹어야 되는지를 물어 보는 경우도 있고, 또 자식의 아이디로 대신 리플을 달아 주는 엄마도 있단다. 더 놀라운 건 이게 무슨 특별한 케이스가 아니라, 광범하게 만연된 '범국민적' 현상이라는 것이다. 게다가 여기서 엄마가 꼭 생물학적으로 여성만을 뜻하지는 않는다. 왜냐면, 요즘은 엄마보다 더 '엄마스러운'(?) 아빠들도 많기 때문이다. 우리시대의 좋은 아빠란 엄마 같은 아빠를 뜻한다. 아빠다운 아빠? 그런 이미지는 없다. 하긴, 아빠라는 명칭만 해도 그렇다. 대여섯 살 무렵, 혀 짧을 때 쓰던 아빠라는 호칭을 이제는 거의 모든 연령대에서 사용한다. 이래 저래 우리시대는 '아버지'가 증발한 시대다.

그럼 이런 부모 밑에서 자라는 애들은? 어떤 수상소감처럼 "잘 차려진 밥상에 숟가락 하나만 얹는" 식으로 살아간다. 억수로 복도 많다고? 천만의 말씀이다. 이 '알량한' 복을 누리는 대신 엄청난 대가를 치러야 한다. 신체의 무능력과 영혼의 잠식이라는 대가를. 아마 다들 신자유주의의 '인질경제' 탓이라고 말할 것이다. 물론 그렇다. 허나, 그렇게 따지면, 어느 시대인들 젊은 세대에게 너그러웠던 적이 있었던가? 그래서 온몸을 내던져 저항을 표출했던 것이고. 헌데, 대체 우리시대 청춘들은 왜 이런 상황에 대해 분노하지 않는 것일까?

나는 이게 '엄마의 늪'에 빠졌기 때문이라고 생각한다. 쉽게 말하면, 우리의 청춘들은 아직 엄마의 품을 떠나지 못하고 있다. 의식주에서 입시와 취업정보, 친구관계까지 일일이 챙겨 주는 '엄마'들에게 몸과 마음이 온통 길들여진 탓에 '정글의 법칙'이 지배하는 '세상 속으로' 발을 내디딜 엄두조차 내지 못한다. 왜냐하면, 그들의 모든 감성과 판단의 준거는 엄마들이 틀어쥐고 있기 때문이다. 결국 이들 앞에는 두 개의 세계만이 존재한다. 온실과 정글. 엄마의 관리와 보호가 미치는 곳은 온실, 그것이 미치지 못하는, 그래서 혼자 힘으로 맨몸으로 헤쳐 나가야 하는 곳은 정글. 심리적 불안과 정신질환이 만연되는 것도 이런 양상과 무관하지 않다.

경제구조나 교육제도의 비리 같은 건 누구나 감지할 수 있다. 어쨌거나 공론장 속에서 행해지기 때문이다. 하지만 가족의 이름으로, 엄마의 이름으로 이루어지는 일들은 당사자도 알아차리기가 쉽지 않다. 철저하게 사적인 행위로 치부되는 까닭이다. 그래서 그것은 '늪'이다. 모성과 사랑이 아니라, 연민과 집착으로 온몸이 잠겨 버리고 마는 늪! 청춘을 들끓게 하는 폭풍을 삼켜 버리는 늪! 고로, '엄마의 늪'에서 청춘을 구출하기! ─ 우리시대 젊은이들에게 이보다 더 절실한 과제는 없을 듯하다.

아, 중요한 사실 하나 더. 그럴 때만이 스스로 늪이 되어 버린 엄마의 삶도 구출될 수 있다는 것. 따지고 보면, 엄마들의 삶도 위태롭

긴 마찬가지다. 지금 같은 삶의 패턴에서 엄마들이 자신의 삶에 대하여 자긍심을 갖기란 실로 어렵다. 가족이래 봤자 고작 두세 명을 넘지 않고, 기타의 공론장은 모조리 닫혀 버렸다. 물론 반상회를 비롯하여, 학부모회·입시정보회·백화점 문화센터와 도서관 주부모임 등등 다양한 네트워킹이 있긴 하다. 하지만 그 모든 건 오직 이해타산을 중심으로 돌아간다. 그런 것은 공론장이 아니다. 사유재산의 증식을 위해 서로가 서로를 이용하는 관계일 뿐이다. 적어도 가족경제의 척도를 뛰어넘은 공적 윤리와 비전을 갖고 있어야 비로소 공론장이라 이름할 수 있다.

거친 비교이긴 하지만, 조선시대를 한번 떠올려 보자. 조선시대는 농업사회였기 때문에 모든 가족은 사돈의 팔촌까지 수십 명의 가족 친지와 연결되어 있었다. 그뿐 아니라 모든 일에 마을 단위로 협업을 해야 했기 때문에 자연스럽게 이웃사촌의 폭이 넓을 수밖에 없었다. 아이들도 집안에서 키우는 게 아니라 마을 전체에 풀어놓고 방목하는 식이었다. 이에 비하면 우리시대의 가족관계란 그야말로 협소하기 그지없다. 이웃은커녕 가까운 친척들과도 가능한 한 멀리 있고자 한다. 가깝게 지내면 곧 손해라고 하는 인식 때문이다. 그렇다고 혈연을 떠난 새로운 관계를 맺는가 하면, 그것도 아니다. 우정이라든가 의리, 공동체 같은 가치에 대해선 아예 개념조차 없다. 결국 남는 건 핵가족 단위뿐이다. 한마디로 우리시대 엄마들한텐 남편과 자식이 '세상의 모든 것'인 셈이다.(허걱!) 이렇게 되면, 사랑과 집착이 완벽하게 뒤섞여 버린다. 즉, 자식이 자신으로부터 분리되는 것을 상상하지도, 감당하지도 못하게 된다. 결국은 남편의 연봉, 자식의 성적과 학벌, 아파트 평수, 쇼핑, 이런 것들 말고는 달리 성취감을 느낄 여지가 없다. 평생을 이렇게 살면서 자신의 존재와 운명을 긍정하기란 참으로 어려운 일이다.

"학교는 죽었다!"는 선언으로 유명한 이반 일리히는 현대 주부들의 노동을 '그림자 노동'이라고 명명한 바 있다. 주부노동이란 남편의 임금노동에 예속된, 거기에 가려진 그림자에 지나지 않는다는 의미에서다. 뿐만 아니라, 요즘 주부들의 노동은 자신이 직접 생산하는 것이 없다. 의식주에 관련한 모든 것을 다 화폐로 구입한다. 따라서 열심히 내조를 하면 할수록 남편의 '임금'에 대한 종속은 심화된다. 그야말로 화폐의 그늘에 가려진 '그림자 노동'일 뿐이다. 이것은 필연적으로 소외를 심화시킨다. 적지 않은 주부들이 중년 이후, 우울증이나 자살충동에 시달리는 건 이런 배치 때문이다. 아무튼 그림자건 늪이건 주부들(엄마들)을 가족이라는 치명적인 유혹으로부터 구출해야 하는 건 절실하고도 시급한 사안임에 틀림없다.

덧달기: '곽탁타'의 나무 기르는 법

이왕 말이 나왔으니 이 주제와 관련하여 꼭 들려주고 싶은 이야기가 하나 있다.

아주 오래전 중국에 나무를 잘 기르는 이가 있었다. 성은 곽씨요, 이름은 탁타. 등이 낙타처럼 굽었다 하여 붙여진 이름이란다. 그는 진정 '나무심기의 달인'이었다. 어떤 나무건 그가 심으면 다 잎이 무성하고 튼실한 열매를 맺었다. 다른 이들이 그 비법을 훔쳐 내고자 갖은 노력을 다했으나 도무지 알아차릴 수가 없었다. 결국 그들은 탁타에게 그 비결을 알려 달라고 부탁했다. 탁타는 이렇게 답했다. "저는 나무를 오래 살게 하거나 잘 자라게 할 수는 없습니다. 단지 나무의 섭리에 따라 그 본성에 이르게만 할 뿐입니다. 본성이란 뿌리는 펼쳐지려 하고, 흙은 단단하게 되고자 하는 것입니다. 그렇게 해준 뒤에는 건드리치도 말고 걱정하지도 말며, 다시 돌아보지도 않습니다." 하지만 탁타가 보기에 다른 이들은 이렇게 하지 않았다. 뿌리를 뭉치게 할 뿐 아니라 흙을 돋워 줄 때도 지나치거나, 아니면 모자라게 한다. 그렇게 하고도 마음이 놓이지 않아 아침에 들여다보고, 저녁 때 어루만진다. 심지어 나무의 껍질을 손톱으로 벗겨 보고 살았는지 말라 죽었는지 시험하고, 뿌리를 흔들어서는 흙이 단단한지 부실한지 관찰하기까지 한다. 그러니 나무가 자신의 본성을 잃어버려 제대로 자랄 수가 없다는 것이다.

이상은 당송팔대가 중 한 명인 유종원의 「종수곽탁타전」(種樹郭槖駝傳)에 나오는 내용이다. 나는 이 글이야말로 사랑의 기술에 대한 것처럼 느껴진다. 연인 간의 관계에도 적용이 되지만, 특히 부모 자식 간의 관계에는 꼭 되새겨야 할 지혜라 할 수 있다. 요즘 부모들의 하루 일상은 온통 아이들의 스케줄에 맞춰져 있다. 아침에 깨워주는 일에서부터 음식과 옷가지, 학용품까지 일일이 다 챙겨줄뿐더러 웬만한 곳은 다 자가용으로 이동시켜 준다. 게다가 친구관계 및 정서적 변화까지 면밀히 체크하여 세심하게 살펴보고 어루만져 준다. 그러면서도 조금이라도 결핍이 있을까 전전긍긍한다. 탁타의 말을 빌리면, 아침에 돌아보고 저녁에 다시 헤집어 보는 식인 것이다. 결과는? 본성으로부터 한참 멀어지게 된다.

동양적 우주론에 따르면 상생을 위해선 반드시 상극이 필요하다. 상생의 흐름 속에서는 어떤 '유형적인' 성취도 이뤄지지 않는다. 단적으로 말하면, '나'를 완성시키기 위해선 반드시 상극의 기운이 있어야 한다. 나무가 자라기 위해선 흙을 뚫고 나와야 하는 것처럼 말이다. 흙이 단단하고 풍부해야 나무가 강하게 치고 나올 수 있다. 흙이 흐물흐물하면 나무도 제대로 뚫고 나오질 못한다. 그런데 지금의 가족관계에선 이 극하는 기운이 절대적으로 부족하다. 그래서인지 요즘 청년들에게서 열정이나 패기를 찾아보기란 참으로 어렵다. 외모나 체격은 눈부시게 개량(?)되었지만, 청춘이 내뿜는 특유의 포스는 거의 느껴지지 않는다. 심지어 아주 일찌감치 '삭아서' 자신이 뭘 원하는지, 어떻게 살고 싶은지를 모르는 경우도 많다. 탁타의 말을 빌리면, 결국 '사랑의 이름으로 원수를 짓는' 결과를 낳은 셈이다.

이미 말했듯이, 가족이 온실이라면 사회는 정글이다. 그러니까 우리시대의 청년들은 온실 속에서 갖은 배려를 다 받다가 어느 날 갑자기 사회라는 '정글'로 내몰리는 코스를 밟는 셈이다. 정글에서 살아가려면 무엇보다 두 발로 당당하게 설 수 있어야 한다. 그래야 자기 힘으로 사냥을 할 것 아닌가. 하지만 부모의 전방위적 마크하에서 그런 신체적 능력을 터득하기란 거의 불가능하다. 그러므로 정말로 자식이 이 정글 속에서 살아남기를 바란다면 일단 자식의 신체를 무기력하게 만드는 온갖 서비스를 당장 중단해야 한다. 자기 삶의 주인은 자신이라는 것을 아주 어린 시절부터 처절하게 깨닫게 해주는 것, 부모가 진정 베풀어야 할 사랑의 내용은 이것이 아닐지. 곽탁타의 지혜가 큰 울림을 주는 이유가 여기에 있다.

연애는 드라마로, 섹스는 포르노로

아무튼 사정이 이렇다 보니 우리시대 대부분의 청소년들의 동선은 집과 학교, 두 가지다. 그 사이에 있는 공간이래 봤자 학원 아니면 백화점을 비롯한 쇼핑몰. 거기다 우리시대에 집은 오직! 아파트다. 그리고 아파트를 나서는 순간, 바로 자가용이 대기하고 있다. 자가용으로 학교와 학원, 그리고 쇼핑몰을 오간다. 골목이나 마당, 아니면 광장 같은 사이공간을 접할 기회는 거의 없다. 사이공간의 소멸, 이것 역시 우리시대를 규정하는 아주 중요한 코드다. 적어도 80년대까지만 해도 청소년들은 골목이나 광장에서 서로 다른 연령대의 친구들과 섞여 인생의 각종 노하우를 배웠다. 하지만, 이제 그런 공간은 더 이상 존재하지 않는다.

또 하나. 바야흐로 21세기가 되었건만, 보충수업·자율학습이 사라지지 않았다. 실로 놀라운 일이다. 내가 고등학교를 다니던 시절로부터 무려 30여 년이 지났건만, 30년이면 강산이 세 번은 바뀔 세월이건만, 실제로 그 사이에 우리 사회는 엄청난 변화를 거듭했건만,

고등학생들은 여전히 새벽에 나가 밤늦게 돌아오는 패턴을 반복하고 있다니. 사회가 민주화되고 전교조가 합법화되면 보충수업·자율학습부터 추방되리라고 믿었던 내가 너무 순진했던 것일까.

그렇다고 학원을 다니지 않는가, 하면 그것도 아니다. 학원수업도 더 늘었다. 따라서 청소년들은 하루 중 대부분을 학교와 학원에서 보낸 뒤, 집으로 돌아오는 과정을 반복한다. 그럼, 10년, 20년 전과 대체 뭐가 달라졌는가? 달라진 점이 있긴 하다. 결정적으로 시설이 좋아졌다. 집, 아니 아파트의 평수와 인테리어 수준은 비약적으로 진보했다. 핵가족인데도 30평이 기본이다. 20평 정도면 좁다고 느낀다. 범국민적 상식이지만, 아파트는 가족을 위한 공간이 아니다. 인테리어를 위한 공간이다. 아파트 광고들을 잘 음미해 보라. 하나같이 아름다운 여배우가 드레스를 걸치고 나와 자신의 집이 얼마나 화려하고 쾌적한지를 보여 주는 게 주요 콘셉트다. 대체 저기서 무얼하며 지내지? '인테리어에 대한 기인 생각'!을 하며 지낸다. 헌데, 저 집에 과연 친구들이 찾아올까? 가족도 없는데 웬 친구? 그럼 대체 뭣 때문에 저런 식으로 꾸미고 가꾸는 거지? 재산가치를 높이기 위해서다. 즉, 부동산 시장에 내놓기 위한 것. 우리시대의 집이란 '살기' 위한 곳이 아니다. '팔기' 위한 곳이다. 그러다 보니 집의 규모와 모양새는 비약적으로 좋아졌다. 학교도 마찬가지다. 독재정권 시절의 그 침침하고 무거운 분위기의 학교는 이젠 천연기념물에 해당한다. 첨단 시청각실, 아늑하고 세련된 도서관, 호텔급 휴식공간과 화장실. 한마디로, 시설 하나는 끝내준다. 학원이야 뭐, 더 말할 나위도 없고.

하지만, 공간은 공간일 뿐이다. 그 자체론 아무것도 아니라는 뜻이다. 누가, 어떤 활동을 구성하느냐에 따라 공간은 비로소 어떤 이름을 갖게 된다. 만약 거기에 사람도, 활동도 없다면? Nothing! 그런 점에서 지금 청소년들에게 있어 집과 학교, 그리고 학원은 감옥에 해당한다. 배려라는 미명하에 24시간 철두철미 감시·통제가 이루어지는 곳이라는 점에서. 외부와 연결되는 출구가 완전 닫혔다는 점에서. 이렇게 지독한 감옥이 세상에 또 있을까? 감옥은 감옥인데 시설은 억수로 좋~은 감옥!

따라서 집에서는 물론이거니와 학교에서도 절대 사랑과 성에 대해 가르쳐 주지 않는다. 가르쳐 주기는커녕 에로스적 열정이 혹시라도 삐져나올까 전전긍긍한다. 성교육이 있다 해도 미혼모를 막기 위한 것이거나 학교생활에 지장을 줄까 걱정해서이지 청춘의 열정을 긍정적으로, 능동적으로 활용하는 삶의 기술로서의 그것은 절대 아니다. 사랑과 연애? 그런 걸 가르친다는 건 아예 상상조차 하지 못한다. 하기야, 선생님이나 부모님도 사랑에 대한 공부를 한 적이 없는데 청소년들한테 대체 뭘 가르치겠는가? 윤리책에나 나올 법한 '뻔한 대사'를 반복하는 것 말고는.

그럼 어떻게 되는가? 옆으로 새는 수밖에 없다. 이들의 시선이 꽂히는 건 드라마와 포르노다. 연애는 드라마로, 섹스는 포르노로 배운다. 일본 하이틴소설이나 성인만화도 한몫한다. 특히 연애에 관한 모든 학습은 전적으로 드라마를 통해 이루어진다. 배우려고 해서 배우는 게 아니라 늘상 거기에 노출되어 있다 보니 무의식적으로 세뇌를 당하는 편에 가깝다. 그런 점에서 멜로드라마는 일종의 '연애학 개론서'인 셈이다. 물론 이 개론서에선 성은 다루지 않는다. 그래서 성에 대해선 별도로 포르노를 통해 배운다. 포르노는 이제 더 이상 특별한 장르가 아니다. 일상의 도처에 만연해 있다. 특히 청소년들은 가장 쉽게 포르노에 노출된다. 그리하여 요즘 청소년들은 성에 관한 모든 것을 포르노를 통해 습득한다. 이 경우, 당연히 섹스는 곧 변태적 욕망과 등치된다. 하긴 어디 청소년뿐이랴. 시작이 그렇다는 것이고, 나이가 들수록 포르노와의 접속은 한층 업그레이드된다. 거기다 경제력과 지위가 높아지면, 단지 보는 것으로 만족하지 못하고 직접 실천에 돌입한다. 외도의 일상화와 매춘의 만연. 그게 현재 우리나라의 성문화다.

결국 멜로적 판타지를 쫓거나 아니면 포르노적 변태를 추구하거나—이것이 청소년을 비롯하여 우리시대 거의 모든 이들이 공유하는 성교육(혹은 연애학습)의 일반적 코스다.

쇼핑몰, 욕망을 집어삼키다

집과 학교(학원), 드라마와 포르노. 이것들을 움직이고 조종하는 초월적인 척도가 하나 있다. 자본 혹은 상품이 바로 그것이다. 그것은 우리시대의 우상, 아니 '신'에 해당한다. 신이 그렇듯이 삶의 곳곳, 일상의 도처, 영혼의 깊숙한 곳까지 두루 편재한다(omnipresent). 도망갈 수도, 숨을 수도 없다. 아니, 숫제 그런 욕망 자체를 집어삼켜 버린다. 그래서, 실로 전지전능하다. 쇼핑 없는 삶, 백화점 없는 거리를 상상할 수 있는가. 고로, 우리시대의 에로스는 이 상품들의 진열장이자 자본의 향연이 펼쳐지는 쇼핑몰을 따라 움직인다. 아니, 에로스야말로 쇼핑몰의 주 타깃이다.

상점의 진열장을 들여다보며 느끼는 스릴과 살 수 있는 것이면 무엇이든지 현금 또는 할부로 사는 맛, 이것이 현대인의 행복이다. 그는(또는 그녀는) 사람들도 같은 방식으로 본다. 남자에게 매력 있는 여자 그리고 여자에게 매력 있는 남자는 탐나는 경품이다. '매력'은 보통 인기 있고 퍼스낼리티 시장에서 잘 팔리고 있는 품질 좋고 멋진 포장을 의미한다. (에리히 프롬, 『사랑의 기술』, 15쪽)

자동차와 성욕

좀더 강하고, 좀더 멋진 짝을 찾는 거야 어느 시대나 마찬가지지만, 문제는 그 척도와 방식이다. "제 눈에 안경"이라는 말이 있다. 척도가 다 사람마다 다르다는 뜻이다. 그래야 맞다. 사랑이란 무엇보다 '몸적 사건'인데, 각자 체질과 개성이 다르다면, 그 수만큼의 "안경"들이 있어야 하는 게 마땅하지 않은가. 하지만, 상품이 개입하는 순간 다 똑같은 안경으로 교체되어 버린다. "지금 연애는 일종의 아이템이다. 웬만큼 노는 아이라면 가지고 있어야 할, 명품과 같은 아이템. 너무 비약이 심한가? 그런데 내 눈에는 정말 그 정도로밖에 보이질 않는다. 날짜는 왜 세는지? 끝날 때를 대비하는 건가? 별로 좋아하지도 않는데 왜 사귀는 건지?"(해완이의 인터뷰) 즉, 에리히 프롬의 말대로 사랑의 대상을 찾는 욕망과 상품에 대한 욕망이 혼연일체가 되어 버렸다. 아니, 그 이전에 만남에서 결별에 이르기까지 전 과정에 상품이 개입하지 않는 공간이 거의 없다.

> 남자애와의 데이트가 대부분 그렇듯 오늘도 베니건스에서 샐러드와 파스타를 먹고, 커피를 마시고 나니 특별히 갈 곳이 없었다. 상우가 "비디오방이나 갈래?" 했을 때 나는 "글쎄…" 하며 얼버무렸지만 결국 다른 대안이 없다는 것도 알고 있었다. (정이현, 『낭만적 사랑과 사회』, 10쪽)

이처럼 연애를 한다는 건 카페, 레스토랑, 비디오방 아니면 모텔, 아니면 이 모든 것을 갖춘 맞춤형 모텔을 전전하는 것이다. 그 다음엔? 없다! 다시 그 코스를 되풀이하거나, 아니면 좀더 화려하고 넓은 유원지를 돌아다니거나. 말하자면, 자본이 파 놓은 '홈 파인 공간'을 따라 움직이는 것 말고 달리 대안이 없다. 한 후배의 증언처럼, "데이트를 하다 보면, 마치 돈을 들고 다니면서 둘이 이야기할 수 있는 공간들을 잠깐씩 구매하고 다닌다는 생각이 들어요." 서울만이 아니다. 지방 소도시엘 가도 좀 잘나간다 싶으면 마을 전체가 쇼핑을 중심으로 재편되어 있다(아, 수많은 젊은이들이 사랑을 불태우던 물레방앗간이나 뒷동산, 언덕들은 대체 어디로 사라졌을까? 흑!). 그런 점에서 대한민국은 가히 '쇼핑의 제국'이라 할 만하다. 자동차에 대한 맹목적 집착도 다름 아닌 이 제국의 산물이다. 미국이나 유럽, 남미처럼 나라가 큰 것도 아니고, 항공편에 고속버스, KTX에 이르기까지 각종 대중교통수단이 발전된 나라에서 전국민이 이토록 자동차에 집착한다는 건 참으로 불가사의한 노릇이다. 그런 점에서 자동차는 더 이상 이동을 위한 수단이 아니다. 그 자체가 목적이다.

차가 없는 남자애는 피곤했다. 우선 폼이 안 났다. 대학교 3학년이나 된 이 나이에 아직도 강남역 뉴욕제과 앞, 압구정동 맥도널드 앞 같은 곳을 약속장소로 정한다는 건 쪽팔리는 일이었다.

제 아무리 의대생이라 해도 차가 없다는 건 심각한 감점 포인트에 해당했다. …… 지방캠퍼스에 다니는 데다 키스 하나 제대로 못하는 어리버리한 민석이를 몇 달째 만나는 이유도 따지고 보면 그애의 스포츠카 때문이었다. 차창을 열고 아파트 단지가 붕붕 울리도록 커다란 음악을 틀어 놓은 채 나를 기다리는 은색차! 아파트 입구를 나와, 내가 타주기만을 바라고 있는 자동차까지 가능한 한 천천히 걸어가 도어를 당길 때의 기분은 말로 표현할 수가 없었다.
(『낭만적 사랑과 사회』, 13쪽)

지금 이 여성이 스포츠카에 대해 느끼는 감정은 그 자체로 '성욕'에 해당한다. 전통적인 속담은 이렇다. 마누라가 예쁘면 처갓집 말뚝 보고도 절을 한다. 하지만, 이젠 반대다. 자동차가 고급이면, 좀 덜떨어진 남친도 섹시하게 보인다. 『동의보감』 세미나에서 자동차와 성욕의 깊은 함수관계에 대해 한창 썰을 풀었더니, 한 후배가 이런 이야기를 들려주었다. 한 남학생이 버스에서 청순가련해 보이는 여학생을 보고 마음이 동했다. 슬쩍 다가가 어디서 내리냐고 물었다. 그때 여학생이 독백처럼 내뱉은 말, "버스 타고 다니는 주제에 어디서 작업이야? 재수없게!" 이렇듯 자동차는 단순한 수단이 아니라, 그 자체로 남근(혹은 우상)이다. 자동차의 생김새, 자동차의 속도, 자동차의 폐쇄성, 이 모든 것은 성욕의 쾌락적 배치를 그대로 보여 준다. 『행복은 자전거를 타고 온다』는 이반 일리히의 책이 있다. 이걸 패러디해서 말해 보면, '성욕은 자동차와 함께 온다!'

그럼, 이 자가용이 제공하는 쾌락의 주 내용은? 역시 쇼핑이다. 자동차 자체가 쇼핑의 산물이지만, 자동차가 제공하는 것 역시 각종 쇼핑몰들을 전전하는 것. 이미 언급했듯이, 도시인들은 희로애락의 대부분을 쇼핑을 통해 느낀다. 쇼핑과 존재가 포개져 버렸다고 해도 좋다. 그렇지 않고선 명품에 대한 그 집요한 욕망을 대체 어떻게 이해할 수 있단 말인가? 돈과 상품과 쇼핑, 새로운 삼위일체의 탄생! 이 속에서 사람들은 성욕을 분비한다. 연애를 하기 위해 이런 과정을 밟는다기보다 이 과정을 밟기 위해 연애라는 걸 한다고 봐야 할 정도다. 완벽한 전도!

사랑을 그토록 갈구하면서 대부분 실패하는 것도 이 때문일터, 『낭만적 사랑과 사회』에 등장하는 여성만 해도 그렇다. 명색 프로급 '선수'지만, 정작 자신의 몸과 욕망에 대해선 무지하기 짝이 없다. 그녀가 꽂히는 건 오직 자동차와 명품가방, 그리고 그런 것을 사 줄 수 있는 남친. 이런 상품들을 소유하기 위해 파트너가 필요한 것이지, 정작 파트너 자체나 그와 나눌 사랑의 격정 따위에는 전적으로 무관심하다. 섹스 역시 남친들을 관리하기 위한 수단일 뿐, 거기에서 어떤 감응도 기쁨도 느끼지 못한다. 상품과 쇼핑에 모든 걸 빼앗기다 보니 정작 몸과 마음은 사막이 되어 버린 것이다. 이런 제길!

'절.차.탁.마.'— 성형천국의 모토

상대방은 그런 식으로 고르면 되고, 그럼, 본인은 우수한 아이템을 점유하기 위해 무엇을 해야 하는가? 몸을 닦으면 된다. 엉? 수행을 한다고? 그럴 리가! 방향은 정반대이긴 하지만, 거의 수행에 가까운 수련을 해야 한다. 몸 전체를 절차탁마해야 하기 때문이다. 절차탁마(切磋琢磨)? 맞다. 원래 고대 경전의 하나인 『시경』(詩經)에 나오는 구절인데, 『논어』「학이편」에 나와서 유명해진 구절이다. 말 그대로 '자르고 갈고 쪼고 닦는다'는 뜻이다. 뭘? 원래는 옥이나 돌을 정교하게 다듬는 방법이었지만, 공자님은 공부를 그렇게 하라는 의미로 바꾸었다. 『논어』에 나오는 구절 가운데 'Top10'에 들 정도로 멋진 아포리즘에 속한다. 허나, 이 말을 공부의 좌우명으로 삼는 청춘은 참으로 보기 드물다. 헌데, 이 말이 꼭 들어맞는 영역이 하나 있다. 성형수술이 바로 그것이다. 예전에만 해도 성형은 쌍꺼풀이나 콧대 높이기 정도가 고작이었다. 하지만, 지금은 그 정도는 성형축에 끼지도 못한다. 쌍꺼풀이나 콧대는 생일선물이나 졸업선물의 일환이 되어 버렸다. 거의 생필품 수준에 이른 것이다. 「미녀는 괴로워」라는 영화가 잘 보여 주듯, 우리시대의 성형은 실로 총체적이며 또한 전신적이다. 눈·코·입은 물론 턱까지 다 헤집어 놓는 건 말할 나위도 없고, 가슴·허리·다리까지 조각하듯 갈고 쪼고 다듬는다. 또 시기적으로도 초등학교를 졸업할 때부터 시작해서 평생에 걸쳐 진행된다. 그런 점에서 절.차.탁.마.야말로 성형천국의 모토요 이념이라 할 만하지 않은가.

그럼 절차탁마의 기준은? 쇼핑몰의 마네킹. 그것과 가장 가깝게 생긴 연예인. 어떤 연예인도 유명 백화점의 마네킹이 지닌 아름다움을 능가할 순 없다. 그걸 따라가려면 돈도 돈이지만 정말 죽을 힘을 다해야 한다. 암튼 거기에 성공했다고 치자. 그들에겐 어떤 사랑이 기다리고 있을까? 이런 사랑이 기다리고 있다. "사랑도 할부가 되나?" "왜?" "너랑 100년간 할부로 살고 싶어서." 이어지는 대사는 더 깬다. "너, 그런 카드 있어?" 그렇다. 카드가 있어야 한다. 카드는 우리시대 알라딘의 램프다. 원하는 대로 모든 것이 다 나오는 마법의 램프. 절차탁마하여 변신에 성공하면 이 램프를 가진 남자가 백 년 할부로 사랑을 해준다. 여기서 사랑이란 투자 혹은 쇼핑과 같은 말이다. 백 년이면 평생에 해당하니 보장자산으론 괜찮은 편이다. 결국 이걸 노리고 성형외과의 '마네킹 프로젝트'에 너도나도 뛰어드는 것이다.

거기서 끝나냐 하면, 물론 아니다. 당연히 그 안에서 또 서열과 위계가 나누어질 테니 또다시 죽어라고 변신에 변신을 거듭해야 한다. 거기다 상품의 생명은 신선도다. 절차탁마해서 마네킹이 되긴 했는데, 만약 상품이 변질되면 어떻게 되지? 아무리 아름답게 변신을 했다손 쳐도 시간이 지나면 시들어 버릴 텐데, 그럼 다 꽝! 아닌가. 그래서 나온 콘셉트가 '동안'이다. 한동안 얼짱, 몸짱이 뜨더니 그게 시들해질 즈음, 동안에 대한 찬사가 쏟아져 나오기 시작했다. 그와 더불어 인터넷과 TV에선 40~50대 여성들이 20대로 보이는 마법이 수시로 펼쳐진다. 10년쯤 젊어 보이는 건 유도 아니고, 20년쯤 젊어 보여야 좀 끗발을 날린다. 오 마이 갓!

결론부터 말하면, 이건 병적 징후에 해당한다. 인간 혹은 생명이라는 존재의 궤적을 거부했다는 점에서 그렇다. 알다시피, 동안열풍은 늙음과 죽음에 대한 경멸이다. 유치원생처럼 말하는 여고생, 40대가 되어도 20대로 보이는 아줌마, 60대인데도 청순가련해 보이는 할머니, 이건 정말 난감한 콘셉트 아닌가. 그들이 겪은 세월은 대체 어디로 증발했단 말인가? 쉽게 말해 그들은 그 기나긴 시간을 '공치며' 보냈다는 뜻인가?

그래서 다들 늙지도 않고, 다들 마네킹처럼 예쁘면 행복할까? 맙소사! 그렇게 될 리도 없지만, 정말 그렇게 될 경우, 삶의 축은 붕괴되고 만다. 삶이란 '생로병사'의 다른 이름이기 때문이다. 생로병사의 흐름 가운데 늙음과 죽음의 흐름이 멈추어 버린다면 태어남과 생성도 사라질 건 뻔한 이치 아닌가.

또 하나. 늙음에 대한 경멸은 모든 세대를 철부지 아니면 노망으로 유도한다. 더 정확히 말하면, 마흔이 넘도록 철부지로 살다가 체력이 떨어지면 그때부터 바로 노망이 드는 식이다. 철부지에서 노망으로! 절대 농담이 아니다. 몇 년 전에 방영된 인기드라마의 한 장면이다. 남녀 주인공이 모두 검사다. 남편이 열두 살 연하인 띠동갑 커플. 물론 여주인공은 남편보다 더 어려 보인다(그래야만 띠동갑 커플이 가능하다고 전제하는 것이다. 참, 웃기는 노릇이다. 그럴 거면 뭐, 굳이 열두 살 연상하고 사랑에 빠질 이유가 어디 있나. 그냥 더 어린 여자를 찾으면 되지). 그날의 이슈. 아내가 남자 선배와 통화를 하면서 오빠 어쩌구 저쩌구 한다. 듣고 있던 '어린 남편'이 열받아서, 왜 나한텐 오빠라고 하지 않느냐, 나 말고 다른 남자랑 친한 거 싫다며 트집을 잡는다. 잠깐 지나가는 에피소든가 했더니 그게 아니다. 그걸 이슈로 삼아 상당히 긴 시간을 옥신각신(애정확인)한다. 하도 어이가 없어서

채널을 못 돌렸다. 전파낭비도 저 정도면 거의 이적행위에 가깝다. 중딩 수준의 철부지들(중딩에 대한 모독으로 들렸다면 용서하시라!)이 아니고서야 우째 저럴 수가! 검사가 되기 위해 겪어야 했던 지성과 인성은 완전 생략되었다. 만약 대한민국 검사들의 감성 수준이 저 지경이라면? 윽, 상상만으로도 끔찍하다. 하긴 그 드라마에선 아흔을 바라보는 할머니까지 공주병 환자처럼 그려져 있다.

더 이상 유치할 수 없는 삶, 이것이 우리시대가 예찬해 마지않는 동안문화다. 그건 마치 『백설공주』에서 거울 앞에서 수시로 "거울아 거울아 세상에서 누가 젤 이쁘냐?"며 확인을 받아야 했던 왕비(마녀)의 모습을 연상시킨다. 흘러가는 세월을 붙들어 세우지 못해 전전긍긍하는 중년들. 그게 바로 왕비, 아니 마녀의 캐릭터라는 걸 알고나 있을까.

아, 그렇다고 너무 낙담할 건 없다. 동안이 아니어도 언제나 젊음을 구가하는 길이 있긴 하다. 어설프게 청년들을 모방하는 것이 아니라, 삶 자체를 싱싱하게 만들면 된다. "젊음이란 20대 청년으로 돌아가는 것이 아니라, 자기 연령에 걸맞는 청춘을 매번 새롭게 '창조하는' 것이다." 들뢰즈의 말이다. 이에 대한 가장 좋은 텍스트 중 하나가 키케로의 『노년에 관하여』일 것이다. 그 중 한 대목.

마음이 성욕과 야망과 투쟁과 적대감과 온갖 욕망의 전쟁을 치르고 나서, 자신 속으로 돌아가 자신과 산다는 것이 얼마나 대단한 일인가! 그리고 마음이 연구와 학문에서 영양분을 섭취할 수 있다면,

노년보다 더 즐거운 것은 아무것도 없을 것이네.

이 구절에 대한 해설을 잠깐 들어 보면, "키케로가 말하는 노년이란 더 이상 젊음의 열정을 탐하지 않기에 자유로운 시기요, 헛된 쾌락에서 벗어나 철학에 전념할 수 있는 새로운 호기다. 나이가 들수록 무능력하거나 탐욕스러워진다면, 그건 늙음 때문이 아니라 개인의 어리석음과 집착 때문이다. 학문을 닦고 미덕을 실천하며 집착과 미망을 놓아 버리는 법을 훈련하는 이들에게는 늙어 감이야말로 지복이다."(채운, 「고전에서 길찾기」, 『경향신문』 2008년 9월 10일자) 노년이 창조하는 청춘이란 이런 '지복'에 있는 것이 아닐지.

덧달기 : 환멸의 비애

2007년 겨울 다산연구소 '실학산책'에 썼던 글이다. 호흡을 가다듬을 겸해서 한번 음미해 보기 바란다.

요술쟁이는 커다란 유리 거울을 탁자 위에 놓았다. 그런 다음, 사람들을 불러 거울 안을 구경하게 하였다. 거울 안의 세상은 실로 황홀했다. 화려한 단청으로 장식된 고층 누각과 전각들 사이로 아름다운 여인들이 생황을 불거나 비단 공을 차고 있다. 구름 같은 머리와 화려한 귀고리가 눈부시게 아름다워 지상의 것이 아닌 듯했다. 또 각종 기물들은 하나같이 보배로워서 지극한 부귀를 두루 갖추고 있었다. 이에 사람들은 부러움을 참지 못하여, 그것이 거울인 줄도 잊은 채 그 안으로 뚫고 들어가려 했다.

그러자 요술쟁이는 구경꾼들을 꾸짖어 물리치고는 즉시 거울 문을 닫아 버렸다. 한참 이리저리 거닐다 사방을 향하여 무슨 노래를 부르고는 다시 거울 문을 열어 사람들을 불러 보게 하였다. 세상에! 세월이 얼마나 지났는지 전각은 적막하고 누각은 황량한데, 아름다운 여인들은 어디론가 다 사라져 버리고 다만 한 사람만이 침상에서 모로 누워 자고 있다. 주위에는 멀쩡한 기물이라곤 찾아볼 수 없고, 귀신들의 그림자만 득시글거린다. 갑자기 잠자던 이의 두 다리가 수레바퀴로 바뀌는데 바퀴살이 채 덜 되었다. 그러자 구경꾼들은 등골이 오싹하여 거울을 등지고 정신없이 달아났다.

『열하일기』에 나오는 「환희기」(幻戲記)의 한 대목이다. 연암은 열하에서 온갖 기이한 사건들을 목격한다. 그 중 압권이 환희(요술)였다. 「환희기」에는 무려 스물한 가지에 달하는 요술이 펼쳐지는데, 위의 장면은 그 절정이자 대단원이다. 연암은 이 대목에서 자기도 모르게 탄성을 내지른다. "그렇구나. 세계의 몽환이 본디 이와 같아서 아침에 무성했다가 저녁에 시들고, 어제의 부자가 오늘은 가난해지고, 잠깐 젊었다가 홀연 늙는 법이니 대체 생과 사, 있음과 없음 중에서 무엇이 참이고 무엇이 거짓이리오. 그러니 환영에 불과한 세상에 몽환 같은 몸으로 거품 같은 금과 번개 같은 비단으로 인연이 얽혀서 잠시 머무를 따름이니, 원컨대 이 거울을 표준 삼아 덥다고 나아가지 말고, 차다고 물러서지 말며, 몸에 지닌 재산을 지금 당장 흩어서 가난한 자를 구제할지어다."

하지만 아무리 감동적일지언정, 요술은 요술일 뿐이다. 즉, 요술이란 결국 속임수에 지나지 않는다. 연암은 이렇게 묻는다. "옳고 그름, 참과 거짓을 분별하지 못한다면, 눈이 대체 무슨 소용인가?" 그리고 이렇게 답한다. "이럴 땐 눈으로 밝게 본다는 게 도리어 탈이 되는 법, 요술쟁이가 눈속임을 해서 속는 것이 아니라, 실은 보는 자가 제 자신을 속이는 것일 따름이다"라고. "도로 눈을 감고 가라"는 화담 서경덕의 유명한 일화가 나오는 대목도 바로 여기다. 그러나 연암의 충고와는 반대로 근대인들은 오직 시각만을 신봉한다. "쇼를 하라, 쇼!"라는 광고문구가 적나라하게 보여 주듯이, 우리시대의 일상은 모두 쇼로 이루어져 있다. 그런 점에서 근대문명이란 자신의 눈에 스스로 속아 넘어가는 '환희기'에 다름 아니다. 그리고 모든 욕망이 그러하듯이, 이 시각의 퍼레이드 또한 족함을 알지 못한다. 이제 사람들은 소박한 쇼 따위에는 절대 반응하지 않는다. 휘황찬란하다 못해 눈이 부셔야만 비로소 쇼라고 인정한다. 쇼핑몰 주변을 장식하고 있는 저 엄청난 '빛의 폭주'를 보라. 그 불빛들은 사람들에게 어떤 구체적인 행복도 선사하지 못한다. 그럼에도 사람들은 그 불빛이 구사하는 현란한 '쇼'에 기꺼이 몸을 맡긴다. 이것이야말로 진정한 행복이라는 주술을 끊임없이 되뇌이면서.

정치경제의 메커니즘 또한 마찬가지다. 우리 사회를 도배하는 온갖 장밋빛 담론들 또한 시각적 판타지에의 갈망에 다름 아니다. 그

갈망은 이제 '선진화', '세계화'라는 미명하에 더한층 극대화될 것이다. 환(幻)이 멸(滅)한 데서 오는 깊은 적막과 비애가 도래할 때까지. 루쉰은 말한다. "환멸의 비애란 허(虛)가 허이기 때문에 일어나는 게 아니라, 허를 실(實)로 오판한 데서 일어난다"고. 과연 이 치명적 오판으로부터 벗어날 출구는 없는 것인가?

추신 : 이 글을 쓴 때가 2007년 말 대선정국이었다. 이 책을 탈고하는 지금은 바야흐로 2008년 10월 말이다. 지난 1년간 수많은 사건들이 명멸했다. 1년 전만 해도 상상조차 할 수 없었던 사건들이. 과연 이 사건들은 우리를 환멸의 비애로부터 구출시켜 줄 것인가? 이 질문을 환기하기 위하여 2008년 10월 '경향포럼'에 쓴 글을 아래에 덧붙인다.

'모든 고정된 것'은 연기처럼 사라진다!
대폭락, 공포 확산, 시장붕괴, 패닉—요즘 가장 많이 보고 듣는 말이다. 연일 신문지상을 장식하는 증권지수와 환율, 각종 경제지표들을 보고 있노라면, 마치 거대한 규모의 블록버스터를 보는 듯 어지럽기 짝이 없다. 대체 그 많은 돈들은 어디에서 왔다가 어디로 가 버린 것일까? 그 와중에, 멜라민이라는 유령이 우리 생을 잠식하고 있다. 광우병의 공포가 한바탕 휩쓸고 가더니, 이젠 멜라민이다. 광우병은 육식의 문제지만, 멜라민은 육식의 경계마저 뛰어넘었다. 유가공식품과 과자, 채소 등 멜라민이 갈 수 없는 곳은 없다. 마치 신이나 되는 듯, 이 유령은 모든 것에 편재한다! 시장의 붕괴와 멜라민의 확산, 한마디로, 삶의 거의 모든 국면이 공황상태에 빠진 셈이다. 이제 사람들은 존재와 세계에 대한 어떤 합리적 예측도, 과학적 분석도 믿을 수 없게 되었다. 어쩌면 우리는 SF영화에나 나옴직한 '디스토피아'에 이미 도달했는지도 모른다. 그리고 이 음울한 도시 위로 하나의 별이 떨어졌다. 최진실이라는 별이.

그녀는 88년 데뷔 이후 20여 년간 진정 대중문화계의 별이었다. 그녀가 누린 인기는 어떤 배우와도 견주기 어렵다. 세대를 가로질러, 장르를 가로질러 그녀는 진정 대한민국의 모든 대중으로부터 '지독한 사랑'을 받아 왔다. 결혼으로 인한 굴곡이 있긴 했지만, 거뜬히 재기에도 성공했다. 그런 그녀가 죽었다. 솔직히 나한테는 미국증시의 붕괴나 멜라민 공포보다도 그녀의 죽음이 더 충격적이다. 뉴욕증시는 내 삶과 너무 멀고, 멜라민 공포는 광우병 파동 때 충분히 겪은 탓이라 솔직히 자포자기 상태다. 하지만, 최진실의 죽음은 다르다. 마치 죽비로 뒤통수를 맞은 듯 멍멍하다. 세상이 아무리 뒤집혀도 왠지 그녀는 늘, 거기 그렇게 존재할 거라 믿었기 때문이리라. 해서, 나는 그녀의 죽음에 대한 어떤 해석도 납득되지 않는다. 이혼 이후의 우울증? 그런 건 세상에 널렸다. 각종 루머? 그까짓 거야 한 달만 지나면 잊혀지는 거 아닌가? 그럼에도, 아무튼 그녀는 죽었다! 그것도 자기 손으로 세상과의 인연을 끊어 버렸다. 대중들의 사랑과 사랑하는 아이들을 두고. 엄마와 동생, 그리고 형제처럼 지내던 친구들을 두고. 이걸 대체 어떻게 이해할 수 있을까? 어떤 설명도 지금 나를 비롯하여 대중들이 느끼는 헛헛함을 메워 줄 순 없으리라. 다만 짐작할 만한 바는 있다. 그녀가 한 오락프로에서 했던 말, 열정적으로 연기에 몰두하고 나면, '뭐라 설명할 수 없는 존재의 공허감'에 시달렸다는 것을. 그 공허감은 어떤 인기와 부, 설령 자식조차도 채워 줄 수 없는 그런 것이었음을. 말하자면, 그녀는 환이 멸하는 데서 오는 비애를 주체할 수 없었던 것이다.

"모든 고정된 것이 연기처럼 사라진다!" 마르크스가 자본의 진군 앞에서 낡은 관습과 경계들이 여지없이 격파되는 것을 목격하면서 던진 말이다. 하지만, 이 말처럼 지금, 우리 시대를 잘 말해 주는 것이 또 있을까. 자본을 향해 구축되었던 모든 기획과 야망, 꿈과 사랑은 이제 연기처럼 사라지고 있다. 그렇다면, 이제 그 신기루를 향한 우리의 열정을 그만 거두어야 하는 것이 아닐까? 부동산과 증권, 보험과 달러, 그리고 인기와 부, 이 모든 것은 더 이상 우리의 존재를 지탱시켜 주는 것이 아니라는 것, 최진실의 죽음은 바로 그것을 증언해 주는 것이 아닐지. 물론 그 모든 것을 떠나 그녀가 우리에게 환기해 주는 분명한 진리가 있다. 죽음, 그것은 정말 가까운 거리에 있다는 것. 그리고 죽음 앞에선 모든 고정된 것은 다만 연기처럼 사라진다는 것.—메멘토 모리(menento mori)!

청년문화가 없다!

"지식이 틀에 박혀 노하우의 적나라한 슬로건으로 물질화된 것"이나, 대학이 경제와 산업의 경영조직을 지향하는 빈틈없는 규율의 도입으로 "산업화된 것"과 함께 교수들의 과두제가 비판의 도마에 오른다. 또한 지식의 광장이자 연구 과정의 참가를 뜻하는 세미나가 학생 발표와 교수 독백의 형태를 띠며 "다 가공된 생각의 결과를 수용하는" 장소로 전락한 것과 더불어, 대학공부가 특권적인 직업을 보장하고 학업을 '경력만들기'(마르크스)로 몰아가는 '자격증'의 획득수단이 되었다고 비판된다. (잉그리트 길혀-홀타이, 『68운동』, 정대성 옮김, 들녘, 2006, 35쪽)

이 글은 1962년 프랑크푸르트에서 독일의 한 학생연맹이 작성한 대학보고서의 일부다. 20세기 후반 유럽 사회에 가장 강력한 영향을 끼친 프랑스 68혁명의 여러 기폭제 가운데 하나에 속한다. 헌데, 문구들이 어디서 많이 듣던 가락 아닌가?

그렇다. 90년대 후반 이후 우리 대학가를 휩쓸었던 '인문학의 위기', '지식인의 죽음'과 관련된 담론과 내용이 거의 동일하다. 그렇다면, 현재 우리나라 대학의 수준이 무려 반세기 전 유럽의 재판에 불과하단 말인가. 겨우 저 상태를 쫓아가기 위해 그 '난리블루스'를 떨었단 말인가? 허걱!

'올드보이' 혹은 '간신음허' 세대

전국민이 젊음을 지속시키기 위해 생난리를 떨고 있지만, 정작 우리 시대 청년들은 완전 '삭아 버렸다'. 대학생의 숫자는 비약적으로 증가했고, 대학가 주변의 소비문화는 그야말로 '환희'(幻戱)의 극치를 향해 치닫고 있건만, 정작 대학생들한테서는 어떤 패기나 개성도 찾아볼 수 없다. 참으로 역설적인 현상이다. 지금 20대들은 88올림픽 이후 우리나라가 경제적으로 선진국에 진입하던 시기에 태어났다. 80년대에 청년기를 통과한 세대들과는 질적으로 다른 시대를 산 셈이다. 정치적 감시와 처벌, 최루탄 및 폭력의 일상화 같은 것들이 사라졌음은 물론, 온갖 테크놀로지의 혜택을 한몸에 받으며 성장한 세대다. 그런데, 어째서 이렇게 피기도 전에 시들어 버린 것일까? 경쟁이 심해서 그렇다고? 내가 묻고 싶은 건 바로 그 대목이다. 경쟁이 아무리 치열하기로서니 그게 70~80년대 청년들이 겪었던 독재나 폭압보다 더 지독하단 말인가? 경쟁에서 탈락한다고 해서 감옥을 가거나 고문을 당하는 건 아니지 않은가.(너무 무식한 비유라면 용서하시라. 쩝!)

그렇게 일상적으로 폭력에 노출되어 있었음에도 80년대에 대학은 청년문화의 산실이었다. 청춘의 열정으로 새로운 세계를 창조하고자 하는 야망으로 들끓었던 광장, 그것이 대학이었다. 청년이라는 이름이, 대학생이라는 지위가 그 자체만으로 사회 전체를 긴장시킬 수 있었던 건 바로 그 때문이었다. 하지만, 지금 대학에선 모든 종류의 지적·사회적 관계와 활동이 멈춰 버렸다. 오직 학점과 취업(혹은 고시), 그리고 연애. 거기다 한술 더 떠 노후대책에 골몰할 따름이다. 맙소사! 20대에 노후를 걱정하다니. 20대에 이미 70대를 사는 올드보이들! 그러므로 우리시대 대학에는 청년문화가 없다.

청년문화가 없는 시대의 청춘! 만약 이들을 몸적으로 보면 어떻게 될까? '간신음허'(肝腎陰虛)세대라 할 만하다. 간신음허? 좀 낯설긴 하지만 아주 평이한 용어다. '간신'이란 오장육부 가운데 간장과 신장을 말한다. 음허란, 축축하고 텅 비었다는 뜻이고.『동의보감』에 따르면, 간은 담력(용기와 결단), 신장은 정력(지혜와 창의성)을 주관한다. 그렇다면, 간신이 축 늘어지고 텅 비어 버리면 담력과 창의력이 심각하게 결핍될 수밖에 없다. 그러면 어떤 증상이 나타나는가? 알 수 없는 불안감에 시달리고 끈기나 열정이 부족하게 된다. 타자를 받아들일 수 있는 용기, 다른 궤적을 밟고자 하는 모험심 모두 후달리게 마련이다.

좀더 덧붙이면, 간과 신은 모두 아래쪽에 있는 장기다. 오장육부 가운데 무게중심을 아래로 잡아 주는 장기인 것. 그런데 이 중심이 빈약하면, 당연히 하체가 부실하게 된다. 안 그래도 지금 젊은이들의 체형은 기운이 상체에 다 몰려 있다. 성형외과에서 '절차탁마'하는 기준이 일단 그렇다. 큰 눈에 작은 얼굴, 브이라인, 에스라인, 롱다리

등등. 몸의 구조가 이렇게 되면, 기본적으로 기운이 다 상체로 몰리게 된다.

사실 그렇지 않은가. 요즘 청춘들은 방방 뜨지 못해 안달을 한다. 몇 초의 지루함도 견디질 못한다. 더욱이 문화의 모든 방향이 스펙터클과 이벤트를 지향한다. 하나같이 눈의 정기를 소모하는 것들이다. 눈은 바로 간의 기운과 연동되어 있다. 간과 관련된 질병이 많은 건 지극히 당연하다. 그리고 신장은 소리를 주관한다. 신장이 약하면 일단 목소리가 힘차게 터져 나오질 못한다. 당연히 내공이 딸린다. 소리야말로 카리스마의 원천이자 정력의 보고(寶庫)다. 간이 눈과 대응된다면, 신장에 대응하는 건 귀다. 따라서 신장이 약하면 귀의 청력이 떨어지는 건 물론, 남의 말을 들어주는 '경청'의 힘도 약화된다. 한마디로 관계를 맺는 능력이 부실해질 수밖에 없다. 그런 점에서 늘상 귀에 이어폰을 꽂고 다니고 귀고리를 위해 귀에다 마구 구멍을 뚫어 대는 건 일종의 자기학대에 해당한다. 귀가 망가지면 정력도 손상된다는 것, 부디 명심들 하시길! 아무튼 간신이 이렇게 허약하다 보니 에로스적 능력이 저하되는 건 필연지리(必然之理)다. 에로스란 원천적으로 '몸적 사건'이기 때문이다.

광장에서 밀실로!

이미 언급했듯이, 지금 청년들은 더 이상 문화의 전위가 아니다. 70년대 통기타세대와 80년대 혁명세대, 90년대 이후 서태지로 표상되는 X세대, Y세대 등이 보여 주듯, 내용이야 뭐가 되었건 청춘이란 늘 기성세대를 불안케 하는 '질풍노도'를 안고 있었다. 그런데 지금은? Nothing!

무엇보다 청년문화가 생성될 수 있는 광장이 부재한다. 80년대에 대학이 질풍노도의 산실이 될 수 있었던 건 다름 아닌 광장이 있었기 때문이다. 청춘의 저력은 무엇보다 광장을 통해 표현되었다. 하지만, 지난 10여 년 동안 모든 대학들은 캠퍼스에서 이 광장을 소멸시켜 버렸다. 운동장들은 주차장이 되거나 쇼핑몰로 채워졌다. 스타벅스, 롯데리아, 맥도날드 등등. 학생회관에서의 모든 네트워크도 소멸되었다. 그리고 그때부터 청년들은 자기만의 밀실에 들어앉았다. 인터넷과 게임이 일상의 모든 것이 되었고, 주거공간 역시 시끌벅적한 하숙이나 자취방에서 원룸으로 바뀌었다. 광장에서 밀실로!

그리고 그에 부응하여 행동모드도 바뀌었다. 인터넷 안에선 '조증'에 가까운 활동력을 보이지만, 몸으로 부딪혀야 하는 바깥 세계에선 거의 자폐증에 가까운 행태를 보인다. 조증과 울증 사이의 왕복달리기! 이 사이에서 정신적 붕괴를 경험하는 사례도 만연되고 있다. 몸적으로 보자면, 밀실에 갇혀 있는 한 하체의 힘은 더욱 약화될 것이고, 그것은 간신의 정기를 손상시킬 뿐 아니라, 사유의 능동성도 앗아 버린다. 뇌가 제대로 작동하려면 오장육부로부터 기운이 올라와야 한다. 그렇지 못할 시엔 뇌의 활동력이 약화되는 것은 물론, 사고 자체도 부정적인 방향으로 흐를 수밖에 없다. 정체를 알 수 없는 공포심과 두려움에 휩싸이는 이유도 거기에 있다. 이러니 대체 어디서 청년다운 상상력과 힘이 분출될 수 있을 것인가? 유감스럽게도 이게 우리시대 청년들의 현주소다.

덧달기 : 2008 촛불광장과 에로스

원고를 여기까지 마무리할 즈음, 갑자기 광장이 열려 버렸다. 대학의 광장이 아니고, 광화문 네거리의 광장들이. 지금은 바야흐로 2008년 6월 중순이다. 이 순간도 촛불은 계속 진화하고 있고, 광장 또한 계속 변신을 거듭하고 있다. 그러니 나의 원고 역시 진화할 수밖에.

사실 지난 2월 숭례문이 불탈 때부터 조짐이 심상치 않았다. 600년의 장엄한 시간이 눈앞에서 홀연 사라져 버린 것이다. 대체 어떻게 이런 일이? 더 불행한 건 그 불의 의미를 통찰할 수 있는 정치적 상상력이 없다는 것. 그리고 새정부 출범 두 달도 안 돼 촛불이 타오르기 시작했다. 그 후, 100일을 기점으로 불이 전국으로 번지더니 당최 꺼질 기미가 보이질 않는다. 운기론적으로 볼 때, 올해 무자년은 화(火)기가 충만한 해라더니 과연 그런가 보다. 헌데, 숭례문의 불이 그러했듯이, 이 불의 경로 또한 아무도 알지 못한다. 기존의 사회과학적 틀로써는 이 불들의 의미를 절대 짚어 낼 수 없는 까닭이다. 하긴, 그걸 안다 한들 또 뭣하겠는가. 중요한 건 느닷없이 열린 이 정치적 공간을 어떻게 활용할 것인가에 있는 것을.

특히 내가 주목하는 것은 광장의 부활이다. 알다시피, 청계광장과 서울광장은 늘 화려한 이벤트와 쇼의 무대였다. 늘 사람들로 북적

거렸지만, 백화점과 쇼핑몰과 다를 바 없는 전시장에 불과했다. 광장이 '광장'이 되는 건 숫자나 크기가 아니다. 바로 이질성이다. 가족·직업·계층의 경계를 넘어 전혀 다른 가치와 욕망이 생성되는 곳, 광장은 바로 그런 곳이다.

"신림동에서 고시공부하는 대학생인데요, 인터넷 보고 열받아서 나왔어요."
"무안에서 밭농사하고 있습니다. 대통령이 외국 나갈 때마다 가슴이 철렁철렁합니다. 이번엔 또 농민들 삶을 얼마나 짓밟고 올까."
"기성세대를 대표해서 나왔습니다. 소녀들한테 너무 미안해서요."

광장이 아닌 곳에서는 절대 마주칠 수 없는 낯선 존재들이 태연하게 공존하는 장, 이것이 바로 광장이다. 문제는 20대였다. 촛불이 다양한 계층과 세대로 번져 나가도록 대학생들의 움직임은 미미하기 짝이 없었다. 초기엔 엉뚱하게 서울대에서 원더걸스 공연이 열리는 바람에 촛불을 처음 점화한 10대들의 놀림감이 되기까지 했다. 하지만, 시위가 격해지고, 인터넷 또 하나의 광장이 되면서 마침내 대학생들마저 거리로 나왔다. 오직 학점과 취업밖엔 몰랐던 20대들이 비로소 자기만의 '외딴 방'에서 세상을 향해 뛰쳐나온 것이다. 이거야말로 광장이 연출한 '기적'이 아닐지. (아님 MB정권의 힘인가?)

그래서 나는 진정으로 희망한다. 이 광장에서 더 많은 이질성들이 범람하기를. 이미 구호는 쇠고기를 넘어 대운하로, 의료민영화와 영어몰'핀'교육에 대한 저항으로 확대되었다. 거기에 더해 신자유주의하에서 계속 외곽으로 추방되는 소수자, 비정규직과 이주노동자, 장애인들에 대해서, 또 '소가 소를 먹는' 육식문명의 끔찍한 홀로코스트에 대해서도 수많은 이야기들이 범람할 수 있기를 희망한다.

그리고 무엇보다, 그 이질성들의 역동적인 마주침 속에서 에로스적 열정이 흘러넘치기를 희망한다. 웬 에로스냐구? 욕망이란 관계의 산물이다. 닫힌 공간에선 사랑조차 닫혀 버린다. 거꾸로 사랑이 닫히면 삶을 바꾸는 혁명적 파토스 또한 침묵·봉쇄된다. 에로스란 간단히 말하면, 몸이 지금까지와는 전혀 다른 리듬과 강도를 갖게 되는 것을 의미한다. 그러므로 동일한 것들끼리 마주쳐서는 절대 그런 식의 격발이 일어나지 않는다. 반드시 나와 다른 것, 이질적인 것과 마주쳐야 한다. 그렇다면, 광장이야말로 에로스가 생성되는 용광로가 아닐는지. 저 80년대 수많은 젊은이들이 시위 현장에서 사랑을 불태웠던 것, 프랑스 68혁명때 수많은 청년들이 바리케이드 위에서 사랑의 기쁨을 만끽했던 것을 환기해 보라. 바리케이드야말로 청춘을 도발하기에 가장 적절한 곳이었다. 헌데, 불행히도(?) 지금 이 2008년 촛불정국에선 경찰이 바리케이드를 독점해 버렸다. 이런! 그러니 바리케이드 대신 광장을 적극 활용하는 수밖에.

하여, 저 80년대와 68혁명 때처럼, 우리 20대들도 이 광장에서 청춘의 특권을 마음껏 누릴 수 있기를 희망한다. 치열하게 저항하고 뜨겁게 사랑을 나눌 수 있기를! 그 열정을 자산으로, 지난 92년 문민정부 이래 완전 궤멸되었던 대학의 운동공간이 다시 열릴 수 있기를,

대학이 '사설직업학교'가 아닌 '전복과 생성의 공간'으로 탄생될 수 있기를 희망하고 또 희망한다. 물론 이것이 청년들에게만 해당되는 사항이 아님은 말할 것도 없다. 자기만의 밀실에 숨어 있었던 수많은 솔로들, 가족의 울타리 안에 갇혀 있었던 주부와 아이들 등도 모두 에로스적 열정을 만끽할 수 있기를! 에로스란 원초적 본능이자 욕망의 흐름 자체이다. 어떻게 절단되느냐에 따라 수많은 변이가 가능하다. 그러므로 절대 남녀 사이의 연애에만 국한되지 않는다. 어떤 종류의 관계든, 어떤 활동영역이든 존재의 자유와 충만감이 분출될 수 있다면, 그것은 모두 에로스다.

"괴물과 싸우는 자는 자신이 그 괴물이 되지 않도록 조심해야 한다"(니체)는 말이 있다. 치열하게 싸우되 적대와 증오에 머무르지 말고 삶의 창조를 향해 나아가라는 뜻이다. 이질성의 범람 속에서 아주 낯선 타자들과 조우하는 것, 그리고 자본과 상품에 의해 박탈당한 사랑의 능력을 되찾는 것, 이것이야말로 이 거대한 저항을 승리로 이끄는 길이자 광장의 진정한 '용법'이 아닐까. 그리고 그때 비로소 청년들은 올드보이라는 치욕에서 벗어나 다시금 기성세대를 '떨게' 만드는 '아방가르드'(전위)가 될 수 있으리라.

이상한 나라의 '에로스'

나는 프리랜서 겸 고전평론가다. 강연과 집필이 주생업이다 보니 전국 곳곳에서 다양한 세대를 만나게 된다. 구성비율로 보면 10대 청소년과 중년 여성들이 많은 편이다. 둘은 매우 다르게 보이지만 의외로 유사한 성향도 많다. '에로스로부터의 소외'라는 측면에선 특히 그렇다.

10대들에게 물었다. "지금, 자신의 일상에서 가장 큰 고민거리가 뭐지?" "성욕이오!" 이런 말을 들으면 중년 여성들은 당황한다. 자신의 아이를 비롯해 모든 청소년은 꿈과 비전 같은 원대한(?) 고민을 할 거라고 믿기 때문이다. 하지만 10대한테 그런 것들은 너무 '추상적'이다. 하루에도 몇 번씩 생각이 바뀌는 때인데 10년 뒤, 20년 뒤가 뭐 그리 절절하게 다가오겠는가. 그에 반해, '에로스적' 충동은 생생한 현실이다. 『동의보감』에 따르면 여성은 14살, 남성은 16살부터 성적 주체, 곧 생식이 가능한 몸으로 바뀐다. 지금의 기성세대 역시 그랬다. 하지만 나이가 들면 어른들은 시치미를 뚝 뗀다. 청춘과 에로스는 전혀 무관하다는 듯이.

그래서 물었다. "성교육은 받고 있니?" "네, 피임법하고 성폭행 예방법." 헉! 이건 성교육이 아니라 성범죄 예방책이 아닌가. 하긴 우리 사회의 성담론은 이 둘을 중심으로 굴러간다. 공적인 장에선 성범

죄에 대한 이야기가 1년 내내 인터넷을 도배한다. 성과 폭력, 그리고 범죄는 거의 동일어처럼 붙어다닌다. 이런 배치하에선 모두가 성에 대해 부정적이거나 소심해질 수밖에 없다. 여학생들은 특히 그렇다. 어떤 선생님이 물었다. 여고생들한테 성교육을 어떻게 해야 하는 거냐고. 그래서 내가 되물었다. "지금 어떻게 하고 계시는데요?" "몸을 함부로 굴려서 순결을 잃으면 삶의 가치가 떨어진다. 그러니 몸 간수 잘해!" 헐~ 저 20세기 초 계몽주의자들에 의해 세팅된 순결 이데올로기가 여전히 대세라니.

그래서 반문했다. "아니, 여성들의 사회경제적 지위가 얼마나 높아졌는데, 왜, 아직도 삶의 가치를 남성에 의해 평가받아야 하는 거죠?" 이래서 '누군가의 열렬한 사랑을 받는다'는 멜로의 판타지가 아직도 통하는가 보다. 한편에선 폭력에 대한 공포가, 다른 한편에선 맹목적 순정이. 이런 배치하에선 어떤 여성도 에로스의 주체가 될 수 없다.

그런데 역설적이게도 세상은 온통 포르노 천국이다. 포르노를 본다는 것이 이젠 더 이상 은밀한 '지하활동'이 아니다. 인터넷 사이트 어디를 들어가도 바로 포르노와 접속 가능하다. 거기다 대중문화는 온통 '섹시' 콘셉트이다. 우리 시대의 미적 척도에 섹시미 말고 다른 무엇이 있는가? 다들 섹시하다는 말을 듣고 싶어 안달한다. 섹시하다는 건 무슨 뜻일까? '나는 너를 성적으로 느껴'라는 뜻이 아닌가? 이렇게 범람하는 포르노그라피 속에서 청춘의 욕망은 괄호 속에 넣어 버린다. 또 여성들은 여전히 순결을 '지켜야' 하고 사랑을 '받아야 하는' 존재다. 참, 이상한 나라의 에로스다!

그래서 가장 일차적으로는 10대들의 성이 소외되지만, 이 소외는 중년 여성들에게 고스란히 전가된다. 중년 여성들은 기혼이건 미혼이건 성적 욕망을 표현할 장이 없다. 중년 여성들은 자신들이 앓고 있는 각종 질병의 원천에 '성욕의 결핍과 왜곡'이 있다는 걸 스스로도 잘 인정하지 못한다. 왜? 성은 더럽고 위험한 것이니까. 여성은 늘 남성이 '욕망해주기'를 욕망해야 하니까. 그렇다고 성인 남성들이 대단한 권리를 누리는가 하면 그것도 아니다. 성인 남성들 역시 자신의 욕망을 '떳떳하게' 표현할 담론의 공간이 없는 건 마찬가지다. 결국 모두가 피해자다.

이런 배치는 조선시대와 비교해도 무척 열악하다. 조선시대에서 성이란 자연스러운 일상이자 유쾌한 농담이었다. 「변강쇠타령」의 옹녀도 그렇고, 『임꺽정』의 여성들은 성적 표현에 있어 또 얼마나 위풍당당한지. 특히 『동의보감』에는 성욕에 대한 이야기가 끝도 없이 나온다. 하지만 거기서 성욕은 금지의 대상이 아니라 철저히 조절의 대상이다. 그리고 조절의 주체는 어디까지나 자기 자신이다. 『동의보감』이 지향하는 '양생술'이란 욕망을 스스로 조절하는 '자기배려의 기술'에 다름 아니다.

누구나 체험하듯이, 에로스는 '순수'하지 않다. 지각불가능하고 예측불가능한 일종의 '카오스'다. 이 카오스와 마주하는 것이 사춘기다. 이때 자기조절의 기술을 닦지 않으면 성에 대해선 영원히 소외된 주체로 남을 수 있다.

금지는 억압을 낳고, 억압은 폭력을 낳는다. 그리고 폭력보다 더 무서운 건 순결에 대한 강박증이다. 자신의 삶을 스스로 훼손시키는 무의식적 기제이기 때문이다. 이 표상이 해체되지 않는 한 이 악순환의 고리는 결코 끝나지 않을 것이다. 하여, 이제는 성에 대한 '리얼하고도 유쾌한' 탐구가 필요한 시점이다. 즉, 충동에 끌려다니지도 않고 욕망을 억압하지도 않으면서 '자기배려의 기술'을 터득해야 할 때다. 요컨대, 에로스에도 '쿵푸'가 필요하다!

청춘의 덫
—국가, 가족, 학교, 그리고 쇼핑몰

브라운, 「로미오와 줄리엣」, 1870

성욕이 꽃피는 10대, 무엇을 할 것인가?

지금으로 말하면 '까진 10대' 성춘향과 이몽룡은 서로 보자마자 한 방에 꽂히고, 바로 그날 밤 찐한 정사를 벌인다. 그뿐인가? 로미오와 줄리엣도 10대에 휘몰아치는 사랑의 정열을 아낌없이 불태웠다. 바야흐로 10대는 '성욕이 꽃피는 시절'인 것이다! 그런데 지금 우리의 10대들은 학교에, 학원에, 독서실에 콕 박혀서 대체 무얼하고 있는가?

루소, 「아이의 초상」, 1905

적당한 사랑만 주세요

'아이의 초상'으로 보이는가? 이게 현대를 사는 우리들의 모습이다. 얼굴만 어른이지 서른이 다 되도록 '엄마의 늪'에 빠진 어른-아이는 그야말로, 몸만 컸지, 속은 영락없는 '애'다. 그러니 정글 같은 세상 속으로 발을 내딛을 준비 따위가 되어 있을 리 만무하다. 어른-아이인 그대, 지금이라도 두 발로 서고 싶은가? 그럼 일단 그 인형부터 치워 버려라. 그리고 엄마한테 말해라. "제발 좀 적당한 사랑만 주세요."

프뤼동, 「순결한 사람은 재물보다 사랑을 더 좋아하는 법」, 1804

돈이냐 사랑이냐, 그것이 문제로다!

그림 속 여인이 택한 건 돈이 아니라 사랑이다. 정말이지, 위 그림이 그려진 1800년대에나 있을 법한 이야기다. 요즘 연인들에게 연애는 쇼핑의 다른 말이며, 사랑에는 늘 돈이 필요하다. 사랑하지 않아도 돈 많고 차가 있으면 기꺼이 '연인'이 된다. 상품과 쇼핑의 굴레에서 벗어나지 않는 한, 우리의 연애도 늘 자동차와 돈이라는 굴레에서 벗어나지 못한 채로 같은 곳을 빙빙 돌고 말 것이다.

부에, 「비너스의 욕실」, 1628~39

거울아, 거울아, 나 아직도 예쁘니?

다른 사람이면 말을 안 한다. 천하의 '비너스'도 한 번 보고 두 번 보고 자꾸만 확인하고 싶은 게 바로 '미'(美)다. 미의 탐욕적 본질이 그러한 까닭이다. 더 예뻐지고 싶고, 더 날씬해지고 싶고, 더 빛나고 싶고, 더 젊어 보이고 싶다. 힘써 절차탁마에 정진하여 눈,코, 입이 비슷비슷해진 언니들은 오늘도 거울 앞에 서서 묻는다. "거울아, 거울아, 나 지금 예쁘니?"

촛불과 함께 범람하는 이질성!

말했듯이, 광장이 '광장'이 되는 건 숫자나 크기가 아니라 이질성이다. 2008년에 촛불과 함께 열린 광장에는 실업자, 노인, 장애인, 학생, 주부, 외국인이 모두 함께 있었다. 저마다의 이질성으로 그들은 광장을 가득 채웠고, 그리하여 광장은 전복과 생성의 공간으로 다시 태어났다. 이제 우리에게 남은 건, 혁명적 에너지와 에로스의 열기로 우리의 일상을 재구성하는 것!

3부

청춘이여,
욕망하라!

몬드리안, 「모래언덕이 있는 풍경」, 1910

이제 기본초식은 대강 마쳤다. 그럼, 다음 진도는? 낡은 대지를 박차고 나가 거침없이 질주해야 한다. 어디를 향해? '천 개의 길, 천 개의 사랑'이 펼쳐지는 고원을 향하여! 물론 그 여정은 결코 만만치 않다. 무엇보다 '자기'로부터 떠날 수 있어야 한다. 다시 말해, 지금까지와는 전혀 '다른' 존재가 될 각오를 해야 한다.

따라서 아직도, '사랑에는 공부가 필요 없다'고 여긴다면 이 장을 읽을 필요가 없다. 아직도 첫사랑의 순수, 상처받은 영혼, 동정과 연민 따위가 소중한 가치로 생각된다면 역시 읽을 필요가 없다. 계속 덫에 걸려 넘어지고 망상에 잠겨 허우적대시라. 대체 누가 그걸 말리겠는가?

사랑이란 대상의 문제가 아니라 '나'의 문제다. 즉, 내가 어떻게 관계를 구성하느냐가 사랑의 내용과 형식 모두를 결정한다. 그리고 그것이 내 존재의 궤적을 만든다. 존재의 흐름과 궤적, 그것을 일러 운명이라고 말한다. 내 운명의 주인은? 바로 '나'다. 그러므로 시작에서 종결까지 전적으로 나에게 달려 있다. 따라서 내 안에서 사랑이 어떻게 일어나고 소멸되는지를 철저히 살피겠다는, 다시 말해 사랑이라는 "괴물"과 맞짱을 뜨겠다는 승부욕이 있어야 한다. 딱 그 의욕과 의지만큼 '자기'로부터 떠날 수 있으리니.

몸은 '답'을 알고 있다!

출발은 몸이다. 사랑은 마음을 주고받는 것이라고, 마음먹기 달렸다고들 한다. 하지만, 정말 그런가? 우선 내 마음이 내 뜻대로 되는가? 그렇지 않다. 내 마음은 절대 내 '마음대로' 되질 않는다. 또, 마음은 대체 어디 있는가? 뇌 속에? 심장에? 아니면 피부에? 현대의학은 한때 뇌가 마치 영혼의 거처인 것처럼 간주했지만, 이젠 아무도 그걸 믿지 않는다. 그럼 정답은? 둘 중 하나다. 모른다(!)거나 아니면 몸 전체에 있다(!)거나. 쉽게 말해 마음은 몸 안에 있기도 하고, 몸 바깥에 있기도 하다. 하지만, 분명한 건 마음은 몸을 통해서만 표현된다는 것. "우주와 통하는 건 몸뿐이다!"(정화스님)

알다시피, 20세기 초에 유입된 근대문명은 인간과 자연을 과격하게 단절시키면서 시작되었다. 그 단절은 거기서 그치지 않고, 인간과 인간 사이, 나아가 한 인간의 내부까지 이어졌다. 사람들 사이가 멀어지면서 동시에 개인들도 '몸 따로, 마음 따로' 놀게 된 것. 거듭 말하지만, 인간은 근본적으로 기운이 쏠린 채 태어난다. 태과(지나침) 혹은 불급(모자람)으로. 내 몸 자체가 그런 쏠림의 표현이다. 그런데 기운이 어떤 방향으로 쏠리게 되면 다른 쪽으로는 막히는 게 당연한 이치다. 그러면 몸은 병들고, 관계 또한 어그러지게 마련이다. 그러므로 동양학에서 치료와 공부(수행)란 바로 이 막힌 곳을 뚫어 몸 전체가 고루 '통할 수' 있는 상태로 끌어올리는 것을 의미한다. 그러면 마음과 몸 사이의 간극도 상당 부분 해소될 수 있다. 그런데 현대인들은 문명적 배치 자체가 몸과 마음의 과격한 분리를 전제로 하고 있는 까닭에 쏠림과 막힘 현상이 더한층 심화될 수밖에 없다. 엎친 데 덮친 격이라고나 할까. 그리고 그 쏠림과 막힘만큼의 번뇌와 망상을 감내해야 한다. 사랑을 갈망하면서도 늘 사랑으로 인해 절망에 빠지는 이유도 거기에 있다.

그러므로 사랑의 기술을 터득하기 위한 가장 일차적인 행동지침은 자신의 몸과 능동적인 소통을 시도하는 것이다. 사랑이라는 사건이 일어나는 현장은 오직 몸! 바로 그곳이기 때문이다.

작업 끝, 선수는 가라!

그런 점에서 가장 먼저 '작업 패러다임'을 해체해야 한다. 작업이란 말처럼 사랑과 대척적인 것도 드물다. 어떤 유형의 연애건 그것이 '작업'이 되는 순간, 사랑과 성은 그 열정과 패기를 소거당한 채 상품의 루트를 따라가게 되어 있다. 그것이 끔찍한 이유는 무엇보다 몸의 고유한 리듬을 억압하고 소외시키기 때문이다. 무엇보다 외적 척도에 계속 내 몸을 맞춰야 하는 탓이다. 거기에 길들여지다 보면 결국은 원초적 욕망조차 거세당하고 만다. 사랑을 하는데 욕망이 거세된다고? 이런, 기막힌 아이러니가 있나?

『동의보감』에 따르면 생명의 원천은 정(精)·기(氣)·신(神)이다. "정은 생명의 기초를 이루는 물질적 토대를 의미한다. 기는 이 질료를 움직이는 에너지다. 그리고 신은 정기의 호흡에 벡터를 부여하는 컨트롤러 역할을 한다. 이 셋은 서로 맞물려 돌아가면서 변전을 거듭한다."(『동의보감, 몸과 우주 그리고 삶의 비전을 찾아서』, 116쪽) 존재와 외부의 상응. 딱 그만큼이 내가 활용할 수 있는 에너지, 곧 정이다. 헌데, 기운이 온통 외부를 향해 치달으면 내 안에 정이 쌓일 여지가 없어진다. 사지말단의 말초신경만 발달하게 되는 것이다. 그런데 이 정이 부족하면 제일 많이 생기는 것이 공포심이다. 그리고 이 공포를 이겨 내기 위한 수단이 쾌락 아니면 냉소다. 작업의 기본 패턴이 딱 이렇지 않은가.

게다가 지금 여성들이 추구하는 외모는 브이라인, 에스라인, 롱다리 등이다. 특히 얼굴은 크기는 씨디 정도, 눈은 왕눈이만 해야 한다. 연예인들은 물론이거니와 보통의 여성들 역시 이런 황당무계한 미적 기준을 아무런 의심 없이 고스란히 내면화한다. 이 항목들을 종합해 보면, 얼굴은 작고 가슴은 풍만하면서 전체적으로는 가늘고 길어야 한다. 그렇게 되면 당연히 기운이 위로 쏠리면서 하체는 무기력해질 수밖에 없다. 한마디로 무게중심이 없이 '붕 떠 있는' 상태가 되는 것이다. 이렇게 되면 체력도 체력이지만, 무엇보다 어떤 사건의 중심에 진입하기 어렵다. 몸과 사건이 따로 놀기 때문에 관계를 만드는 데 있어 도무지 집중력을 발휘하지 못한다. 그래서 늘 외로움과 두려움에 휩싸이게 된다. 외로움과 공포, 이것만큼 현대인들을 휘

감고 있는 정서가 또 있을까.「온 에어」라는 인기 드라마에서 국민배우로 성공한 여주인공한테 작가가 묻는다. "너, 왜 배우가 됐어?" "외로워서요." 그렇다. 연예인이 되고 싶은 것도, 정치인이 되고 싶은 것도, 펀드매니저가 되고 싶은 것도 따지고 보면 다 외로움과 공포, 아니 '외로움에 대한 공포' 때문이다.

그래서 온갖 매뉴얼이 필요한 것이다. 상대방의 감정과 취향 하나하나를 다 읽어 내야 하고, 절대 허점을 보여선 안 되고, 어떻게든 상대를 휘어잡아야 하니까. 하지만 이런 식의 작업은 아무리 정교하게 이루어진다 한들 '찻잔 속 폭풍'에 불과하다. 성형으로 팔자가 안 바뀌는 것처럼 그런 식의 매뉴얼로 사랑의 열정을 체험하는 건 절대 불가능하다. 어떻게 아느냐고? 해보면 안다! 그건 마치 수영을 배운답시고 물 밖에서 수영교본을 달달 외는 것과 같은 행위다. 수백 권을 외워 보시라. 장담컨대 물 속에 들어가는 순간, 바로 가라앉는다!

더 근본적인 건 작업에 몰두하면 할수록 개별 주체들의 질적 차이가 소거되어 버린다는 사실이다. 요즘 청춘남녀들을 보면 다들 예쁘고 잘 빠졌다. 울퉁불퉁하거나 우락부락하거나 하는 인물을 찾아보기란 좀처럼 쉽지 않다. 그런데 바로 그 때문에 관계들은 한없이 빈약해진다. 질의 차이가 없다면, 사랑은 불가능하다. 사랑이란 무엇보다 무리 속에서 어떤 특이성이 발견될 때 시작되는 것이다. 저 멀리 숲속에서 그네를 뛰고 있는 춘향이의 존재를 단번에 알아볼 수 있는 것, 그게 바로 특이성이다. 몸은 그런 식의 차이에 민감하게 반응한다. 특이성을 발휘할 수도, 포착할 수도 없다면, 사랑이라는 사건 자체가 일어나기 어렵다. 그러니 비슷비슷하게 생긴 남녀들이 유사한 매뉴얼로 좌충우돌 해봤자 남는 건 채워지지 않는 공허감뿐이다. 그럴수록 몸과 마음 사이의 간극은 더한층 벌어질 수밖에 없다. 그리고 그 간극만큼 연애도, 인생도 구겨진다. 작업이 우리의 원초적 욕망을 거세시켜 버린다는 건 이런 맥락에서다. 고로, 작업은 끝났다. 선수는 가라!

"네 안에 너를 멸망시킬 태풍이 있는가?"

다시 말하지만, 사랑이란 몸적 사건이다. 아무리 외적 기준이 환상적으로 맞는다 쳐도 몸이 별 반응을 일으키지 않으면 사랑이란 사건은 일어나지 않는다. 물론 반대도 마찬가지다. '원나잇스탠드'로 성욕을 해소할 수는 있다. 하지만 거기서 끝나고 만다면, 그건 사랑이 아니다. 성적 서비스를 교환한 것일 따름이다. 그 이상이 가능하려면 성욕을 넘어선 몸적 변화가 수반되어야 한다. 그래서 무게중심이 중요하다. 신체의 무게중심이 위로 떠 있게 되면, 마음 또한 쉽게 떴다 쉽게 가라앉을 수밖에 없다. 10대에 하는 연애들이 대책 없이 좌충우돌 하는 것도 그 때문이다. 10대에는 대체로 열이 위로 떠 있기 때문에 애먼 대상한테 꽂히는 일이 무시로 일어나는 것이다. 순정파들이 망상에 사로잡혀 욕망의 흐름을 외면하는 것이나 냉소파들이 쾌락적인 성욕만을 교환하는 것도 결국은 신체적 문제다. 하체가 허약하다거나 호흡이 짧다거나 아니면 뒷심이 아주 약하다거나 등등. 무게중심이 튼튼한 사람은 절대 그런 식으로 관계를 구성하지 않는다. 아니, 그런 식의 인연 자체가 일어나지 않는다. 인연의 형성 자체가 자신의 몸이 불러오는 것임을 환기할 필요가 있다. 이 문제는 뒤에서 다시 말하기로 하고. 어떻든 뇌파에서 일어나는 헛된 망상, 상체의 허열이 가져오는 변덕과 동요, 이런 것을 넘어 자신의 몸 깊숙한 곳, 이른바 배꼽 아래 '하단전'에서 열정이 솟구쳐야만 비로소 사랑이라는 사건 속으로 진입하게 된다. 그 순간 존재는 엄청난 변이를 경험하게 된다. 그 열기는 자아를 송두리째 뒤엎을 정도로 강력하다.

니체는 말했다. "네 안에 너를 멸망시킬 태풍이 있는가?" 나를 멸망시킨다는 건 바로 지금까지의 나, 자아 혹은 자의식의 성채를 무너뜨리는 힘의 도래를 의미한다. 그 순간, '신체의 역동적인 복합성'이 만개하게 된다. 사실 그렇지 않은가. 사랑에 빠지면 우리의 신체는 하루에도 몇 번씩 전쟁과 평화를 경험한다. 혹은 들개처럼 날뛰기도 하고, 혹은 뱀처럼 똬리를 튼 채 독을 내뿜기도 한다. 그야말로 나 자신과의 전면전이 벌어진다. 이런 식의 폭풍을 체험할 수 있다면, 가히 운명적 사랑이라고 해도 좋을 터. 사랑을 통한 존재의 전이가 이루어지는 것도 바로 이 순간이다.

누구나 일생에 한두 번은 이런 심연의 폭풍을 경험한다. 문제는 그 절호의 찬스를 그냥 흘려보낸다는 거다. 사랑이라는 걸 대상의 문제로만 접근하기 때문이다. 상대방이 나를 어떻게 받아 주는가, 어떻게 하면 상대방을 사로잡을 수 있을까 등등에만 골몰하는 것이다. 요컨대, 오직 최종적 결과(결혼을 할 수 있을까, 없을까? 영원히 소유할 수 있을까, 없을까?)에만 집착한다. 따라서 거기에선 존재의 전이가 일어나기 어렵다. 존재가 뒤바뀌는 체험을 하려면 폭풍 자체를 충분히 음미할 수 있어야 한다. 폭풍이 내 몸의 세포조성을 전면적으로 재배치할 수 있도록 몸을 맡겨야 한다.

대하소설『임꺽정』에 나오는 로맨스 한 토막.『임꺽정』에는 참으로 각양각색의 결연관계가 등장한다. 그 가운데 가장 아름답고 로맨틱한 것이 황천왕동이 커플이다. 천왕동이는 꺽정이의 처남이다. 백두산에서 야생적으로 자라면서 축지법을 익혀 하루에 4백 리를 오가는 '바람의 아들'이다. 장기에 미쳐 이름난 국수(國手)들을 찾아다니다가 사위를 공개모집하는 박이방을 만나 그 시험에 통과해 아내를 얻는다. 그녀는 그 고을 최고의 미인으로 눈이 부실 정도로 아름다운 여인이었다. 둘의 사랑은 풋풋하며 열정적이고 그러면서도 애틋하였다. 하지만 이 사랑과 행복이 천왕동이의 길을 막지는 못했다. 친구를 도와주다 뜻하지 않게 죄를 짓고 청석골로 들어가게 되자 그녀는 조금도 주저하지 않고 천왕동이를 따라간다. 그녀로 하여금 중인부호의 안락한 삶을 버리고 청석골 화적패의 소굴로 들어가게 했던 그 힘, 그것이 바로 라이히 식으로 말하면 '오르가즘의 기능'이 아닐까.

그런 점에서 이것은 미쳐 날뛰는 광기나 변덕스런 충동과는 전혀 다른 것이다. 광기나 충동은 절대 폭풍을 일으키지 못한다. 그저 대지의 표면을 휩쓸고 지나가는 바람일 뿐. 심연의 폭풍과 스쳐 지나가는 바람은 천지 차이다. 둘을 구별하는 방법은 아주 간단하다. 기존의 나로부터 떠날 수 있다면, 다시 말해 나의 세계관과 습속의 배치를 바꾸어 준다면, 그것은 폭풍이다. 그렇지 않다면, 아무리 강하게 불어닥친다 한들 그건 그저 스쳐 지나가는 바람(변덕)에 불과하다. 그러므로 진정, 운명적인 사랑을 하고 싶은가? 그렇다면 먼저 자신에게 이렇게 물어야 한다. "나는 나를 멸망시킬 용기가 있는가?"

상상에서 관찰로!

오스카 와일드의 한 말씀. "사람이 사랑에 빠지면 그 자신을 속이는 일부터 시작한다. 그리고 남들을 속임으로써 그것의 종말을 고한다. 이게 바로 세상 사람들이 말하는 소위 로맨스의 본질이다." 역시 시인이라 예리하기 짝이 없다. 그의 말대로 로맨스란 '속고 속이는 게임'이다. 그런데 여기서도 핵심은 신체다. 속고 속이는 전투가 벌어지는 건 어디까지나 몸인 것이다.

사랑이 시작되면, 신체는 강력한 생화학적 변화를 일으킨다. 그런데, 그것을 해독하는 과정에서 수많은 오류가 일어난다. 즉 "우리는 상대방의 성적 욕구와 관련해서 잘못된 신호를 보내고 또 거기에 반응할 수 있으며 사실상 그렇게 하고 있기도 하다."(린 마굴리스, 『섹스란 무엇인가?』, 218쪽) 그래서 어떻게든 속지 않으려고 온갖 술수를 다 쓴다. 그런데 가장 크게 당하는 건 자기 자신한테서다. 타인의 반응에는 더할 나위 없이 민감하면서 정작 자기 몸이 보내는 메시지에는 무지하기 짝이 없다.

이미 살펴봤듯이 이런 오독의 핵심은 사회적 망상들이다. 많은 커플들이 수년간 연애를 하고 심지어 결혼해서 아이를 낳고 살면서도 서로에 대해 아는 바가 거의 없다. 신체적 감응이 아니라 망상 속의 이미지만을 교호했기 때문이다. 그렇게 되면, 오래 살면 살수록 정이 쌓이는 게 아니라 소외가 심화되는 역설이 일어난다.

가장 먼저 자신의 몸과 정직한 대화를 시도해야 한다. 구체적으로 말하면, 이미 구성된 온갖 망상과 판타지, 사회적 통념, 일상적 수다 속에서 벌어지는 통속적 해석 등을 당장 '판단중지'하고, 자신의 몸이 어떤 정서적 감응을 연출하는지를 면밀하게 관찰해야 한다. 몸의 흐름과 진동, 고양과 추락, 희로애락의 파노라마 등등. 또 사랑의 과정에서 마주치게 되는 마음의 굴곡과 마디들도 알아챌 수 있어야 한다. 예컨대, 지금 내가 사랑을 하고 있는 중인데 변비와 두통, 옆구리 쑤심, 스트레스 등에 시달린다면, 그건 좀 곤란하다. 그에 더해 신경이 날카로워지고 불안감에 시달린다면, 그 연애는 당장 멈춰야 한다. 몸이 '상대를 잘못 골랐다, 이 사랑은 위험하다'고 신호를 보내는 것이기 때문이다. 공동체 생활을 해보면 이 점을 아주 쉽게 확인할 수 있다. 표정과 걸음걸이만 봐도 연애의 수준과 상태가 금방 드러난다. 대개 사람들은 사랑에 빠지면 정신이 몽롱하고 입맛이 없고, 몸이 약해지는 것이 정상이라고 간주하는데, 그거야말로 오해요 편견이다. 몸이 능동적으로 자신을 표현할 수 있다면, 사랑은 무조건 축복이다! 내용과 형태가 무엇이건 그 순간, 존재는 충만감에 휩싸이게 되어 있다. 하여, 그것은 오히려 평온함을 동반한다. '태풍의 눈'이 그러하듯이. 질풍노도의 한가운데서 마주치는 유례 없는 평온! 그런데 어떻게 몸이 허약해지고, 신경이 날카로워질 수 있겠는가.

거듭 강조하거니와, 현대인들은 몸에 대해 지극히 무관심하다. 특히 여성들은 외모와 몸매 말고는 자신의 신체에 전적으로 무관심하다. 오직 타인의 시선을 위해서 존재하는 몸이라고나 할까(참, 희한한 이타주의^^). 그러다 몸이 아프면 의사한테, 마음이 아프면 심리상담사 혹은 종교에 의탁해 버린다. 몸 따로, 마음 따로. 몸매 따로, 건강 따로. 한마디로 몸을 갈기갈기 해체해 놓고 있는 셈이다. 그리고 그 벌어진 틈만큼 질병과 번뇌에 시달린다. 그러니 사랑에 빠질수록 몸이 약해질밖에. 사랑 자체가 망상의 산물이다 보니 그 망상을 쫓아가노라면 간극이 더더욱 벌어지고 그러자니 몸이 참으로 고달프기 그지없다.

"턱에는 교만심이, 가슴에는 자긍심이 있다. 배꼽에는 벌심(伐心)이 있고 배에는 과장하려는 마음이 있다. 머리에는 약탈하려는 마음이 있고, 어깨에는 사치하는 마음이, 허리에는 게으른 마음이 있으며, 엉덩이에는 훔치고자 하는 마음, 곧 노력 이상으로 챙기는 마음이 있다." 사상의학을 체계화한 동무 이제마의 말이다. 이건 절대 비유도, 과장도 아니다. 있는 그대로다. 즉, 게으름이나 교만심, 벌심 등을 고치려면 그 부위(?)에 해당하는 신체적 흐름을 바꾸면 된다. 이제마는 이 사특한 마음을 이겨 내면 바로 그곳에 삶의 지혜가 샘솟는다고 했다. 그렇다면, 우리 몸 전체가 각종 마음들의 전쟁터인 셈이다. 그러니 이 격전지를 버려 두고 대체 어디서 '나'를 찾으며,

'나의 사랑'을 찾는단 말인가. 당연한 말이지만, 내 몸과 소통하는 힘에 비례하여 상대에 대해서도 알아차릴 수가 있다. 고로, 사랑의 힘과 통찰력은 분리불가능하다. 상상하는 연애에서 관찰하는 연애로!

"연애를 하는데 남자친구 때문에 너무 괴로워해요. 근데, 왜 헤어지지 않느냐구 했더니 대답이 아주 재밌어요. 몇 년이나 사귀었지만, 이 남자가 아직도 이해가 안 된다, 최소한 이해를 한 다음에 헤어질 작정이다. 그래야 인생에 대해 뭔가 알게 되지 않겠냐 이거죠." 이 정도의 뚝심은 있어야 한다. 이게 바로 관찰하는 연애다. 그리고 그 관찰의 열쇠는 다름 아닌 몸이다!

한 가지 흥미로운 임상사례가 있다. 연구실 후배인 T의 이야기다. T에게는 예전에 사귀던 연인이 있었다. 둘의 사이가 꽤나 소원해졌을 무렵, 그 여자친구는 T와는 물론이고 가족과도 연락이 두절된 상태였다. "걱정이 되어 담을 넘어 그녀의 집으로 들어가 보니 집은 이미 난장판. 널부러진 옷들, 넘치는 쓰레기, 먹다 만 음식, 싱크대에 쌓인 그릇들, '미드'가 정지된 채로 켜 있는 컴퓨터……." 그 모습을 본 T는 눈물이 쏟아졌다고 한다. "틀림없이, 그 음식들은 배고픔을 참다가 허겁지겁 먹어 치우다 던져 놓은 걸 테고, 저 옷가지들은 거울 앞에서 입어 보고 마음에 들지 않아 옆에 쌓아 놓은 것일 터. 상황으로부터 마취되기 위해 그녀가 만들었을 세계가 너무 끔찍했다. 같은 시대를 살고 있는 한 '친구'의 상황이 너무 처참하게 느껴졌다." 한참을 울고 난 뒤, 그는 옷을 챙겨 세탁을 하고 방을 청소했다. 무려 네 시간에 걸쳐서. "죽음 같은 그 방을 만지고 난 후 나는 스스로에게

다짐했다. 더 이상 환상 속에 매몰되지 않겠다고, 물신과 망상에 휘둘리지 않겠다고."

이게 바로 관찰이자 공부다.

쾌락과 금욕을 넘어

노자의 『도덕경』에 이런 말이 나온다. "사는 길을 떠나 죽는 길로 들어서는구나. …… 사람들은 사는 일에 열중하지만, 하는 일마다 모두 죽는 길로 가는 것이 또 열에 셋이구나." 다 살자고 하는 짓인데, 정작 하는 짓을 보면 죽지 못해 환장한 것처럼 보인다는 것이다.

사랑이야말로 그렇다. 특히 성욕과 관련해서는 더더욱 그러하다. "섹스는 청춘의 반란을 유발한다. 질투심 섞인 분노, 낭만적인 로맨스, 무분별한 투기행위, 갓난아기 등도 다 섹스의 산물이다. 왜 섹스는 우리 삶 속에서 이렇게 강력하고 신비로운 힘으로 작용하는 것일까?"(『섹스란 무엇인가?』, 5쪽) 어떤 컴퓨터 모델도 이 좌충우돌하는 행태를 예측하기란 불가능하다. 왜냐하면, "성은 에너지 전환 작용의 필수불가결한 한 부분으로 오직 그런 과정을 통해서만 삶의 희열을 만끽할 수 있고, 에너지에 침잠된 이 우주 속에서 그 자신을 유지할 수 있으며, 또 자신의 복잡성을 증대시킬 수 있"기 때문이다. 한마디로 생의 약동을 가장 적나라하게 드러내는 삶의 형식이 바로 섹스인 것. 바로 그렇기 때문에 죽음충동과도 뗄 수 없이 결합되어 있다. "죽음은 약 10억 년 전에 시작된 유성생식 생물의 진화와 밀접하게 관련되어 있다."(같은 책, 14~15쪽) 요컨대, 생의 약동이자 죽음충동을 동시에 내장하고 있는 셈이다. 그래서 사랑의 기술에는 성적 욕망에 대한 지혜와 통찰이 반드시 수반되어야 한다. 그런데 대체 왜 이에 대해서는 그토록 공부를 안 하는 것일까?

성욕에 대해서는 통상 두 가지 입장이 있다. 쾌락과 금욕. 이 둘은 아주 다르게 보이지만 실제론 긴밀하게 연동되어 있다. 일단 이 둘은 모두 사랑과 섹스를 가능한 한 분리하려 애쓴다. 사랑과 성은 동일한 것은 아니지만, 그렇다고 분리될 수 있는 것도 아니다. 사랑 없는 성은 위험하고, 성을 배제한 사랑은 공허하다. 이런 전제를 깊이 천착하지 않고 사랑은 사랑대로 성욕은 성욕대로 제 갈 길을 가게 될 때, 쾌락과 금욕이라는 양 극단이 형성된다. 쾌락이 기운을 과잉으로 쓰는 것이라면, 금욕은 기운을 과도하게 위축시키는 것이다. 전자가 태과라면, 후자는 불급이다. 둘 다 몸에 해롭다!

알다시피, 금욕은 기본적으로 기독교적 사고의 산물이다. "프로테스탄트들은 신체에서 일어나는 자연스러운 욕망이나 충동을 사악한 것으로 규정했다. 그들의 생활지침은 온갖 우스꽝스러운 금욕주의로 가득 차 있다. 욕망을 감시하고 억제한다는 명목으로 노동을 널리 장려했고, 냉수마찰이나 채식 등도 강조했다. 부부간의 성교에서도 절대로 쾌락을 느끼지 않아야 한다고 강조했다. '성스럽게' 성교하는 그들을 상상해 보자. 얼마나 코믹한가." 이런 황당한 시추에이션이 가능한 건 무엇보다 기독교를 포함하여 서구철학 전반에는 생리학이 없기 때문이다. 다시 말해, "그들의 금욕은 '자연스러운' 신체를 만들기 위한 것이 아니라 '자연을 극복하는' 신체를 만들기 위해서 선택된 것이다. 기독교도들은 오직 영혼만을 사랑하며, 관능적인 것 일반을 증오하면서 신체에 관한 지침을 내리는 것이다."(고병권, 『니체의 위험한 책, 차라투스트라는 이렇게 말했다』, 155쪽) 멜로드라마가 연출하는 성에 대한 유치하기 짝이 없는 순결주의는 이런 철학에 기반하고 있다.

한편, 금욕이 지배하는 사회는 쾌락에 대한 과잉욕구가 동시에 존재한다. 현재 우리나라는 포르노 천국이다. 상당수의 청소년들이 일상적으로 음란물에 접속한다. 변태적 성욕을 제공하는 업소들도 기하급수적으로 늘어나고 있다. 실제로 중년 남성들의 꿈은 제대로 된 업소에 가서 연예인들보다 더 섹시한 여성들한테 성적 서비스를 받는 거라고 한다. 아마 대부분의 10대, 20대 남성들도 호시탐탐 이런 기회를 노리고 있을 것이다. 물론 학교와 관공서, 교회 등은 주로 이 성욕을 억압하고 금지하는 쪽으로 계몽을 한다. 감시와 처벌을 위주로 하는 것이다. 학교에선 성교육을 해주지도 않지만, 한다고 해도 주로 생물학적인 정보를 주는 데 주력할 뿐이다. 즉, 사랑의 기술로서가 아니라, 임신을 막는 법, 성범죄 퇴치법, 미혼모의 비극 등 주로 수동적이고 방어적인 차원에서 말해진다. 결국 청소년들은 공공연한 장소에선 금욕을 명령받고, 내밀한 공간에선 변태적 쾌락을 자극받는다.

이런 식의 양분법이 얼마나 많은 사람들을 번뇌의 수렁에 빠뜨리고 있는지는 말할 필요도 없다. 단적으로, 많은 여성들은 성욕에 대한 공포와 두려움 때문에 뒷걸음질을 하고, 반면, 남성들은 사랑과 성욕이 사분오열되는 분열증에 시달리게 된다. 구체적으론 전자는 에로스 무감증으로, 후자는 마조히즘 아니면 사디즘에 빠져 몸을 망치곤 한다. 노자 말마따나 다 살자고 하는 짓인데, 실제론 다 죽으러 가는 꼴인 셈이다. 이런 제길!

그러므로 금지냐 쾌락이냐는 이원적 구조하에서는 어떤 답도 나올 수 없다. 성은 너무나 자연스러운 현상이다. 다만 그것을 부자연스러운 것으로 만드는 욕망의 구조가 있을 뿐이다. 그러므로 이 쾌락 아니면 금욕을 강제하는 욕망의 배치를 넘어 양생적 지혜가 요구된다. 양생이란 무엇인가? 내 몸의 '정기'를 최대한 확장하는 것이다. 그리고 그 확장은 구체적으로 자유와 평정을 통해 표현된다. 이런 맥락에서 몸과 마음은 절대 분리될 수 없다.

예컨대, 에피쿠로스가 "내가 말한 쾌락은 몸의 고통이나 마음의 혼란으로부터의 자유이다"고 말할 때, 그 쾌락은 양생의 다른 이름이다. 양생과 위생은 전혀 다른 개념이다. 양생이 몸의 기운의 배치를 바꿈으로써 존재를 우주적 차원으로 끌어올리는 것이라면, 위생은 안팎의 선명한 분리 속에서 바이러스나 세균을 막는 것에 주력하는 의료적 시스템이다. 그러니까 성욕이 쾌락과 금지 사이를 오가는 건 의학적으로 보면 위생담론의 산물이라 할 수 있다. 위생담론은 몸을 통째로 보지 않는다. 낱낱이 쪼개진 원소로 볼 뿐 아니라, 외부와의 관계에서도 가능한 한 단절을 중시한다.

그에 반해 양생은 근본적으로 몸과 외부의 상응적 관계에서 출발한다. 가장 중요한 척도는 몸이 외부와 어떻게 능동적으로 관계를 맺느냐에 달려 있다. 몸은 본래적으로 안팎이 열려 있고, 따라서 관계를 떠나 홀로 고립된 몸은 존재할 수 없다. 그런 점에서 정을 제대로 보존하려면, 억압도, 과잉도 아닌 평온한 상태를 유지할 수 있어야 한다. 그리고 그에 대한 결정권은 전적으로 자기에게 달려 있다. 이미 말했듯이, 정은 신과 기가 어우러지는 그 경계에서 형성된다. 이것은 현장에 따라, 상황에 따라 끊임없이 유동하는 것이기 때문에 어떤 표준적 모델이 있을 수 없다. 사람마다 체질마다 조건마다 다 다를 수밖에. 그러니 "스스로 알아서" 판단해야 하지 않을까? 물론 그러기 위해선 무엇보다 자신의 몸과 끊임없이 대화를 나누어야 한다. 왜? 몸은 '답'을 알고 있기 때문이다.

덧달기: 양생—'자유의 새로운 공간'을 향하여!

황제: "상고시대의 사람들은 모두 나이가 100살이 되어도 동작이 노쇠하지 않았다고 들었습니다. 그런데 요즘 사람들은 나이가 50살만 되어도 동작이 노쇠하게 되는 것은 시절이 달라져서입니까, 아니면 사람들이 도를 잃어서입니까?"

기백: "상고시대의 사람들은 도를 알았기 때문에 음양을 따르고 술수에 맞추며 음식에는 절도가 있었고 생활에는 법도가 있었으며, 함부로 힘을 쓰지 않았습니다. 그래서 형과 신을 온전히 보존하여 천수를 누리다가 100살이 되어서야 죽었습니다. 요즘 사람들은

그렇지 않습니다. 술을 물처럼 마시고 멋대로 행동하며 술에 취한 채로 성교하여 정을 고갈시키고 진을 소모하며, 정을 채워 둘 줄을 모르고 아무 때나 신을 써서 마음의 쾌락에만 힘을 씁니다. 이렇게 양생의 즐거움에 역행하여 생활에 절도가 없기 때문에 50살만 되어도 노쇠하는 것입니다."

『동의보감』「내경편」의 '신형'(身形)에 나오는 대목이다. 동아시아 의학의 최고 경전인 『황제내경』 가운데, 황제 헌원씨와 그의 신하 기백의 대화를 옮겨 놓은 것이다. 무려 2천 5백 년 전의 텍스트에 나오는 대화임에도 시간차가 거의 느껴지지 않을 정도로 리얼하다. 기백의 주장에 따르면 '양생의 적'은 술과 섹스다. 정을 고갈시키고 진을 소모하여 몸을 노쇠하게 만들기 때문이다. 문제는 역시 '정'(精)이다! '정'이란 무엇일까? 무슨 유행가 가사 같지만 우리가 살아가는 데 정보다 더 중요한 건 없다. 정이 충만하지 않으면 성욕은 물론이려니와 존재와 삶의 기세도 하강하고 만다. 반면, 정이 잘 보존되면 기운생동하여 존재가 우주적으로 고양될 수 있다. 요컨대, 양생술은 이치로는 '몸과 우주 사이의 비전 탐구', 구체적인 행동지침으론 '정을 보존하라!'로 정의할 수 있겠다.

황제와 기백의 대화에서도 그렇지만, 양생술의 핵심은 뭐니뭐니 해도 방중술이다. 방중술이라?('야한' 상상은 금물이다.) 『동의보감』에 따르면, "정은 몸의 뿌리이다. 정이 몸보다 먼저 생기며, 오곡을 먹어 생긴 영양분이 정을 만든다. 뼛속에 스며들어 골수와 뇌수의 생성을 돕고, 아래로 음부로 흘러든다. 보통 남자는 평균적으로 겨우 1되 6홉 정도의 정액을 몸에 지니고 있다. 만일 소모하기만 하고 보태 주지 않으면 병이 생긴다." 이렇게 소중한 것이니 어찌 함부로 낭비할 수 있으랴. 그 소중함을 강조하기 위하여 이런 노래까지 만들어졌다.

> 양생의 도는 정액을 보배로 삼는다
> 중요한 이 보배를 고이고이 간직하라
> 여자 몸에 들어가면 아이가 태어나고
> 제 몸에 간직하면 자기 몸을 기른다
> 아이 밸 때 쓰는 것도 권할 일이 아니어든
> 아까운 이 보배를 헛되이 버릴쏜가
> 없어지고 손상함을 자주자주 깨닫지 아니하면
> 몸 약하고 쉬이 늙어 목숨이 줄어들게 되리라

양생적 관점에 따르면, 사람의 수명은 120세 정도라고 한다. 그게 가장 자연스러운 삶의 주기라는 것이다. 실제로 조선시대는 물론, 20세기에도 평생 양생수련을 하신 분들 가운데는 90세, 100세까지 원기왕성하게 활동하다 어느 날 문득 자는 듯이 고요하게 생을 마감한 경우가 적지 않다. 이런 관점에서 보면, 현대의학이 늘상 내세우는 평균수명의 연장이라는 것도 참 왜소하기 짝이 없는 성과인 셈이다. 고작 70~80세 정도에 노년의 질이 전혀 보장되지 않는다는 점에서 말이다. 양생과 위생에 대해 더 자세히 알고 싶다면 『동의보감, 몸과 우주 그리고 삶의 비전을 찾아서』(고미숙, 2011)를 참조하시라.

어쨌건 위 노래에서 보듯, 『동의보감』은 양생의 핵심이 정의 보존에 있음을 끊임없이 강조하고 또 강조한다. 단지 원리적 차원을 제시하는 데서 그치지 않고, 일상적으로 지켜야 할 사항들도 꼼꼼하게 (아주 쫀쫀하다고 느껴질 정도로) 제시하고 있다. 예를 들면 이런 것이다. "그날에 금해야 할 것은 저녁에 너무 배불리 먹지 말 것이며, 그 달에 금해야 할 것은 그믐께 몹시 취하지 말 것이고, 그 해에 금해야 할 것은 겨울에 먼 길을 걷지 말 것이며, 일생 동안에 금해야 할 것은 밤에 불을 켠 채 성교하지 말 것이다." 어쩌면 이리도 우리시대 삶의 패턴과 어긋나는지. 다들 밤에 먹어 대고, 한 달 내내 취해 있고, 겨울에는 동남아로 여행을 떠난다. 그건 그렇다 치고, 불을 켜놓고 성교하는 건 일생 동안 금하라 했다. 얼마나 중요했으면! 이치는 간단하다. 섹스 자체가 심장의 화(火) 기운을 엄청 쓰는 것인데, 불을 켜 놓으면 '엎친 데 덮친 격'이니 정의 소모가 더욱 클 수밖에 없다. 이런 점에서 벌건 대낮에 러브호텔에서 하는 섹스는 최악의 경우에 해당한다.

그런가 하면, 정을 보하는 방법도 아주 다채롭다. 몸의 기운적 배치를 바꾸는 각종 도인법(道引法)들은 『동의보감』을 직접 참고하시고, 가장 간단하고 쉬운(?) 방법을 제시하자면 이렇다. 술과 섹스를 절제하는 것에다 생각을 덜 하는 것, 화를 덜 내는 것, 몸을 적당히 움직이는 것(과로도, 게으름도 다 금물이다). 적어 놓고 보니 현대인들한텐 가장 고난도의 실천강령이란 생각이 든다. 쩝! 아무튼 그 다음에 중요한 게 담백한 음식이다. 향기롭고 기름진 음식은 양생에 치명적이다. 성욕이나 탐심을 길러 정을 소모시키는 방향으로 유도하기 때문이다. 하여, 오직 평범한 맛을 가진 것, 예컨대, 벼·보리·조·기장·콩 따위의 오곡, 특히 밥이 거의 끓어 갈 무렵 솥 가운데 모이는 걸쭉한 밥물이 최고라고 한다. 그런 점에서 비아그라를 위시한 각종 정력제들은 그야말로 '정에 반하는' 것에 해당한다. 약효는 둘째 치고 그런 식으로 정을 쓰는 태도 — 즉 정력을 키워 쾌락을 극대화하고자 하는 — 야말로 '삶을 내팽개치는' 꼴에 해당하기 때문이다.

또 양생적 방중술에서 가장 치명적인 건 같은 시기에 여러 파트너와 섹스를 하는 것이라고 한다. 이치는 간단하다. 섹스는 신체의 오감을 다 열어 놓는 행위이다. 그 열린 공간을 통해 아주 낯선 외부의 기운과 교감을 나누게 된다. 몸적으로 보면, 대단한 사건을 치르는 셈이다. 그래서 무엇보다 마음이 평온해야 한다. 마음과 몸이 함께 열려야 가장 편안하게 외부를 받아들일 수 있기 때문이다. 사랑과 성이 함께 공존해야 하는 이유이기도 하다. 헌데, 마음이 전혀 열리지 않은 상태로 둘 이상의 파트너와 섹스를 하게 되면, 그만큼 몸이 낯설고 이질적인 기운에 노출된다는 뜻이 된다. 정의 소모는 물론, 스트레스가 과중될 건 뻔한 이치다. 다 사랑하면 되지 않겠냐구? 물론 된다. 할 수만 있다면. 글쎄, 그리스인 조르바 정도가 아니라면 과연 그런 내공이 가능할까?

결국 이런 점에서 정의 보존과 양생의 기술은 전적으로 자신에게 달려 있다. 사람마다 체질이 다르듯이, 정을 보존하는 기술 또한 사람 수만큼 다를 수 있다. 따라서 양생은 결코 도덕이나 선악의 범주에 포섭되지 않는다. 양생(養生), 말 그대로 내 생명의 원기를 어떻게 기를 것인가의 문제이지 그것이 도덕적이고 선한 것이라서 따라야 하는 것이 아니다. 『동의보감』에 선언적으로 표현되어 있듯이, 양생적 의술의 목표는 "의사는 신명과 통하고 조화를 부려 요절할 사람을 장수하게 할 수 있고 장수할 사람은 신선이 되게" 하는 것이다.

그에 반해, 임상의학은 물론 서양 지성사에는 이런 식의 앎의 체계가 없다. 니체도 한탄해 마지않았듯이, 서양의 형이상학에는 생리학적 지혜가 결락되어 있다. 몸과 사유가, 신체와 우주가 완전히 따로 놀고 있는 것이다. 그래서 미셸 푸코는 아주 멀리 기원전 1세기 그리스시대로 거슬러 올라간다. 『성의 역사 II: 쾌락의 활용』은 바로 그리스시대의 양생술을 다루고 있다. 알다시피, 이 시대엔 중년 남성들의 소년애, 동성애, 광장에서의 자위행위 등이 다 허용되었다. 푸코에 따르면, 그리스인들은 성적 행위에 관하여 자유를 양식화하려 했다. 이같은 성찰의 주된 관심사는 자신의 육체를 돌보는 어떤 방식에 따라 '쾌락의 활용' ─ 그것에 알맞은 조건, 그것의 유용한 실천, 그것의 필연적인 감소 ─ 을 정의하는 것이었다. 그것은 도덕적 금지보다는 '양생술'에 가까웠다. 즉 건강을 위해 중요하다고 알려진 활동의 조절을 목표로 하는 관리법의 문제였다. 그것은 스스로를 자기 육체에 대해 적당하고 필요하며 충분한 배려를 하는 주체로 세우는 방식이다. 따라서 개인별·체질별로 다 척도가 다를 수밖에 없다.

소설 『임꺽정』에 이런 대목이 나온다. 황진이는 서경덕과의 교류 이후 종종 한방에서 같이 자곤 했다. "처음에 진이가 영롱한 수단으로 당대 도승이던 지족선사의 도를 깨뜨리고 같은 수단으로 서처사(화담 서경덕)를 놀리려고 어느 가을 밤에 초당에 와서 잠을 자는데, 무섭다고 꾀를 피우고 처사의 방에서 나가지 아니하고, 춥다고 핑계하고 처사의 이불 속으로 들어가고, 잠을 험히 자는 체하고 처사의 몸에 팔다리를 드놓기까지 하였으나 처사의 마음은 반석 같아서 마침내 움직이지 아니하였다."(『임꺽정』 2권, 사계절출판사) 그리하여 마침내 황진이는 서경덕의 내공에 '무릎을 꿇고' 그의 제자로 입문한다. 심지어 서경덕의 친구가 찾아왔을 때, 셋이 함께 자는 진풍경도 벌어진다. 오 마이 갓! 황진이의 담대함이야 익히 알았지만, 이 정도로 파격적일 줄이야! 물론 이건 작가 홍명희의 상상력의 산물이지만 양생술이라는 앎의 배경이 없이는 도저히 불가능한 설정이다. 작가가 이 장면을 통해 말하고자 한 바는 화담 선생과 황진이가 도달한 경지, 곧 성욕으로부터의 완벽한 자유와 평정에 다름 아니다.

　그렇다! 중요한 건 자유다. 얼마큼 즐기느냐 누구와 즐기느냐 등등은 다 부차적이다. 쾌락을 즐기건 금욕을 하건 누구든 자기만의 자유를 누릴 수 있다. 이 자유에는 우주적 이치에 대한 깨우침이 수반된다. 다시 말해, 몸과 우주가 소통하는 그만큼 자유의 공간이 열릴 것이다. 금지와 쾌락을 넘어선 자유의 새로운 공간! 양생이란 바로 그 원대한 비전을 향한 치열한 도정에 다름 아니다.

실연은 없다!

> 죽음은 아무것도 아니다. 우리가 존재하고 있는 동안 죽음은 우리에게 있지 않으며, 죽음이 오면 그 즉시 우리는 더 이상 존재하지 않기 때문이다. (에피쿠로스)

그러므로 죽음은 두려워할 필요가 없다! 이게 에피쿠로스의 결론이다. 이 점은 사랑에도 그대로 적용된다. 모든 사람은 사랑을 원한다. 그런데 사랑만큼 두려움을 수반하는 것도 없다. 무슨 두려움? 버림받을지도 모른다는 두려움. 그래서 차라리 사랑을 포기하는 경우도 많다. "거절당하기 싫으면 먼저 거절하라." 영화 「동사서독」의 유명한 대사다. 이 영화의 주인공들은 모두 이런 '자폐적 정언명령'에 갇혀 있다(이진경, 『이진경의 필로시네마』, 그린비, 2008). 그러다 보니 모두가 사랑의 화신인데, 제대로 된 사랑을 하는 인간은 거의 없는 희한한 상황이 연출된다.

그런가 하면, 현재 사랑을 하고 있는 이들이 가장 두려워하는 것도 사랑의 종말에 대한 것이다. 그것 때문에 전전긍긍하느라 사랑의 열락을 제대로 누리지도 못한다. 앞에서 살펴본 온갖 오만과 편견도 거개가 종말 혹은 실패에 대한 공포에서 비롯한다. 거꾸로 말하면,

그 공포와 두려움에서 벗어날 수만 있다면 사랑의 전 과정이 전혀 다르게 구성될 수 있다는 뜻이다. 그러므로, 에피쿠로스를 변주하여 이렇게 말해 보면 어떨까. '실연은 아무것도 아니다. 사랑을 하고 있는 동안에는 실패란 없으며, 사랑이 끝난 다음엔 실패 자체가 무의미하기 때문이다.' 조금만 따져 봐도, 사랑과 실패라는 개념은 공존불가능하다. 사랑은 대상이 나를 선택함으로써 이루어지는 것이 아니라, 내가 열어 가는 시공간적 인연의 장을 뜻하기 때문이다. 그러므로 실연은 없다! 생명이 그 자체로 기쁨인 것처럼.

고통과 불행은 다른 것이다

사랑이 무어냐고 물으신다면? 눈물의 씨앗이라고 말하겠어요. 이런 노래가 있다. 그래서인가. 다들 그렇게 사랑, 사랑, 타령을 하면서도 우리 주변엔 사랑의 기쁨을 누리는 이들보다 사랑의 고통으로 울부짖는 커플이 훨씬 많다. 짧은 기쁨, 긴~ 고통. 이게 대부분의 사랑방정식이다.

참, 신기한 노릇 아닌가. 대체 뭐가 잘못된 것일까? 한번 따져 보자. 아주 역설적이게도 사랑이란 감정은 출발부터 이기적인 욕망에 기초하고 있다. 누군가를 사랑한다는 마음을 잘 들여다보면, 사실은 대상이 나에게 기쁨 혹은 쾌감을 준다는 조건이 전제되어 있다. 돈과 권력으로 치장한 경우는 말할 것도 없고, 그런 가치를 뛰어넘어 진심으로 사랑한다고 믿는 경우도 그 점에선 크게 다르지 않다. 나에게 기쁨을 주는 만큼, 나에게 호의를 베푸는 만큼, 내가 끌리는 것이다. 그렇게 본다면 사랑은 이미 사랑을 하는 그 순간에 충분히 보상을 받는 셈이다. 그런데 문제는 그 다음부터다. 그런 이기적 관계로 출발했음에도 어느 정도 진도가 나가게 되면, 마치 내가 대상을 위해 뭔가를 '준다'고 하는 전도가 일어난다. 희생과 헌신이라는 미덕이 작동하는 지점이 여기다. 헌데, 그 순간부터 사랑은 본격적으로 소유와 독점의 관계로 접어든다. 내가 주는 것과 상대가 나에게 주는 것을 서로 비교하고 따지기 시작한다. 한마디로 교환관계로 돌입해 버리는 것이다. 그 다음부터 치명적인 어긋남이 시작된다. 질투와 시기, 맹목적 집착이 둘 관계를 장악해 버린다. 헌데, 역설적이게도 이지점부터 파국이 시작된다. 차거나 차이거나. 이어지는 분노와 원한. 이게 일반적인 수순이다. 이로써 보자면, 모든 사랑은 결별을 전제로 한다는 결론이 나온다. 생명이 죽음으로써 정의되듯이, 사랑 또한 이별로써 정의된다고 할 수 있겠다.

더 심각한 건 그 별리(別離)가 미련과 원한, 복수심을 불러온다는 데 있다. 따라서 어떤 경우든 반드시 이 지점에 대한 공부를 깊이 있게 해두어야 한다. 죽음을 깊이 통찰할 수 있어야 삶이 풍요로워지는 것과 같은 이치다. 가장 핵심적인 건 사랑 자체를 "실체화"하지 않는 것이다. 그것을 절대화하는 만큼 결별의 고통과 번뇌는 엄청나게 증폭된다. 이미 언급했듯이, 사랑이라는 사건에서 가장 중요한 건 '시절인연'이다. 시절인연이란 내 몸과 천지의 기운이 딱 상응하는 그 타이밍을 말한다. 여기엔 나이를 비롯하여, 계절이나 절기, 그리고 둘을 둘러싼 사회적 조건 등이 두루 망라된다. 이것들이 한데 어우러져서 사랑이라는 사건을 발생시키는 것이다. 부연하면, 사람들은 저마다 고유의 리듬과 강도를 지니고 태어난다(이른바 사주팔자가 바로 그것이다). 그런데 그 리듬과 강도는 어떤 외부적 조건을 만나느냐에 따라 아주 다른 양상으로 펼쳐진다. 이런 시간적 흐름 속에서 어떤 특별한 배치가 형성되면, 그때 누군가를 만나고 사랑에 빠지는 것이다. 흔히 생각하듯이 이상형을 찾아 헤매다 누군가를 만나고 누군가를 만나서 사랑에 빠지는 것이 아니라, 때가 무르익으면 누군가가 '만나지는' 것이다. 머릿속의 이상형과는 전혀 다른 상대한테 필이 꽂히는 것도 그 때문이다. 물론 그때는 상대가 이상형처럼 보인다. 둘 사이에 강력한 인력이 작용하기 때문이다(시쳇말로는 눈이 먼다고 말한다^^).

같은 이치로 이 인연의 배치가 달라지면 아무리 노력을 해도 그 인연의 고리는 해체될 수밖에 없다. 갑자기 아주 사소한 사건으로 운명이 엇갈리기도 한다. 그러면 원인을 찾기 위해 안간힘을 쓰다가 번뇌가 눈덩이처럼 불거지거나 아니면 평생 원한을 품고 살아가기도 한다. 그게 바로 무명(無明)이다. 시절인연이라는 이 단순한 인연법을 간과한 데서 오는 무명! 좀더 극단적으로 말하면, 불화나 배신 때문에 결별했다기보다 헤어질 때가 되어서 그런 사건이 일어났다고 봐야 맞다. 사랑을 둘러싼 '인연법'에 있어 우리가 헤아릴 수 있는 인과의 법칙들은 정말 새발의 피에 불과하다. 그걸 넘어서서 더 넓은 인연의 장을 통찰하고자 하지 않으면 만남과 헤어짐의 과정에 담긴 의미들을 파악하기란 결코 쉽지 않다. 하지만 사람들은 대개 통찰 대신 미련과 원한의 굴레 속으로 몸을 던져 버린다. 니체는 이 원한의 정신이야말로 약자요 노예의 정신이라고 했다. 무엇보다 모든 원인을 남의 탓, 세상 탓으로 돌리기 때문이다. 내 운명을 망친 것, 나를 비극으로 몰아넣은 것, 그 모든 것이 다 타자라면, 당연히 나는 내 운명의 주인공이 아니다. 그래서 노예라고 하는 것이다.

사랑은 실체가 아니기 때문에 절대 소유물이 아니다. 그렇다면 느닷없이 어떤 인연의 장이 깨어졌다면, 그 어긋남이 야기하는 번뇌는 양쪽 다 짊어지게 마련이다. 그러므로 나를 버리고 떠난 님을 향해 내가 복수심에 불탈 필요가 없다. 만약 내가 사랑한 그 대상이 나와는 전혀 다른, 그래서 진정 자신의 삶을 바꿔 줄 존재를 만났다면, 마땅히 축하를 해줘야 한다(노파심에서 하는 말이지만, 이건 "쿨한" 것과는 전혀 다른 것이다). 미쳤냐고? 물론 쉽지 않다! 하지만, 이 정도의 내공을 터득하고자 하는 "야망"은 품어야 하지 않을까. 사랑이 인생에서 가장 의미 있는 가치라고 생각한다면 더더욱. 그게 아니라 순간적인 충동에 휩쓸려 나를 배신한 거라면, 아주, 몹시, 안타까워해야 한다. 그런 행위의 결과야 안 봐도 뻔한 거 아닌가. 나를 배신하면서 했던 온갖 나쁜 짓들은 스스로 과보를 받게 되어 있다. 왜냐면, 그것이야말로 그의 몸에 '들러붙어 있는' 속성이자 운명의 궤적이기 때문이다.

물론 그럼에도 불구하고 아픈 건 아픈 거다. 「님의 침묵」에도 나오듯이, "만날 때에 미리 떠날 것을 염려하고 경계하지 아니한 것은 아니지만, 이별은 뜻밖의 일이 되고 놀란 가슴은 새로운 슬픔"을 불러온다. 문제는 이 서러움을 어떻게 통과할 것인가이다. 그래서 꼭 환기해야 할 사항이 바로 고통과 불행은 다른 것이라는 지혜다.

> 병은 내 모든 습속을 바꿀 권리를 나에게 부여했다. 병은 나에게 망각을 허용했고 또 그것을 명령했다. 병은 나에게 조용히 누워 있을 것을, 여가를 가질 것과 기다림과 인내가 필요함을 일깨워 주었다.
> (니체, 『이 사람을 보라』, 백승영 옮김, 책세상, 2002)

병에 걸리면 누구나 아프다. 하지만, 아프다고 해서 다 불행한 건 아니다. 통증과 불행을 동일시하지 말라는 거다. 병을 치유할 때, 통증의 유무가 유일한 척도가 되면 결국 진통제에 의존하게 된다. 그건 병을 치유한 게 아니다. 마찬가지로 마음의 병 역시 절대 위로와 연민으로 다스려서는 안 된다. 진통제가 몸을 나약하게 만들 듯, 동정과 위안 역시 존재의 능력을 한없이 떨어뜨린다. 사랑의 고통 역시 마찬가지다. 어설픈 위안을 꾀하지 말고 차라리 아플 만큼 충분히! 아픈 게 훨씬 낫다. 아플 수 있는 것 또한 존재의 능력이자 권리다.

문제는 그 아픔을 불행으로 변주하지 않는 것이다. 병을 병으로 받아들이면 그것은 삶의 일부가 된다. 병이 불행이 되는 건 병에 대한 "해석" 때문이다. 각종 회한과 미련, 자격지심 등등. 『도덕경』에 이런 구절이 나온다. "성인(聖人)은 병이 없습니다. 병을 병으로 알기 때문에 병이 되지 않는 겁니다."

마찬가지로 결별로 인해 고통을 받을 때도 그것을 온전히 받아들일 수 있다면, 그 고통은 휴식이 될 수 있다. 질병을 통해 인생의 전기가 마련되듯이, 결별 자체가 축복이 되는 경우도 적지 않다. 거꾸로 생각해 보면, 서로 다른 길을 가기 위해서 그런 진통을 겪은 것이 아닐까. 질병이 오는 건 생명을 보존하기 위한 전략 가운데 하나다. 결별 또한 그렇다. 충격과 아픔을 수반하는 건 틀림없지만, 생명의 관점에서 보면 그것이 삶을 유지하는 최선책일 수 있다. 시간이 지나고 나면, 그렇게 해서 나를 '버리고' 떠난 이들에게 진정 감사하는 순간이 도래할 것이다.

요컨대, 차거나 차이는 주체가 따로 있는 게 아니다. 두 사람이 만든 인연의 장이 시간적 어긋남 속에서 그런 식의 비틀거림을 낳은 것일 뿐이다. 분노와 원망으로 그것을 받아들이는 순간, 사랑은 권력게임이 되어 버린다. 또 권력게임 혹은 자존심 경쟁이 되는 순간, 둘 다 패배자가 된다. 그런 점에서 결국 나를 불행하게 만드는 건 나 자신이다. 더 정확히 말하면, 그 사건을 해석하는 '나의 망상체계'다. 그러므로 정말 복수하고 싶다면, 성난 얼굴로 돌아보라! 그런 인연의 장을 만든 자기 자신을, 자신을 얽어매는 온갖 망상들을. 그리고 나서 고개를 돌리고 성큼! 길을 나서라.

짝사랑, 내공 수련의 찬스!

하긴, 차이기라도 하려면 일단 사랑이 시작되고 봐야 한다. 만약 그냥 바라만 보고 있는 경우, 다시 말해 짝사랑만 하다 만 경우는 어떻게 해야 할까? 짝사랑은 소위 실연을 당할 기회조차 박탈당한 경우니까 더 처절한 케이스라 할 수도 있겠다. 사실 누구나 일생 동안 한번쯤은 짝사랑에 빠져 본 경험들이 있을 것이다. 잠깐씩 지나가는 경우는 제쳐 두고, 그게 인생의 궤적에 깊이 개입하는 경우만을 따져 보기로 하자.

거듭 말하지만, 사랑은 기본적으로 어긋나게 마련이다. 뜨겁게 사랑하고 무사히(?) 결혼에 골인한 경우도 마찬가지다. 같은 집에서 같이 산다고 해서 퍼즐게임 하듯 척척 맞아 들어가는 관계가 되는 건 절대 아니다. 오히려 그때부터 지옥이 시작되는 경우도 허다하다. 따라서 누구나 이 원초적 간극을 감내해야 한다. 짝사랑도 기본적으론 이런 간극의 일종에 해당한다. 그리고 그 어긋남은 외모나 조건, 혹은 취향, 기타 등등의 이유 때문이 아니다. 만약 그 정도에 좌우되는 수준이라면 사랑이고 뭐고 이야기할 거리도 없다. 솔직히 그런 식의 어긋남이 왜 일어나는지는 아무도 알지 못한다. 분명한 건 나와 상대방의 시공간적 좌표가 다르다는 것. 그래서 서로 다른 곳을 바라볼 수밖에 없다는 것. 역시 시절인연의 문제에 해당한다. 이를테면, 내 몸과 마음은 사랑의 강력한 자기장을 형성했지만, 그것이 아무런 메아리를 얻을 수 없는 시공간 속에 들어가 버린 격이라고나 할까. 그러니 어쩌겠는가. 그걸 그저 인정하고 열심히 자기의 길을 가는 수밖에.

작년 가을 무도회장에서 만났어요. 보자마자 필이 꽂혔는데, 가슴이 떨려서 말도 못하고 헤어졌어요. 그 뒤에도 몇 번 만났는데, 아직 아무것도 표현하지 못하고 애만 태우고 있어요.

현재 대학교 1학년 남학생 은성이의 고백이다. 참, 수십 년 전이나 달라진 게 거의 없다. 이 학생은 『연애의 시대』에 나오는 구보씨 이야기를 보고는 자신의 처지와 너무 비슷한 데 놀라 가슴을 쳤다고 한다. 구보씨를 사로잡은 자의식에 똑같이 붙들려 있는 것이다. 문제는 이 지점이다. 짝사랑 자체를 그저 어떤 시공간적 어긋남이라고 보는 게 아니라, 거기에 자의식을 발동시키고 있는 것이다. 이 학생도 그렇지만, 짝사랑에 빠진 이들은 대개 자기비하와 우울증에 빠지곤 한다. 거기에 매몰되다 보면, 사랑이 종종 증오로 바뀌고, 더 나아가 세상에 대한 냉소로 떨어지기도 한다. 그런 다음엔 영영 사랑을 할 자신감을 잃어버리고 만다. 여기가 바로 실패 지점이다. 사랑이 삶을 고양시키기는커녕, 존재의 능력을 떨어뜨리게 된다면, 그건 무조건 실패다. 그리고 그런 식으로 감정을 전이시키는 이들은 짝사랑의 단계를 지나 서로 사랑을 나누게 되더라도 비슷한 궤적을 밟게 된다. 늘 거절당할 것에 대한 두려움으로 전전긍긍해야 할 테니까.

한번 잘, 따져 보자. 누군가를 좋아한다는 것이 왜 부끄러운 일인가? 그거야말로 내 몸이 특별한 리듬과 강도를 갖게 된 것인데, 그게 왜 창피한 일인가? 그렇게 느끼는 건 전적으로 사랑과 성을 권력관계로 보게끔 하는 망상구조 탓이다. 그 구조에 따르면 '더 많이' 받는 것이 장땡이 된다. 이른바 "소유의 공리"가 여기서도 작동되는 것이다. 자본주의 공리법칙은 사랑조차 소유물, 더 나아가 화폐로 환원해 버린다. 하지만 간단히 따져 보기만 해도 이 계산법은 그야말로 허무맹랑하다. 열 명한테 받는다 한들 자기가 한 번 제대로 하는 것과는 비교조차 불가능하다. 다시 말해, 별로 마음도 안 가는 대상들과 아무리 놀아난다 한들, 내 몸을 진동시키는 단 한 명과는 절대 비교할 수 없다는 뜻이다. 그렇다면, 짝사랑은 실로 남부럽지 않은 경지에 해당하는 셈이다. 그러니 일단 짝사랑에 빠지면 그걸 충분히 즐기는 게 좋다.

> 우리의 시각은 가시광선 내에서만 작동합니다. 하지만, 천지에는 가시광선 외에도 자외선, 엑스선 등등이 존재합니다. 가시광선의 범위를 넘어서서 사물을 볼 수 있다면, 우주는 전혀 다르게 보일 것입니다. 불가에선 수행을 열심히 하면 이런 식의 능력이 생긴다고 하지요. (정화스님)

쉽게 말하면, 사물의 이면을 꿰뚫어 보는 직관력이 바로 이런 것이리라. 누군가를 짝사랑하게 되었다는 것도 이와 비슷하지 않을까. 즉, 가시광선 너머, 그의 존재성을 알아보게 된 것이다. 그렇다면 나는 실로 놀라운 직관력의 소유자가 된 셈이다. 그러니 그런 나 자신에 대해 신기해하고 경탄해야 마땅하다.

어디 그뿐인가. 소유의 판타지, 자의식의 망상에서 벗어날 수만 있다면, 짝사랑만큼 행운도 없다. 절대! 농담이 아니다. 진짜 행운이다. 시간 안 들지, 돈 안 들지, 자신의 몸에서 일어나는 희로애락의 흐름을 면밀히 살펴볼 수 있지, 그저 한 번 바라보는 것만으로도 전율을 느낄 수 있지. 그리고 그 전율은 세상 보는 눈을 완전히 바꿔 준다. 그야말로 사랑과 인생의 내공을 수련할 수 있는 최고의 찬스 아닌가. 어떤 이념과 학습도 이런 식의 효과를 야기하지는 못할 것이다.

발원하라! ── '고양이-되기'

부처님은 인간의 모든 번뇌의 뿌리에는 '탐진치'(貪瞋癡)가 있다고 했다. 탐욕과 분노, 그리고 어리석음. 물론 셋은 나란히 함께 간다. 그런데 사랑만큼 이것이 적나라하게 드러나는 사건도 없다. 대상을 맹렬하게 욕망하고(탐), 그것이 뜻대로 안 되면 분노의 화염에 휩싸이고(진), 그 다음엔 앞이 깜깜해지는 무명의 늪(치)에 빠진다. 간신히 그 늪에서 벗어난 다음엔 다시 똑같은 틀을 반복한다.

    그렇다면 이 탐진치의 사슬에서 벗어나 진정한 사랑을 할 수 있는 길은 무엇일까? 아주 간단하다. 간절히 발원하면 된다! 발원은 욕심과 다르다. 아니, 반대다. 욕심이 내가 상대를 소유하기 위해 안달하는 것이라면, 발원은 자기로부터 벗어나 더 큰 인연의 장을 만들어 가는 것이다. 즉, 그것은 '현재의 나'와 '대상'을 고정시켜 놓고 대상만 나에게 굴러 오기를 바라는 것이 아니라, 내가 사랑이라는 사건의 장으로 들어가는 것을 의미한다. 그러기 위해선 마음을 어지럽히는 각종 번잡한 것들을 다 놓아 버려야 한다. 수행자들은 그런 상태를 '대분심'(大奮心)이라고 한다. 대분심? 좀 어려운가? 아주 쉬운 예가 있다. 고양이가 쥐를 잡으려고 노력할 때 같은 거란다. 숭산 큰스님의 일화 가운데 이런 것이 있다.

> 고양이가 쥐를 잡을 때를 본 적이 있는가. 쥐구멍 밖으로 몸을 기대고 어깨를 잔뜩 긴장시킨 후 용수철을 늘린 것처럼 뒷다리를 빼고 앉아 쥐가 튀어나오면 언제라도 움켜쥘 자세를 하고 있는 것이다. 모든 에너지가 쥐구멍에 집중해 있다. 온 마음이 한 점에 맞춰져 바깥의 조건이 어떠하든 똑같은 자세로 몰두하는 것이다. 쥐가 '이 정도면 됐어. 저 멍청한 고양이는 지금쯤 갔겠지' 하고 바깥 냄새를 맡기 위해 머리를 내미는 순간 고양이는 쥐를 낚아채는 것이다. 이것이 고양이의 마음이다. 고양이는 언제, 어떤 상황에서도 움직이지 않는 완벽한 집중을 한다. 외부 조건이나 상황에 관계없이 모든 에너지가 한 점에 맞춰진다. (동의보감 세미나 파일에서 발췌)

이 글을 읽으면 고양이가 정말 멋진 동물처럼 보인다. 고양이에 얽힌 이야기가 하나 더 있다. 숭산 스님이 마곡사에 계실 때 겪은 일이란다. 절에 큰 행사가 있어 음식을 많이 준비해야 했는데, 그 중에서도 두부를 만드는 일이 가장 어려웠다. 며칠씩 걸려 두부를 만들어 물속에 넣어 두었는데 이상하게도 매일 두 덩이가 없어졌다. 창고 문은 큰 자물쇠로 잠겨 있는데 대체 어떻게 그런 일이? 게다가 꼭 두

덩이만 없어지는 것도 이상하기 짝이 없었다. 그래서 결국 스님은 밤새 창고에 앉아 도둑을 잡기로 했다. 기둥 뒤에 몸을 숨기고 졸음을 참으며 기다리고 있었다. 새벽쯤 마침내 그림자의 주인공이 나타났다. 그것은 다름 아닌 고양이!

고양이는 숨을 죽이고 나무통 가장자리에 앉아 가만히 물속을 들여다보고 있었다. 어깨를 잔뜩 움츠리고 머리는 낮게 숙이고 말이다. 오랜 시간이 지났지만 결코 움직이지 않았다. 그저 물속만 쳐다보고 있었다. 얼마쯤 지났을까. 이상한 일이 벌어졌다. 물속에 있던 두부 한 덩이가 점점 떠오르기 시작하는 것이 아닌가. 순간 고양이가 물 밖에서 그것을 재빨리 낚아채더니 입으로 가져가서는 아주 맛있게 먹어 버렸다. 그러고는 유유히 창고를 빠져 나갔다.

세상에! 아니, 어떻게 두부가 움직인다는 말인가. "그러나 에너지를 집중하면 가능한 일이다. 고양이는 물속에 있는 두부가 떠오를 정도로 온 에너지를 집중시킨 것이다. 고양이의 의식은 오직 한 점에 맞춰져 있었던 것." 그렇다! "이것이 고양이의 대분심이다. 이런 고양이의 마음 상태만 같으면 우리는 무엇이든 할 수 있다. 우리 수행은 이와 같아야 한다. 모든 에너지를 가장 중요한 한 점에 집중해야만 한다. 그러면 우리의 마음은 어떤 조건이나 상황에도 흔들리지 않을 것이다. 이렇게 열심히 수행하면 어느 시점엔가 이 움직이지 않는 마음은 엄청나게 폭발적인 힘을 발휘할 것이다."

그럼, 이 마음 공부를 사랑의 기술로 바꾸면 어떻게 될까? 먼저, 이 이치에 따르면 세상에 이루어지지 않는 사랑이란 없다. 간절히 원하면 당연히 이루어진다. 천 리 밖의 공간, 사회적 통념, 시간의 벽, 어떤 난관도 간단히 뛰어넘을 수 있다. "당신은 어차피 저를 좋아하실 겁니다. 그러니 지금부터 미리 좋아하시는 게 어떻겠습니까?" 작가 이외수는 지금의 부인을 처음 만났을 때 이렇게 프러포즈했다고 한다. 당시 부인은 '미스 강원'이었고, 자신은 빈털터리 거지에 가까웠다. 대단한 자신감이다. 그런데 이것은 무엇보다 자신에 대한 믿음, 사랑을 위해 자신의 존재를 걸 수 있다고 확신했기에 가능한 일이다.

하지만, 대개의 바람은 이렇지 않다. 지금 있는 그대로를 다 누리면서, 다시 말해 자신은 단 한 가지도 달라지지 않으면서, 거기에 더하여 뭔가가 왔으면 좋겠다 싶은 것, 그런 걸 소망이요 꿈이라 착각한다. 로또가 당첨되기를 바라는 것이나 사랑을 원하는 것이나 똑같은 패턴이다. 소위 사랑밖엔 난 몰라, 를 외쳐 대는 순정파들도 크게 다르지 않다. 틈만 나면, 세상에서 젤 소중한 건 사랑이라고, 사랑을 위해서라면 뭐든 할 것처럼 떠들지만, 절대 그렇지 않다. 그렇기는커녕 지금 누리는 부와 명예, 어떤 것도 포기하지 않은 채, 그 위에 나를 사랑해 줄 어떤 대상이 오기를 기다리는 경우가 태반이다. 그건 발원도 아닐뿐더러, 만약 그렇게 해서 이루어지게 되면, 큰 재앙으로 전이되기 십상이다. 지나친 복이 오면 존재가 그 무게를 이기지 못해 휘청거리게 된다. 그래서 연암 박지원은 갑자기 큰돈이 굴러들어 오면 길섶에서 뱀을 만났을 때처럼 뒷걸음질치라고 경고했던 것이다. 그 잉여로 인해 수명이 줄어들거나 아니면 목숨이 당장 위태로울 수도 있기 때문이다. 그럼에도 사람들은 이 사이의 인과를 헤아릴 생각을 않는다. 지금 있는 것, 나에게 굴러 오는 건 내 복이고, 뭔가 안 좋은 일이 생기면 그건 남의 탓이거나 운수 탓인 것처럼 생각한다. 참 희한한 계산법 아닌가.

그래서 발원이라는 개념 자체가 낯설기 짝이 없다. 어쩌다 몸 깊숙한 곳에서 뭔가를 간절히 열망하는 힘이 솟구친다 해도 그것을 곧바로 침묵시키는 냉각장치가 몸 곳곳에서 작동하기 시작한다. 그러고 보면, "쿨하다"는 건 "스스로 얼어 죽는다"는 뜻이기도 하다. 하긴, 우리의 의식주 모두가 그렇다. 우리가 답습하고 있는 서구문명은 음식을 비롯하여 모든 관계가 찬 것을 향해 간다. 얼음궁전에 유폐된 존재들! 차가운 것은 기운을 막히게 한다. 막히면 곧 병이 든다. 하여, 막힌 걸 통하게 하려면 무엇보다 발원하는 능력을 키워야 한다. 발원은 몸을 따뜻하게 덥혀 주기 때문이다.

그리고 진정으로 발원을 할 수만 있다면, 짝사랑이건 배신이건 두려워할 게 없다. 왜냐? 발원이란 존재를 거는 것이고, 그 순간 이미 나는 그 장면을 구현하는 것이기 때문이다. 다시 말해, 그 순간, 사랑은 이미 내게 현존하는 것이다! 그리고 그것은 물리적 이치상 어떤 방식으로건 인연조건을 만들어 내게 되어 있다. 평생 동안, 전심으로, 누군가를 바라본다고 생각해 보라. 내가 어떤 대상을 향해 엄청난 인력을 쏘고 있다면, 어떤 식으로든 인연이 만들어지지 않을 리가 있겠는가. 인디언들은 가뭄이 들면 비를 내려 달라고 제의를 지낸다. 그러면, 비가 온다. 왜? 올 때까지 하니까. 그 발원의 형식도 아주 재미있다. 비가 내리는 동작을 그대로 묘사한다. 스스로 비가 되는 것이다. '비-되기'. 가뭄이란 천지의 기운이 꽉 막힌 것인데, 그런 식의 발원을 통해 인간과 자연 사이의 교감을 시도하는 것이다.

짝사랑도 이렇게 하면 된다. 일단 인연이 교차하기 시작하면, 수많은 변곡점들이 생기게 되면서 그러다 보면 시절인연을 만나게 된다. 이를테면, 나의 생명력과 시공간적 조건 사이의 강렬한 마주침, 그것이 곧 시절인연이다. 시절인연을 만나면 구체적인 행동방식은 저절로 결정된다. 매뉴얼 따위는 전혀 필요 없다. 그런 점에서 원초적으로 짝사랑이란 없다! 더 중요한 건 그 과정에서 전혀 다른 삶을 살게 된다는 것. 아주 낯선 세계 속으로 들어가게 된다는 것. 그리고 그것이야말로 사랑의 진정한 결실이다. 그러니 간절히 발원하라. 그리고 때를 기다리라. 저 마곡사의 고양이처럼. 고양이-되기!

화폐권력에 저항하라

이제 본격적으로 사랑을 하는 행위, 곧 "사건" 속으로 들어가 보자. 들어가기 전에 워밍업 삼아 크리슈나무르티의 지혜 한마디.

> 마음은 외부로부터 무엇인가를 가져온 다음 다시 스스로를 닫고 싶어합니다. 그리하여 점차로 마음은 사랑에 장벽이 되어갑니다. …… 마음이 비교하고 있는 한 사랑은 없습니다. 그리고 마음은 늘 판단하고 비교하고 헤아려 보고, 어디 약점이 없나 찾는데 혈안이 됩니다. 따라서 비교가 있는 곳에는 사랑이 없습니다. …… 마음이 점점 더 많이 비교하고 점점 더 많이 소유하며 점점 더 많이 의존하게 됨에 따라 자기가 갇히게 될 패턴을 만들어 내고, 그래서 마음은 뭔가를 다시금 새롭게 볼 수가 없습니다. 그래서 마음은 자기가 보고 있는 바로 그것을, 다름 아닌 삶의 향기를, 즉 사랑을 파괴합니다.(크리슈나무르티, 『사랑과 외로움에 대하여』, 정채현 옮김, 고요아침, 40쪽)

장벽이 없이 상대를 마주하는 것, 장벽을 뛰어넘어 탈주하는 것, 이것이 사랑이다!

'탈주선'─사랑의 본래면목

춘향이와 이몽룡. 둘만의 화끈한 동거도 어느덧 끝나고 바야흐로 이별의 순간이 다가왔다. 둘의 애정행로에 커다란 변곡점이 생긴 것이다. 이때 춘향이가 보여 준 성깔, 진짜 기가 막히다. 아무 대책 없이 떠나가는 이몽룡한테 갖은 패악을 다 부린다. 울며불며 바지가랑이를 잡고 몸부림치다 그것도 모자라 자기 치마를 물어뜯으며 한바탕 난리법석을 떤다. 영화에서 본 이미지론 하염없이 눈물지으며 곱게 보내 준 다음 오래오래 그리워할 거 같은데, 웬걸! 지독하게, 아주 지독하게 작별의 의식을 치른다. 이게 바로 춘향이의 저력이다. 춘향이는 절대 상식적 코드로 움직이지 않는다. 그만큼 그녀의 사랑은 특이한 열정을 수반한다. 철딱서니 없던 이도령이 후반부로 갈수록 부쩍 성숙해지는 것도 다 춘향이의 저력 덕분이다.

그렇게 이도령은 떠나고, 변사또가 왔다. 그때부터 변사또와 춘향이의 한판 승부가 시작된다. 변사또의 입장에서 보면, 수청요구는 적법하다. 조선시대에 기녀란 관아에 소속된 존재였다. 사또를 위해 봉사하는 게 마땅하다. 즉, 변사또의 행태가 비정상적 공권력의 집행이 아니라는 뜻이다. 하지만 춘향이는 격렬히 거부한다. 법이고 나발이고 내가 싫으면 그만이다, 내 몸의 주인은 나다. 춘향이의 이념과 논리는 오직 이것뿐이다. 춘향가의 대표적인 아리아 「십장가」는 춘향이가 곤장을 맞으며 바락바락 대드는 장면의 형상화다. 한 대 맞으면 일자로 대들고, 두 대 맞으면 이자로…… 참, 어찌나 말도 잘하는지, 이도령과 작별할 때는 당장이라도 인생이 끝장날듯 애원처절하게 굴더니만, 변사또와 맞설 때는 그야말로 치열한 전사가 따로 없다. 흔히 이 부분을 수절 이데올로기의 내면화나 민중적 역동성으로 해석하곤 하지만, 나는 그렇게 생각하지 않는다. 오히려 이것은 '오르가즘의 기능'이라고 해야 더 적절하지 않을까. 즉, 춘향이는 이도령과의 사랑을 통해 완전히 몸이 열려 버렸다. 음양이 마주쳐 춘풍화기를 일으키는 것처럼 말이다. 그 열정과 환희를 무엇으로 대체할 수 있으랴. 이것이 춘향이로 하여금 전사가 되게 한 원동력이 아닐지. 감성과 지성, 슬픔과 분노 등, 아주 다르게 보이는 정서적 지대를 자유롭게 오가는 것, 그게 바로 에로스의 변이능력이다. 이 변이가 가능하려면 지배적인 가치로부터 탈주해야 한다. 탈주와 변이는 함께 간다!

그런 점에서 사랑이란 원초적으로 탈주선이다. 제도와 관습 같은 사회적 장벽은 물론, 자기 안의 무수한 경계들을 넘어 전혀 다른 세계를 향해 나아가는 탈주선!

춘향이가 맞서 싸운 시대적 장벽이 남녀차별과 신분제였다면, 지금 에로스적 탈주와 전복이 일어나야 할 장벽은 바로 화폐권력이다. 이렇게 말하면, 당장 멜로드라마에 나오는 이루어질 수 없는 사랑 어쩌구 하는 장면을 떠올릴 것이다. 결론부터 말하면, 그건 탈주선이 아니다. 가난한 처녀가 재벌 2세와 사랑에 빠지고, 돈많고 유능한 총각이 평범한 시장통 아줌마랑 사랑을 하는 건 터무니없는 상상의 산물이다. 계급 및 관습적 장벽은 둘째 치고 일상의 동선 자체가 도무지 겹치는 바가 없기 때문이다. 한마디로 "노는 물"이 완전히 다른 두 사람이 사랑에 빠진다는 건 발상 자체가 말이 안 된다. 즉, 사랑과 삶을 완전 분리시켜 놓아야만 그런 식의 설정이 가능하다. 또 설령 우연의 남발 속에서 사랑이 이루어진다 한들 그건 탈주선이 되기 어렵다. 그저 신데렐라 한 명이 탄생한 데 불과하다. 왜냐하면, 무엇보다 둘을 움직이는 욕망의 코드가 동일하기 때문이다. 탈주선이 되려면 무엇보다 욕망의 차이가 생성되어야 한다. 화폐권력이 쳐 놓은 금지의 선을 벗어나 낯설고 새로운 매트릭스로 들어가는 것, 그것이 바로 사랑이다. 춘향이처럼 말이다.

춘향이와는 상황이 다르지만, 우리 연구실의 사례를 하나 들어 보겠다. 우리 연구실은 지식인공동체이자 생활공동체다. 수많은 남녀들이 한 공간에서 일상을 공유한다. 서두에서 밝혔다시피, 다들 연애의 기술은 별 볼 일 없지만, 연애의 형태는 나름 각양각색이다. 헌데, 흥미로운 건 학벌이나 지위, 나이나 관습 같은 세속의 기준이 별 영향력을 행사하지 못한다는 사실이다. 대학별 레벨을 뛰어넘은 경우는 흔한 케이스에 속한다. 심한 경우는 남자는 고졸에, 여자는 서울대 출신인 커플도 있다. 일곱 살 연상연하 부부도 있고, 기타 등등 더 파격적인 케이스도 적지 않다. 아마 연구실 바깥이라면 꽤나 시끄러운 스캔들이 되었거나 주변에서 극렬히 말릴 만한 경우에 속한다. 하지만 연구실에선 지극히 자연스러울 뿐 아니라, 특별한 주목을 받지도 못한다. 학벌이나 지위, 관습 같은 기준들이 공동체적 일상에서 전혀 영향력을 행사하지 못하기 때문이다.

좀더 구체적인 사례를 하나 들어 보겠다. 우리 연구실에는 다나카(가명)라는 일본인 사회학자가 한 명 있다. 부인은 예술사를 전공하는 한국인인데, 이 부부는 미국의 한 도시에서 같이 공부를 하다 다나카가 한국과 관련한 주제로 박사논문을 쓰게 되어 한국에 들어오게 되었다. 처음 연구실에 왔을 때 미국 유학생에다 인상이 하도 넉넉해 보여서 막연히 부유층 출신이거니 했다. 헌데, 알고 봤더니, 변두리 지역에 보증금 천만 원에 월세 20만 원의 옥탑방에서 산다는 거였다. 방이 좁은 건 말할 것도 없고, 도시가스가 들어오지 않아 휴대용 가스레인지로 취사를 하고 있다는 거다. 맙소사! 요즘은 대학생들도 원룸이나 오피스텔에서 지내는데, 30대 후반의 사회학자가 70년대 슬럼형 자취방에서 지내다니. 더욱 가관인 건 일본에서 지낼 때에 비하면 지금은 호텔방 수준이라며 자랑을 해대는 거였다. 미국에선 장학금으로 그달그달을 지냈고. 부인은 경상도의 한 도시에 꽤 "있는" 집 출신이다. 아마 보통의 경우라면 부모들이 결사반대를 하고 난리를 쳤으리라. 하지만, 둘이 하도 태평하니까 부모들도 말리질 못했다고 한다. 게다가 지난해엔 아기까지 태어났다. 그럼에도 이 부부는 돈을 벌 생각을 별로 안 한다. 최소한의 생활비만 있으면 '만사오케이'라는 거다. 지금까지도 그런 식으로 공부를 해온 탓에 미래에 대한 두려움이라든가 조급증 따위는 전혀 없다.

"얼마 전에 아르바이트로 번역을 하는데, 이런 내용이 있더라구요. 사회학자들에 따르면, 별로 가진 것이 없는데도 태평하게 사는 사람들은 '사회불안세력'에 속한다는 거예요. 우리 같은 사람이 사회를 불안하게 할 줄은 정말 몰랐어요. 호호." 그 부인의 말이다. 사회불안세력이라니? 소유 없인 삶도 없다는 건가? 아니면 소유가 곧 삶이라는 건가? 우리 사회가 삶의 척도를 소유에 두고 있음을 이보다 더 잘 보여 주기도 어려울 듯하다. 모두가 더 많은 소유를 향해 달려가도록 주입할 뿐 아니라, 그런 궤도에서 벗어나는 것 자체를 용납하지 않는 집요함이란! 참 내.

이 부부가 가장 대표적인 사례지만, 우리 연구실의 부부들은 대체로 가난하다. 사회적 기준으로 보면 중산층의 기준에 턱없이 못 미친다. 하지만 그것 자체가 특별한 이슈가 된 적이 없다(있나? 혹시). 그럼에도 그들의 삶과 사랑엔 결핍이 없다(고 나는 확신한다). 그리고 또 확신한다. 드라마에서처럼 그들은 가난을 견뎌 내면서 사랑을 하는 게 아니고, 화폐적 기준을 버리고, 즉 기꺼이 가난을 선택했기 때문에 서로 사랑을 하고 결혼을 하게 된 거라고.

그런 점에서 보면 우리시대의 연애가 썰렁해진 건 무엇보다 '차이'가 부재하기 때문이다. 경제적 수준은 물론 학벌, 가족관계, 거기다 외모까지 비슷한 사람들끼리 만나 어떻게 열정이 폭발하겠는가. 그래서 아주 역설적인 상황이 연출된다. 막상 모든 조건이 맞는 상대를 만나긴 했는데, 당최 연애가 안 풀리는 상황이 허다하다. 그러면 대체 뭐가 문제지? 하면서 머리를 쥐어뜯는다. 하지만 답은 아주 간단하다. 사랑에 빠지기에는 둘 다 몸이 너무 무거운 탓이다. 자가용과 아파트, 그럴듯한 직업과 연봉 등이 척도가 되는 한 몸은 한없이 무거워진다. 동시에 욕망은 잠식되어 간다. 화폐야말로 욕망의 흡혈마왕이라는 거, 잊지 마시라. 그러니 이 화폐가 쳐 놓은 저지선을 뚫지 않고서야 어찌 사랑의 열정을 누릴 수 있겠는가? 탈주선, 그것이 바로 사랑의 본래면목이라는 건 바로 이런 맥락에서다.

'쇼', 하지 마!

"쇼를 하라, 쇼!" 하루종일 시도 때도 없이 사방에서 이런 구호가 들려온다. 연인 사이에도 하루 종일 쇼를 해야 하고, 부모자식 간에도 늘 쇼할 준비를 하고 있어야 한다. 갓난아기들도 예외가 아니다. 어떤 종류건, 어떤 세대건 사랑이란 늘 기념일의 이벤트를 통해 표현되고 확인되는 것도 같은 맥락이다. 밸런타인데이와 화이트데이는 기본이고, 투투데이, 100일 기념, 빼빼로데이 등등. 정말 더 이상 유치할 수 없는 각종 기념일들이 판을 친다. 성인식의 경우엔 꽃, 향수, 입맞춤이라는 코스가 아예 정해져 있다고 한다. 어디 그뿐인가. 일상적인 데이트도 다 쇼를 중심으로 구성된다. 한마디로 쇼야말로 사랑의 희로애락이 생성되고 소멸되는 '홈 파인 공간'인 셈이다.

  사랑이 탈주선이 되려면, 무엇보다 이 쇼 망상의 그물을 가차 없이 해체해야 한다. 방법은 아주 간단하다. 기념일 챙기는 것부터 걷어 치워라. 세상에 그런 멍청한 짓거리가 어디 있는가. 대체 사랑의 시작점을 잡는다는 게 말이 되나? 그리고 시작점을 헤아리는 건 끝날 때를 미리 대비하는 거 아닌가? 그게 아니라면 뭣 때문에 카운트다운을 하는가 말이다.

지금 사람들이 말하는 '사귐'은 프러포즈에 가깝다. 남자가 여자에게 고백해서 서로 애인이 되는, 사귀면 날짜를 세고, 기념일에 선물주고, 2주에 한 번은 데이트해야 하고…… 정석 아닌 정석코스다. 이렇게 가다간 결국엔 사랑은 증발하고 공식화되어 버린 관계만이 남아 아주 무미건조한 사랑이 되어 버릴 것이다. (해완이의 인터뷰)

그렇다. 해완이 말대로, 기념일에, 이벤트에 길들여진 사랑은 공허하다. 기념일과 이벤트라는 형식이 내용을 압도해 버리기 때문이다. 그게 아니더라도 사랑의 과정에는 수많은 변곡점들이 있다. 그 마디들을 잘 챙기는 게 더 중요하지, 남들과 똑같은 방식의 코스를 따라가는 건 정말 바보짓이다. 사회 전체가 그걸 부추기는 이유가 상업적 술수라는 건 삼척동자도 다 아는 일이다. 그런데도 그런 술수에 계속 놀아난다면, 그건 정말 무지의 극치라 할밖엔.

그래서 하는 말인데, 가능하면 데이트를 할 때도 돈을 쓰지 말고, 몸을 쓰는 게 좋다. 걷기와 자전거 타기가 좋은 대안이다. 쇼 망상은 기본적으로 쇼핑에 대한 욕망이다. 쇼핑은 자가용에 대한 욕망과 포개진다. 쇼-쇼핑-자가용, 이렇게 이어지는 회로를 차단하는 것도 화폐권력과의 대결이라는 측면에서 큰 의미가 있다. 그러기 위해선 틈나는 대로 걸어야 한다. 아니면 자전거를 타거나. 사랑이란 무엇보다 생명의 활기로 표현된다. 하지만 자가용에 커피숍, 모텔 등으로 움직이면 돈도 돈이고 양생적 차원에서도 아주 손해막심하다. 그 과정에서 먹는 게 술과 고기, 패스트푸드, 쾌락적 섹스 등 그야말로

'반-양생적인' 것들 투성이다. 그렇다면, 데이트가 잦아질수록 몸을 망치게 된다는 결론이 나온다. 그리고 몸을 망치면 사랑은 반드시 어그러지게 되어 있다. 희로애락애오욕, 칠정(七情)은 신체의 수준과 나란히 가기 때문이다. 그런 점에서 쇼핑의 루트를 벗어나 몸을 쓰는 기법을 많이 개발하면 그야말로 꿩 먹고 알 먹고 아닐까. 신체적 능력과 사랑의 농도가 함께 상승하게 될 테니 말이다.

    몸이 약해서 어렵다고? 그럴수록 더 이 전략이 딱이다. '고양이-되기'에서 보았듯, 사랑이 움트면 자기도 모르는 괴력을 발산하게 마련이다. 잠꾸러기가 새벽에 눈이 떠진다거나, 밤을 꼴딱 새도 기운이 쌩쌩하다거나. 평소엔 생각도 못한 일들을 척척 해치운다거나. 이게 다 사랑이 일으키는 몸적 반응이다. 이걸 거꾸로 이용하면 사랑은 그야말로 체력을 단련하는 절호의 찬스가 된다. 정말 고치고 싶었던 습관도 이 기회를 이용해서 싹! 고칠 수도 있다. 게다가 걷기와 자전거 타기는 더 큰 의미도 있다. 거창하게 말하면, 자전거는 더 비싼 자동차에 대한 소유욕, 오직 앞만 보고 달려가는 '속도의 파시즘' 등과 같은 문제를 성찰하는 문명론적 대안이 될 수도 있다. 나의 사랑법이 이런 '전 인류적!' 의미를 지닐 수 있다면, 그야말로 멋진 일 아닌가.

    거듭 당부하거니와, 절대 상품을 주고받는 식으로 사랑을 확인하지 마시라. 물론 선물은 중요하다. 하지만, 진짜 소중한 선물에는 '삶의 서사'가 묻어 있어야 한다. 즉, 나의 일상의 리듬과 무관한 선물이란 그야말로 쇼에 지나지 않는다. 일상으로부터 분리되어 "쇼"

가 되는 순간, 아무리 정성을 다한다 한들 결국 화폐로 환산될 수밖에 없다. 특히 요즘같이 상품과 예술의 경계가 모호한 시대에는 정성과 화폐가 분리되기 어렵다. 갖은 정성을 다한 선물일수록 가격에 비례한다. 따라서, 그 노선을 취하는 순간, 이미 그 사랑은 화폐권력의 장에 포획되어 버린다. 그 다음부터는 일상의 모든 흐름에 상품의 혼이 따라붙게 된다. 처음엔 얼떨결에 따라했던 작업들이 나중엔 자신의 본성인 양 전도되어 버리는 것이다.

이런 생각을 해본 적이 있다. 우리시대 모든 연인들이 연애와 쇼핑 사이의 이 은밀한 공모관계만 해체해도 신자유주의 체제는 휘청거릴 것이다, 라는. 세상에, 이렇게 간단하고 기막힌 혁명전략이 어디 있단 말인가? 그러니 청춘들이여, 아니 사랑에 빠진 모든 이들이여, 세상이 바뀌기를 정말 원하는가? 신자유주의에 저항하고 싶은가? 그렇다면, 가장 먼저, 쇼! 하지 마라! 쇼! 그럼 어떻게 사랑을 표현하는가? 그래서 창의성이 필요하다. 나의 사랑이 지닌바 특이성이 유감없이 발휘될 수 있는 사랑법을 창안하라. 누구도 흉내낼 수 없는 고유한 사랑법을.

더 나아가, 사랑하는 연인끼리는 특별한 선물이 필요 없다. 존재 자체가 이미 서로에게 선물인데 뭘 더 선물한단 말인가? 니체는 말한다.

무언가 서로에게 줄 것이 있어, 자신에게 넘쳐나는 것이 있어 관계를 맺는 것이 아니라, 무언가 받고 싶은 것이 있어, 자신에게 부족한 것이 있어 관계를 맺는 것, 그것이 사람들이 말하는 결혼이다. 풍성한 토양에서 자라는 사랑의 식물은 서로를 선물하는 친구로 만들어주지만, 척박한 토양에서 자라는 사랑의 식물은 상대방을 구속하는 가시 울타리로 자라난다. (『니체의 위험한 책, 차라투스트라는 이렇게 말했다』, 130~131쪽)

소유와 죽음충동

화폐권력과 싸워야 하는 더 근원적인 이유가 있다. 사랑이 화폐화하는 루트를 따라 움직이게 되면, 사랑과 소유가 인식론적으로 겹치게 된다. 즉, 사랑한다는 것은 누군가를 소유하는 것으로 등치되어 버린다. 그리고 소유는 곧 지배의 다른 이름이기도 하다. 더 많은 사람으로부터, 더 많이 받고 싶어 안달하는 이유도 거기에 있다. 모든 소유가 그렇듯이, 그렇게 되면 사랑 역시 '양적인' 문제로 환원되어 버린다. 그리고 바로 그 순간 집착으로 빠져 버린다. 사랑과 집착, 거죽으론 참 닮아 보이지만, 사실은 정반대의 개념이라고 할 수 있다. 왜냐하면, 사랑이 '흐름이요 운동'인 데 비해 집착은 흐름을 멈추게 하고 한곳에 가두어 버리는 기제이기 때문이다. 흐르는 시냇물과 고인 웅덩이의 차이를 떠올리면 된다.

사실 우리 사회에서 사랑과 소유, 집착 사이엔 거의 구별이 없다. 연애도 그렇지만, 결혼은 그 결정판에 해당한다. 결혼은 그나마 연애과정에서 작동하던 운동과 흐름을 완벽하게 차단시켜 버리는 장치다. 실제로 지금의 결혼제도인 일부일처제는 사적 소유의 신성함을 지키기 위한 정치경제학적 보루에 불과하다.

일부일처제는 근대문명과 함께 도래한 혼인제도다. 근대 이전에는 어떤 문명권에서도 일부일처제는 없었다고 한다. 아마존이나 아프리카 원주민, 티베트 소수민족 등은 지금도 일부일처제를 취하지 않는다. 개중에는 일처다부제도 있고, 일생 동안 적어도 세 번 이상 짝을 바꾸는 제도도 있지만, 가장 일반적인 건 일부다처제라고 한다. 그런데 일부다처제는 결국 다부다처의 형태를 띠게 된다. 왜냐하면, 일부다처제하의 여성들은 아주 다양한 수단으로 샛서방을 두는 까닭이다. 생태계를 보더라도, 원앙이나 잉꼬 등 지금까지 일부일처의 화신으로 여겨졌던 종들 역시 실제로는 수많은 불륜과 오입의 테크닉을 발휘한다는 것이다. 그래서 일찍이 인류학자 마거릿 미드는 "일부일처제가 인간의 모든 혼인제도 중 가장 어려운 것"(데이비드 P. 버래쉬 외, 『일부일처제의 신화』)이라고 주장한 바 있다. "그만큼 일부일처제가 부자연스럽고 힘겨운 제도라는 것이다. 헌데, 이런 이야기를 하면, 주로 여성들이 발끈(!) 성을 낸다. 처첩제도의 모순과 갈등이 떠오르기 때문일 터이다. 헌데, 사실 그게 오해라는 거다. 생물학자들의 견해에 따르면, 일부다처제하에서 가장 큰 피해자는 경쟁에서 탈락한 남성이라고 한다. 그들에겐 평생 단 한 번의 짝짓기 기회도 오지 않을 테니까. 실제로 일본의 도쿠가와 시대만 해도 인구의 상당수에 해당하는 남성들이 평생 동안 한 번도 짝짓기를 못했다고 한다."(『연애의 시대』 3장을 참조할 것)

아무튼, 일부일처제 외에 다양한 결혼제도가 존재한다는 것, 일부일처제는 근대와 함께 도래한 역사적 산물일 뿐이라는 것을 깊이 되새길 필요가 있다. 하지만 근대 초기에는 일부일처제야말로 신의 소명이자 최고의 문명적 가치로 받아들여졌다. 성적 욕망이 모조리 가정으로 흡수되면서, 가정이 국가의 기초단위가 됐기 때문이다. 그 덕분에 사랑과 재산권, 사랑과 소유는 완벽하게 오버랩되고 말았다.

물론 다들 인정하다시피, 일부일처제는 제도적 형해만 남았을 뿐 실제 현실에선 무너진 지 오래다. 지금은 누구도 자신의 아내(혹은 남편)와 검은 머리가 파뿌리 되도록 같이 살아야 한다고 믿지 않는다. 욕망이 가족의 틀을 넘어 사방으로 치닫고 있는 탓이다. 그 방향은 대체로 둘 중 하나다. 불륜 아니면 매춘. 불륜 혹은 외도의 일상화는 이미 일반적인 행로가 되었다. 하지만, 불륜은 분명 탈주선임에도 어째서 새로운 사랑을 창안하지 못하는가? 그것 역시 사랑을 소유로 간주하기 때문이다. 가족의 범위를 넘어섰다지만, 결국 다시 가족이라는 영토로 되돌아오는 것도 소유라는 관념에서 한 발자국도 못 나간 탓이다. 매춘 역시 마찬가지. 섹스의 자유가 아니라 섹스중독을 양산할 따름이다. 결국 결혼이건 혼외정사건 사랑과 성은 모두 소유와 오버랩되어 있다. 더 많은 재산, 더 많은 쾌락을 소유하고자 하는 욕망. 이것을 우리시대엔 '사랑'이라는 이름으로 부르고 있다.

더 심각한 건 소유에 대한 이러한 집착은 결국 죽음충동으로 이어진다는 사실이다. 소유는 그 형식이 무엇이건 자신의 증식 이외에는 어떤 것도 사유하지 않는다. 일단 시작하면 멈출 줄을 모른다. 생명력을 갉아먹고 마침내 죽음에 이를 때까지 맹목적으로 치닫는다. 자신의 불멸을 위해 다른 세포들을 무지막지하게 먹어 치우는 암세포의 여정을 떠올리면 된다. 사랑만이 살길이라고 떠들어 대지만, 실제로는 사랑으로 구원받는 커플보다 사랑이 곧 지옥인 커플이 훨씬 많은 것도 이 때문이다.

그러므로 사랑이 탈주선이 되려면, 일차적으로는 화폐권력과 맞서 싸워야 하지만, 궁극적으로는 사랑과 소유를 혼동하는 인식론적 습속과 맞서 싸워야 한다. 물론 두 가지는 서로 긴밀하게 연동되어 있다.

사랑하는 순간부터 책을 읽어라

자, 이제 한 걸음 더 내디뎌 보자. 상품화로부터 탈주하기 위해선 돈이 아니라, 몸을 써야 한다고 했다. 걷고 자전거 타고 산에 오르고, 삶의 서사 혹은 일상의 활발한 기운을 서로 선물하고. 이것이 기본기라면, 그 위에 반드시 통과해야 하는 필수코스가 있다. 책읽기 혹은 공부하기. 몸으로 하는 데이트 중 최고로 멋진 코스가 바로 그것이다. 사랑과 책, 사랑과 공부. 이것만큼 궁합이 잘 맞는 짝들도 천고에 드물다. 이 대목에서 환기해야 할 테제: 에로스는 쿵푸다!

아는 만큼 사랑한다

> 무릇 천지만물을 살피는 데는 사람을 보는 것보다 중대한 것이 없고, 사람을 보는 데에는 정(情)보다 묘한 것이 없으며, 정을 살피는 데는 남녀 간의 정을 살핌보다 진실한 것이 없다.

18세기 문인 이옥의 말이다. 이름에 걸맞게(?) 여성적 글쓰기로 이름이 높았고, 그 때문에 정조의 문체반정에 걸려 큰 곤욕을 치른 인물이다. 위의 글로 보건대, 그 사상적 파격성을 짐작할 만하다. 그의 말마따나 천지만물의 이치를 파악하는 데 있어 사랑만큼 적실한 것은 없다. 에리히 프롬도 이 비슷한 말을 한 적이 있다. "우리는 인간과 우주의 비밀을 결코 '파악'할 수 없지만 그럼에도 사랑의 행위를 통해서 알 수 있다"(『사랑의 기술』, 52쪽)고. 그러니 이 절호의 찬스를 어찌 그냥 흘려보낼 수 있으랴.

일단 가볍게 생각해 봐도 누군가를 사랑하게 되면 그 대상에 대한 앎의 충동에 휩싸이게 마련이다. 그리고 그와 동시에 사랑이란 무엇인가? 사랑의 본질은 무엇인가? 나는 정말 그를 사랑하는 것일까? 등과 같은 실존적 질문 속으로 진입하게 되어 있다. 물론 그것을 탐구해 가는 과정은 절대 만만치 않다. 기존의 상식이나 논리가 통째로 무너지면서 무시로 앞이 캄캄해지는 상황을 각오해야 한다. 그래서 다들 대충 심리분석이나 어설픈 조언으로 때우고 마는 것이다. 그리하여, 결국은 아무것도 배우지 못한 채 끝나는 것이고. 그러므로 가장 핵심적인 사항은 이 앎에 대한 욕망을 절대 포기하지 않는 것이다. 배움에 대한 욕망보다 더 근원적인 충동도 없기 때문이다. 따라서 앎의 크기만큼 사랑의 열정도 자라게 되어 있다. 흔한 말로, 사랑하면 알게 되고, 알면 사랑하게 되는 법. 즉, 아는 만큼 사랑한다!

비슷한 맥락에서 지성과 에로스는 절대 따로 놀지 않는다. 아니, 오히려 나란히 함께 간다. 지성만큼 성적 매혹을 발하는 것도 없다. 믿을 수 없다고? 논리적으로 따져 보자. 누누이 말했듯이, 사랑은 몸으로 한다. 몸의 감응력 혹은 내공이 사랑의 질과 양을 결정짓는다. 그런데 그 내공의 핵심이 바로 앎 혹은 지혜이다. 호모 쿵푸스! 지혜가 없는데 내공이나 카리스마를 발휘한다는 건 불가능하다. 평소에도 우리는 늘 이 힘을 느끼고 있다. 어떤 사람을 좋아하고 미워하는 것, 신뢰하고 불신하는 것, 그 모든 것을 다 거기에 의거하고 있다는 뜻이다. 실제로 앎이 무르익으면 그것은 다 몸에 드러나게 되어 있다. 니체의 말처럼, 철학을 하면 표정과 걸음걸이부터 달라진다. 화폐권력과 싸워 나가는 힘도, 소유와 죽음충동에 맞설 수 있는 저력도 앎이 없이는 불가능하다. 세상의 관습과 척도에 대한 공부가 없이 이 무지막지한 망상의 포위망을 어찌 뚫고 나갈 수 있으랴. 춘향이가 변사또와 끝까지 맞짱을 뜰 수 있었던 것도 삶의 이치와 비전에 대한 확신 때문이었다.

앎과 사랑의 일치를 가장 잘 보여 준 예가 바로 「대장금」이다. 장금이는 언제 어디서건 뭔가를 배운다. 수라간에서는 요리를, 내의원에 들어가서는 의술을. 그녀의 호기심과 열정은 끝이 없다. 그녀의 사랑은 이 배움과 함께 간다. 연인이자 든든한 후원자인 종사관 나리를 처음 만나게 된 것도 장서각에서 책을 빌리면서였다. 책에 대한 열정이야말로 그녀의 매력포인트다. 책을 구하기 위해 그녀가 치르는 고투를 떠올려 보라! 다른 종류의 성적 매혹은 쉽게 사그라들거나 다른 대상한테로 옮겨 갈 수 있지만, '호모 부커스'로서의 장금이의 매력은 타의 추종을 불허한다. 그리고 더 중요한 것 하나. 그 지혜의 힘으로 그녀는 마주치는 모든 이들을 살린다. 오직 여주인공의 미모와 섹시함으로 승부하는 멜로드라마들이 시종일관 슬픔과 비극으로 점철되는 데 반해, 장금이는 자신과 만나는 모든 이들, 심지어 자신을 짓밟는 적들까지도 다 살린다. 사랑이 '죽임'이 아니라, '살림'이 될 수 있는 배치, 그것은 삶에 대한 통찰과 지혜가 없이는 결코 가능하지 않다. 아, 노파심에서 덧붙이면, 여기서 말하는 지혜 또한 철저히 몸적인 표현이다.

건강은 삶에 대한 지혜와 분리될 수 없다. 인도의 아유르베다 의학은 병을 '지혜의 결핍'으로 정의하고 있다. 『동의보감』은 말할 나위도 없다. 지혜의 핵심은 소통이다. '선은 맑고 가벼운 데서 나오고 악은 무겁고 탁한 데서 생기네. …… 선은 투명한 데서 나고 악은 막힌 데서 생기네. …… 사람이 기혈이 진정된 때에는 정신이 통명하고, 또 기혈이 흐린 때에는 정신이 어둡고 미혹되네.'(『역학원리강화』) 양생의 대원칙인 '통즉불통'(通則不痛, 통하면 아프지 않다) 역시 같은 이치의 소산이다. 요컨대 건강이란 근원적으로 몸과 외부 사이의 '활발발'(活潑潑)한 소통을 의미한다. 소통하지 않는 삶은 그 자체로 병이다. 그래서 몸에 대한 탐구는 당연히 이웃과 사회, 혹은 자연과 우주에 대한 탐구로 나아갈 수밖에 없다. (고미숙, 「건강과 지혜」, 『동아일보』 2012년 3월 17일자 컬럼)

사랑은 가도 '수학'은 남는 법

이쯤에서 개인적 경험을 하나 말해 볼까 한다. 좀 유치한데, 잠시 쉬어 가는 코너 삼아 들어주기 바란다. 고등학교 2학년 초 사랑의 열병을 앓은 적이 있다. 수학 선생님을 연모하게 된 것이다. 뭣 때문에 그렇게 매료되었는지는 잘 생각이 나지 않지만, 그냥 보기만 해도 숨이 막힐 정도로 좋아하게 되었다. 대개 그럴 경우, 여고생들은 선생님께 꽃을 선물하거나 아니면 엽서를 쓰거나 할 것이다. 혹은 교복일망정 더 단정하고 예쁘게 차려입고서 어떻게든 눈에 띄려고 안간힘을 쓰기도 한다. 하지만 나의 경우는 도무지 그런 식으로는 승부가 날 수 없는 상태였다. 여고생다운 청순함과 미모는 애시당초 찾아보기 어려운 지경이었고, 선물이나 엽서 쪽으론 영 재능이 없었기 때문이다. 그때 내가 할 수 있는 일은 수학을 죽어라고 공부하는 것뿐이었다. 『수학의 정석』을 비롯하여 각종 어렵다는 수학책들을 독파하기 시작했다. 당시는 본고사 시대로 강도 높은 주관식 문제를 풀어야 했기 때문에 거의 모든 문제를 암기하는 식으로 무식하게 공부를 했다(알고 보면 수학도 암기과목이다^^). 마침내 찬스가 왔다. 5월쯤이던가 수학시험이 몽땅 주관식으로 나온 것이다. 물론 나는 선생님에 대한 사랑을 수학책으로 해소해 온 터라 모든 문제를 완벽하게 풀어낼 수 있었다. 거의 만점에 가까운 점수를 받았다. 그 다음 점수가 40점 정도. 단연 돋보이는 성적 아닌가? 그렇게 해서 마침내 선생님과 친해질 수 있었다.

　물론 나의 사랑은 여름에서 가을로 넘어가면서 저절로 소멸하고 말았다. 시절인연이 끝나 버린 것이다. 사랑의 덧없음을 그때 처음 맛보았다. 말할 수 없는 허전함과 슬픔이 밀려왔다. 하지만, 사랑은 가도 내게는 수학이 남았다. 응큼한 흑심 때문이었지만 어찌 되었건 나는 수학을 "사랑"하게 되었다. 문과생이면서도 수학을 특히 좋아하게 되었고, 그 덕분에 대학 본고사도 거뜬히 통과할 수 있었다. 특히 내가 한창 사랑에 눈이 멀었을 때 로그와 수열을 배운 탓에 지금도 로그와 수열을 보면 에로틱한 감응에 휩싸이곤 한다.^^

그때 내가 터득한 진리는 "사랑을 할 땐 공부를 하라"는 것이었다. 흔히 연애가 시작되면, 영화를 보거나 여행을 가거나, 하릴없이 유원지를 헤매거나 한다. 한마디로 온통 소비를 통해서만 사랑을 확인하려 드는 것이다. 하지만, 그건 참으로 부질없는 짓이다. 힘으로 일어선 자 힘으로 망한다고, 소비로 맺어진 연애는 반드시 소비로 무너지게 되어 있다. 사랑만큼 소중한 감정도 없지만, 사랑만큼 부서지기 쉬운 감정도 없다. 10년 이상을 한 이불 밑에서 알콩달콩 살던 부부도 순식간에 파국을 맞이하곤 하는데, 하물며 처녀총각의 연애야 말해 무엇하랴. 그래서 책을 읽고 공부를 하라는 것이다. 함께 책을 읽으면서 데이트를 하면 돈도 덜 들고 서로에 대한 신뢰도 높아진다. 또 책을 읽으면 주고받을 이야기도 자연 많아진다. 그러면 말하는 능력, 서사적 힘도 절로 붙게 된다. 일석삼조! 아니 사조!

나는 정말로 그렇게 했다. 대학에 들어와서 본격적으로 연애전선에 뛰어들게 되었을 때, 누구를 만나건 늘상 같이 책을 읽고 공부를 하면서 사랑을 나누었다. 하기사, 나뿐 아니라, 그 시절엔 대학생이라면 누구나 다 책을 통해 연애를 했다. 상대를 꼬시기 위해서도, 더 멋지게 보이기 위해서도, 계속 사랑을 이어가기 위해서도 책을 읽어야 했다. 책이야말로 연애의 매개항이었던 셈이다.

그래서 쓰라린 상처를 많이 받기도 했지만, 그것이 내 삶을 갉아먹지는 않았다. 왜? 책에 대한 사랑과 책을 읽는 능력은 계속 늘어났으니까. 그야말로 밑져도 남는 장사란 게 이런 것이 아닐지. 사랑이 위대한 건 삶을 이전과는 전혀 다른 지평으로 인도해 주기 때문이다. 만약 여러 번의 사랑을 했는데도 삶의 지평이 별로 달라지지 않았다면, 또 존재의 내공이 커지지 않았다면 그건 좀 의심해 봐야 한다. 사랑이 아니라, 습관적 연애중독증일 가능성이 많다. 연애중독증의 가장 큰 특징은 절대 책을 읽지 않는다는 것!

누구나 한 번쯤 격정적인 연애를 꿈꿀 것이다. 10대 청소년이라면 더더욱. 하지만, 꼭 알아 두어야 할 사항이 있다. 세상을 멋지게 사는 법 중에 공부보다 더 화끈한 건 없다는 것. 또 연애를 멋지게 하는 법 중에 함께 책을 읽고 뭔가를 배우는 것보다 더 기막힌 건 없다는 것. '사랑은 가도 수학은 남는 법'이니.

책과 세미나 ― '질풍노도'의 원천

나는 소위 '불의 연대'라고 불리는 80년대에 20대를 보냈다. 최루탄과 투석전이 대학가의 일상이었고, 혁명의 열기가 사회 전체를 들끓게 했던, 그야말로 불같이 뜨거운 시대였다. 타고난 겁쟁이인 데다 알레르기비염으로 폼나게 시위 한번 못 해본 채 그 시절을 통과했지만, 그때의 열기는 지금도 내 공부와 삶의 든든한 초석이 되고 있다. 헌데, 지금도 뇌리에 깊이 박혀 있는 장면이 하나 있다. 당시 대한민국은 최루탄 생산에 있어 세계 최고의 수준이었다. 그 중 최고의 성능을 자랑하는 명품(?)이 다연발탄이었다. 한번 발사되면, 서른 여섯 발이 동시에 터지는 데다, 뱀처럼 구불구불 사방으로 퍼져 나가기 때문에 지랄탄이라고도 불렸다. 멀찌감치서 맡기만 해도 눈코입이 따끔따끔해질 뿐 아니라, 가슴이 꽉 조여들면서 구토증이 나는 정말 '지랄 같은' 탄이었다. 그런데, 놀랍게도 그 지랄탄 바로 앞에서 태연하게 깃발을 흔들고, 돌을 던지는 학생들이 있었다. 이름하여 '사수대'. 무슨 무술을 익힌 것도 아니고, 초능력을 쓰는 것도 아닌데, 어떻게 저럴 수가? 지금 생각해도 신기하기 짝이 없다. 하지만, 돌이켜 보면, 그것이야말로 '책의 힘'이었다. 그들에게 대학이란 고등학교 때까진 절대 상상조차 할 수 없는 금서들을 섭렵하는 곳이었고, 그 책들은 그들의 욕망의 배치를 완전히 바꾸어 주었다. 죽음을 불사하는 담대함과 용기도 그런 식의 신체변이가 없이는 불가능했을 터이다.

그로부터 20년, 지금 대학엔 더 이상 최루탄도, 투석전도 없다. 평온하다 못해 무력감이 유령처럼 휩쓸고 있다. 대학생들은 오직 연애와 고시, 취업과 노후대책에 골몰한다. 기성세대를 긴장시키고, 청춘의 열기를 내뿜을 어떤 청년문화도 존재하지 않는다. 20년 사이에 어떻게 이토록 큰 단절이 일어날 수 있을까? 나는 단언한다. 그것은 책을 읽지 않기 때문이라고. 책과의 짜릿한 접속을 경험하지 못하는데, 어떻게 청춘의 불온함을 발산할 수 있으랴.

책이란 무엇인가? 그것은 나를 전혀 다른 세계로 이끌어 주는 전령사다. 마주치는 순간, 전혀 다른 매트릭스, 아주 이질적인 우주가 눈앞에 펼쳐지는 것, 그것이 곧 책이다. 그 중 특히 내공이 높은 것을 우리는 고전(古典)이라고 부른다. 그렇지 않고, 지금의 나의 초라한 욕망——지식을 통해 타인을 지배하고 나의 소유를 증식하겠다는——을 견고하게 만들어 주는 것은 결코 책이 아니다. 공자님이나 부처님의 말씀일지라도 그런 배치에 들어가면 그저 허접한 정보나 도구로 전락하고 만다. 고로, 책을 책으로 만들어 주는 건 책과 내가 맺는 '관계' 속에 있다. 여기서 가장 중요한 사항은 존재와 세계에 대하여 질문을 던지는 것이다. 80년대에 대학생들이 책 한두 권만으로도 존재의 변환을 경험할 수 있었던 건 그들이 책을 통해 강도 높은 질문을 던졌기 때문이다. "걸으면서 질문하기!"라는 사파티스타의 강령처럼 질문하지 않으면 한 걸음도 나아갈 수 없다. 고로, 질문의 크기가 곧 내 존재의 크기다!

그러므로 사랑에 빠지는 순간부터 책을 읽어야 한다. 그리고 책을 통해 세상을 향해 질문을 던져야 한다. 둘이 눈이 맞아 사랑을 확인하게 된 경우는 말할 것도 없고, 서로 탐색하는 중이라면 더더욱 그렇다. 세상에 어떤 상품도 책보다 더 싼 건 없고, 어떤 보배도 책보다 더 귀한 건 없다. 따라서 책을 읽는 것 자체가 화폐권력에 저항하는 최고의 전술이다. 아울러 서로의 진면목을 탐색하는 데도 책보다 더 좋은 매개항은 없다. 사랑은 서로를 보는 것이 아니라, 함께 같은 곳을 보는 것이다. 그래야 나란히 걸어갈 수 있으니까. 함께 가노라면 서로에 대해 많은 것을 알게 된다. 호흡과 리듬, 습관과 동선, 마음의 행로 등등. 그런데 어디론가 가기 위해선 끊임없이 질문을 던져야 한다. 질문의 크기가 열정의 강도를 결정한다. 그럼 질문은 어디로부터 비롯하는가? 오직 책!만이 그런 강도 높은 질문을 불러일으킬 수 있다.

한 학생이 이렇게 물었다. 그럼, 연애가 시작될 때 읽어야 하나요? 혹은 둘만 읽어야 하나요? 등등. 구체적인 매뉴얼이 필요한 것이다. 작업을 벗어나기 위해 책을 읽으라고 한 건데, 다시 작업 마인드로 질문을 하는 것이다. 쳇! 그래서 말인데, 가장 좋은 건 늘 누군가와 세미나를 하고 있는 것이다. 공부란 본래적으로 네트워킹이다. 홀로 서재에서 끙끙거리며 남을 지배하기 위해 하는 건 경쟁을 위한 도구지, 절대 공부가 아니다. 즉, 공부를 한다는 건 무조건 친구들과 함께 세미나를 한다는 뜻이다. 그리고 세미나보다 더 청춘의 열정을 고양시켜 줄 수 있는 건 없다. 80년대가 바로 그런 시대였다. 그때 대학생들은 학생회관을 통해 청춘의 열정을 발산했다. 세미나를 통해 만나고 사랑하고 헤어지고. 동시에 그것은 낡은 세상을 뒤엎고 새로운 세계를 창조하는 힘이기도 했다. 청춘의 열정, 그것을 독일 낭만주의에선 "질풍노도"(Strum und Drang)라고 불렀다. 거센 폭풍과 격렬한 파도와 같은 정열, 질풍노도! 이 질풍노도의 원천으로 세미나보다 더 멋진 건 없다. 노동자들 역시 마찬가지였다. 80년대엔 폭력과 탄압이 일상화된 그 악조건 속에서도 학습을 하고 사랑을 했다. 학습과 사랑은 언제나 함께였다. 그런데 언제부터인가 대학생도, 노동자도 더 이상 공부를 하지 않는다. 이것과 에로스의 전반적 빈곤이 과연 무관한 현상일까?

세미나 같은 집합적 공부가 중요한 이유는 단지 그것만이 아니다. 사랑이 빛나려면 배경이 있어야 한다. 배경이 없는 사랑은 둘만을 바라보다 블랙홀이 되고 만다. 세미나가 활발하게 이루어지면, 서로가 서로에게 배경이 되어 줄 수 있지 않은가. 특히 사랑을 시작하려면 무엇보다 집합적 배치하에 있어야 한다. 선이나 미팅을 통해서만 이성을 만나야 한다면, 참 거시기한 인생이다. 대체 얼마나 삶의 범위가 협소하면 타인의 힘에 의지하여 짝짓기를 한단 말인가. 세상에 널린 게 남자고 여자인데. 그런 '생뚱맞은' 처지에 빠지지 않으려면, 스스로의 힘으로 인연의 그물망을 넓게 쳐 두어야 한다. 사랑은 어디까지나 그 과정 속에 있어야 한다. 토대가 든든해야 사랑도 풍성하게 자라는 법, 생판 낯선 곳에서 조건만 대충 맞춘 뒤 만난다면 대체 뭔 힘으로 사랑이 자란단 말인가. 쩝! 게다가 이별을 생각한다면 더더욱 그렇다. 이별이 온 다음에도 삶은 계속된다. 만약 그동안 둘만의 관계가 전부였다면, 이별은 엄청난 상처로 남을 것이다. 그게 얼마나 존재를 위험에 빠뜨리는지는 더 말할 나위도 없으리라. 하지만 주변에 든든한 배경이 있다면, 아무리 엄청난 결별을 경험했다 하더라도 그 힘에 의지하여 다시 일어날 수 있다.

우리 연구실의 경우가 그렇다. 20~30대가 많다 보니 그동안 적지 않은 커플들의 이합집산이 있었다. 보통 어떤 조직에서 다소 복잡한 연애사건이 터지면 대개 둘이 조직을 떠나거나 아니면 조직이 심각하게 흔들리거나 한다. 하지만 놀랍게도 우리 연구실은 아직까지 그런 유의 사건은 일어나지 않았다. 꽤나 심도 있게(?) 사귀다 깨진 커플들도 절대 연구실을 떠나지 않는다. 아니, 뭐 그럴 생각 자체를 하지 않는 것 같다. 그럼 어떻게 되느냐고? 이전과는 전혀 '다른' 관계가 된다. 물론 처음엔 어색하고 힘들어한다. 지나간 시간의 흔적들이 남아 있으니까. 하지만, 공동체는 고여 있는 곳이 아니라, 계속 흐르고 움직이는 곳이다. 새로운 활동과 관계가 구성되면 지나간 시간의 흔적들은 차츰 밀려간다. 바닷물이 밀려오면 해변의 모래가 쓸려가듯이. 그러다 보면, 아주 새로운 방식의 우정이나 동료애로의 전이가 일어난다. 생각해 보면 이게 진짜 인생의 자연스러운 양태가 아닐까. 연인 사이가 끝난다고 그와의 모든 인연이 종결된다면, 더구나 함께 공유했던 배경까지 몽땅 잃어버려야 한다면, 그거야말로 자연의 흐름에 반하는 것이 아닐까.

이런 맥락에서 나는 사랑의 배경으로 공부보다 더 좋은 건 없다고 확신한다. 누구나 평생 해야 하는 게 공부고, 누구나 평생 해도 끝나지 않는 게 또 공부다. 고로, 공부는 세대와 직업, 성별을 넘어 서로 우정을 나눌 수 있는 최고의 승부처다. 그리고 이 우정이야말로 사랑의 든든한 초석이다. 그런 점에서 사랑과 우정 사이를 구획짓는 이분법은 그야말로 패착이다. 고로, 사랑을 하고 싶은가? 혹은 지금의 사랑을 더 지속하고 싶은가? 그렇다면, 책을 읽어라! 공부를 하고 세미나를 조직하라!

뭘 공부하냐고? 이쯤에서 이옥의 말을 다시 환기하자. "천지만물을 아는 데 남녀의 정을 살피는 것보다 더 좋은 건 없다." 고로, 천지는 드넓고 공부할 거리는 억수로 많다!

'정신승리법'의 시대

아Q는 자존심이 강하다. 품삯일로 근근이 살아가는 처지면서도 마을의 모든 사람들을 경멸한다. 그렇다고 주먹을 좀 쓰는가 하면 그것도 아니다. 동네 건달들에게 늘 얻어맞고 다닌다. 하지만 그럴 때마다 그는 곧바로 자신을 이렇게 두둔한다. '아들놈한테 얻어맞은 걸로 치지 뭐, 요즘 세상은 막돼먹지가 않았어.' 그러면 순식간에 마음이 유쾌해진다. 이게 그 유명한 아Q의 정신승리법이다.

그의 정신승리법은 나날이 진보한다. 동네사람들한테 벌레취급을 당하자 자기야말로 '자기를 경멸할 수 있는 제일인자'라고 여긴다. '자기경멸'이란 말을 제외하면 남는 건 '제일인자' 아닌가, 라는 궤변을 늘어놓으면서. 한번은 노름판에서 된통 당하고 온 적이 있었다. 이때는 오른손을 들어 두세 번 자기 뺨을 힘껏 때린다. 그러자 비로소 마음의 평안을 얻게 되면서 패배를 승리로 전환시킬 수 있었다.

중국근대문학의 거장 루쉰의 「아Q정전」은 전편에 걸쳐 이런 충격적 서사들로 가득하다. 보다시피 아Q는 웃긴다. 하지만 이 웃음 뒤에는 정체를 알 수 없는 깊은 적막이 드리워져 있다. 동정과 연민 때문에? 아니다. 시대적 모순에 대한 분노 때문에? 그것도 아니다. 아Q를 지배하는 저 망상의 그물망이 너무도 넓고 깊어서다. 대체 저 심연에서 벗어날 길이 있기나 한 것일까? 어떤 혁명이, 어떤 제도가,

어떤 교육이, 저 정신승리법의 심오한 행진을 멈추게 할 수 있을 것인가? 과연 그렇다. 아Q로부터 한 세기가 지난 지금, 정신승리법의 진화는 더 한층 눈부시다.

정신승리법이란 무엇인가? 현실과 어떤 연계도 맺지 못하는, 오직 망상의 환타지에서만 작동하는 자기도취의 심리적 기제다. 모든 문제는 세상 탓이다, 어떤 경우에도 자기 삶의 현장을 돌아보지 않는다, 탓하거나 도취되거나—이것이 기본 공식구다. 우리 시대가 즐겨쓰는 모티브는 꿈과 희망, 그리고 사랑 따위다. 꿈과 희망을 품어라, 사랑은 아름답다는 주문이 쉴 새 없이 쏟아진다.

그런데 꿈과 희망이 커질수록 세상과 일상은 하찮아진다. 그러면 그 공허를 메우기 위해 더 큰 꿈을 기획해야 한다. 더 큰 대회를 유치해야 하고, 더 "쎈" 이벤트를 해야 하고, 더 "어매이징한" 쇼를 해야 한다. 더! 더! 대체 왜 그렇게 엄청난 꿈이 필요한 거지? 그러면 이렇게 답한다. 사랑을 위해서라고. 사랑만이 삶의 진정한 의미라고? 사랑의 본질이나 가치에 대해선 결코 묻지 않는다. 그냥 그렇게 외울 따름이다. 더 놀라운 건 이때 사랑이란 '하는' 것이 아니라 어디까지나 '받는' 것이라는 사실이다.

그래서 아주 독특한 정신승리법이 탄생한다. 내가 꿈을 못 이룬 건 사랑을 받지 못했기 때문이고, 내가 희망을 잃은 것은 세상이 날 사랑해 주지 않았기 때문이라는. 마치 빚 받으러 온 채권자마냥 오직 바라고 또 바랄 뿐이다. 그리고 이 지점에서 놀라운 반전이 일어난다. 상처받은 영혼이 순수하다는 명제가 그것이다. 그 결과 드라마에서건 현실에서건 온통 상처뿐인 사람들로 넘쳐난다. 그러자 이젠 누가 더 많은 상처를 받았는가가 관건이 된다. 상처가 깊을수록 그 영혼은 더 순수해지는 법이니까. 아Q가 자기경멸의 '제1인자'가 되고 자기 뺨을 스스로 때리면서 승리감을 맛보았던 것처럼 바야흐로 상처도 스펙이 되었다. 몽롱한 꿈속을 헤매거나 상처받은 영혼으로 거듭나거나 ― 이것이 우리시대 정신승리법의 새로운 스타일이다.

「아Q정전」의 결말은? 처참하다. 때는 바야흐로 혁명의 시절. 아Q가 살던 마을에도 혁명군이 들이닥쳤다. 하지만 그에게는 혁명조차 '망상게임'에 불과했다. 결국 혁명의 소용돌이 속에서 아Q는 형장의 이슬로 사라진다. 정신승리법이 통하지 않는 순간이 도래한 것이다. 그의 비극은 죽음 자체가 아니다. 그는 자신이 서 있는 삶의 현장을 한 번도 정면으로 응시하지 않았다. 늘 승리했지만 그 승리 속에서 그의 삶은 실종되어 버렸다. 한마디로 그는 진정으로 자신을 존중하는 법을 몰랐던 것이다. 보다시피 아Q의 망령은 실로 집요하다. 하지만 그 망령으로부터 벗어나는 길은 의외로 간단하다. 자신의 발바닥을 보면 된다. 발이 있는 곳이 곧 내 삶의 무대다.

청춘이여, 욕망하라!

뭉크, 「에로스와 프쉬케」, 1907

상생하는 연애의 비법

어허, 그림 참, 침울하고 우울하기 짝이 없다. 사랑하는 사이에서 이렇게 어두운 포스가 나온다면 그 연애는 뭔가 문제가 있는 게 분명하다. 만나도 통 즐겁지 않지만 그렇다고 만나지 않자니, 그건 또 싫다. 그렇다면, 상생하는 연애의 비법은? 나를 관찰하고, 상대를 관찰하고, 몸과 마음의 간극을 줄이는 것! 연인은 사랑하는 사람이기 이전에 나와 같은 시공간 속에 있는 '친구'이다. 그 친구를 공부하는 것이 곧 그를 향한 최고의 '사랑법'이 아닐까?

칼로, 「부상당한 사슴」, 1946

나는 가련한 작은 사슴

아프다. 화살이 박힌 살갗도, 부러진 나뭇가지며, 도망갈 곳 없는 이 막다른 상황도 너무 아프고 고통스럽다. 우리가 이별 후 겪는 몸과 마음의 상태 말이다. 그래서 사랑이 끝난 후에는 언제나 내 가슴을 이렇게 아프게 한 상대에 대한 미움이 가득 찬다. 차거나 차인 후에 이어지는 분노와 원한의 감정은, 사랑에는 모두 저마다의 '시절인연'이 있음을 모르기 때문에 생기는 것. 꽃이 피고 지고, 잎이 나고 지는 것처럼 우리의 인연이 피고 지는 것도 자연스러운 생의 여정임을 깨닫는 날, 우리의 고통도 끝이 난다!

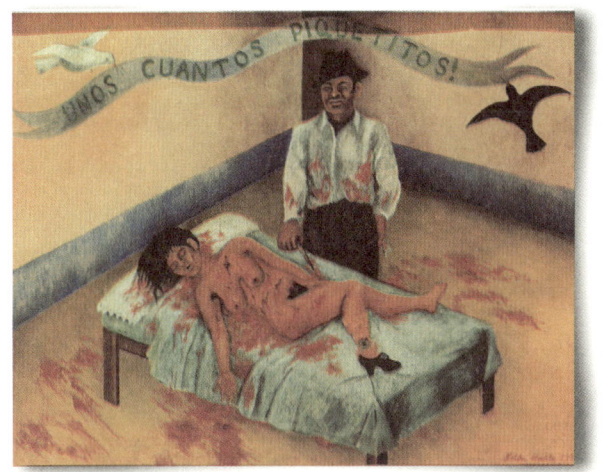

칼로, 「몇 개의 작은 상처들」, 1935

고통과 불행은 다른 것이라는 진실

"우리 그만 헤어져." 시작은 그리도 어렵더니 헤어지는 건 참 쉽다. 이별을 당한 이의 마음은 갈기갈기 찢어지고 길고 긴 밤 술로 지새며 몸을 망가뜨려서 심적 고통을 몸적 고통으로 전이시키는 건 이제 이별공식이 되었다. 그럼, 심신이 고통스러운 자의 결말은? 불행해지는 거다. 미련하게도 이별의 아픔을 불행으로 변주하는 것이다. 이 불행을 멈추고 싶다면, 그래서 복수하고 싶다면 방법은 단 하나. 그 인연의 장을 만든 자기 자신에게서, 자신을 얽어매는 온갖 망상들에게서 고개를 돌리고 성큼! 길을 나서라!

223

청춘의 불온함으로, 공부하라!

청춘의 열기로, 그 불온함으로 세상에 돌을 던지던 때가 있었다. 그때 그 에너지의 동력이 되었던 것은 다름 아닌 '책'이었다. 지금 청년들은 취업과 연애전선에서 고군분투하지만, 몇십 년 전만 해도 청년들은 책과 세미나를 통해 세상을 변화시키고자 분투했다. 지금 대학엔 더 이상 투쟁도, 열정도 존재하지 않는다. 전복과 생성은 오로지 토익점수를 '뽀개는' 데에만 있다. 암울하다 못해 슬픈 일이다. 이 암담함을 떨쳐 버리고 좀더 멋있는 청춘이 되고 싶으면? 책을 읽어라. 나를 다른 세계와 접속하게 하는 힘, 그것은 여전히 책에 있다.

4부

에로스와 '운명애'

보쉬, 「쾌락의 정원」, 1510년경

『동의보감』을 대표하는 아포리즘 가운데 '통즉불통'이라는 사자성어가 있다. "'통즉불통'은 이중의 의미를 담고 있다.—'통하면 아프지 않다'(通則不痛)와 '아프면 통하지 않는다'(痛則不通). 요컨대 건강하다는 것, 잘 산다는 것은 '통'한다는 뜻이다. 그리고 이 '통'의 경계는 실로 무궁하다. 몸과 마음, 몸과 몸, 몸과 외부, 몸과 사회, 몸과 우주 등등. 반대로 아프다는 건 '불통', 곧 막힌다는 뜻이다. 진액이 막히면 담음이 된다. 이 담음이 만병의 근원이다."
(『동의보감, 몸과 우주 그리고 삶의 비전을 찾아서』, 171쪽)

요컨대, 건강이란 모름지기 "통"하는 것이다. 통함이란 곧 상응을 의미한다. 한 치의 어긋남 없이 서로 조우하는 것. 그것이 곧 상응이다. 여기에는 경계가 없다. 좁게는 자신의 오장육부가 서로 통해야 하고, 넓게는 몸과 사회와 우주가 한 치의 어긋남 없이 서로 응해야 한다. 사랑 또한 그러하다. 사랑은 그 자체로 소통과 접속에의 열망에서 나온 것이다. 타자와 접속하고자 하는 욕망. 낯선 세계와 조우하고자 하는 욕망. 그럼 왜 그토록 소통과 접속을 열망하는가? 삶을 생성하기 위함이다. 니체에 따르면, "참된 사랑은 사랑하는 대상을 스스로 창조한다." 대상이 나를 선택하는 것이 아니라, 내가 대상을 창조하는 것, 그것이 사랑이다. 왜냐면? 사랑은 궁극적으로 "삶을 아름답게 창조하는" 행위이기 때문이다.

사랑한다면, 삶을 창조하라!

루쉰의 '사랑법'

1925년 봄, 사제지간이었던 루쉰과 쉬광핑은 한 통의 편지를 시작으로 열정적인 연애에 돌입한다. 당시 루쉰은 사십 대 중반의 북경여사대 교수였다. 게다가 이미 오래전 전통적 관습에 따라 결혼을 한 처지였다. 부부간의 어떤 정서적 교류도 없긴 했지만, 법적으론 엄연한 유부남이었다. 그에 반해, 쉬광핑의 나이는 당시 스물여덟, 북경여사대 학생이었다. 그로부터 몇 년간, 두 사람은 쉬임없이 편지를 주고받았다. 그 편지묶음이 『양지서』(兩地書, 국역본 제목은 『루쉰의 편지』)다. 20세기 동아시아 최고의 문장가, 그리고 세대와 관습을 뛰어넘은 사랑, 격변의 중국 근대사, 이 정도 백그라운드면 최고의 '스캔들'이 되지 않을까…… 싶겠지만, 절대 오해다! 놀랍게도 이 책에는 사랑한다는 말이 거의 등장하지 않는다. 보통의 연애편지에서 볼 수 있는 사랑표현이나 애정의 과시는 일체 찾아볼 수 없다. 그런데도 둘 사이의 소통과 감응의 흔적이 글자마다에 찐하게 배어 있다. 놀랍지 않은가. 하지만, 이게 바로 루쉰과 쉬광핑의 저력이다. 그들에겐 사랑이라는 단어를 동원하지 않고도 서로 나눌 이야기들이 너무나 많았다. 시대에 관하여, 문학에 관하여, 일상에 관하여. 친구들에 관하여, 적들에 관하여, 또 그 무언가에 관하여. 쉽게 말하면, 그들은 삶 전체를 "통째로" 주고받았던 것이다. 그들은 사랑을 확인하고 확인받는 일보다 삶을 함께 만들어 가는 일에 더 골몰하였다. 보통은 사랑을 확인하고 난 다음, 무엇을 함께 할까를 고민하는 수순을 밟지만, 이들은 사랑의 시작과 더불어 즉각 서로의 삶을 서로에게 "선사"한 것이다. 하여, 굳이 상대의 감정을 확인하기 위해 밀고 당기고 하는 식으로 힘을 소모할 필요가 없었다. 루쉰은 이렇게 평생 단 한 번의 사랑을 했을 뿐이지만, 진정 '사랑의 달인'이었다.

이미 언급했듯이 사랑을 함에 있어 꼭 필요한 노하우가 있다면, 그건 다름 아닌 '삶의 서사'다. 서사란 사람과 사물이 마주칠 때 일어나는 사건의 흐름이다. 그렇게 보면, 우리의 일상 모두가 사건이다. 사건이냐 아니냐를 결정하는 건 스케일과 형식에 있는 것이 아니라, 주체가 외부와 맺는 관계성 혹은 상응의 정도에 달려 있다. 지극히 평범한 사물도 어떤 각도와 프레임에 담기느냐에 따라 전혀 다른 장면이 연출되는 것과 같은 이치다.

사랑이란 두 사람이 퍼즐 맞추듯 합치는 게 아니다. 이미 언급했듯이, 그런 식의 합체는 우주적 이치상 불가능하다. 그보다는 두 사람의 운명적 리듬이 서로 교차하는 매트릭스에 더 가깝다. 매트릭스의 생명력은 서사의 힘과 굴곡에 달려 있다. 만약 서사가 빈곤해지면, 당연히 매트릭스는 닫히고 만다. 계속 동일한 상황에서 맴돌게 될 테니까. 반복이야말로 사랑과 생명의 적(!)이다. 헌데, 요즘 연애가 딱 이런 상태다. 주고받을 서사가 없으니까 감정의 반복적 배설이 고작이다. 하루 종일 사랑한다는 메시지를 주고받지만, 그 속내는 빈곤하기 짝이 없다. "깊이 있는 대화는 거의 못하고 있다는 대답이 대다수였다. 거의 속생각은 털어놓지 않았고 고민을 상담할 때 애인과 친구 중 하나를 고르라고 하면 대다수가 친구를 고르겠다고 했다."(해완이의 인터뷰) 연애기간이 짧은 것도 전적으로 그 때문이다.

"연애경험이 있는 아이들의 대다수가 나중에 사랑을 하는 것이 좋다고 대답을 했다. 지금 자기가 사귄다고 해서 애인에게 줄 수 있는 게 아무것도 없다는 것이다."(해완이의 인터뷰) 대체 뭘 주고 싶은 걸까? 아마도 그것은 '삶의 서사'일 것이다. 대한민국에서 10대들의 일상은 너무나 획일적이다. 그러니 함께 나눌 수 있는 서사가 극히 제한적일밖에. 해완이 친구들이 말하는 무기력과 답답증은 거기에 있으리라.

사실 어떤 사람에 대한 느낌의 대부분은 그 사람이 하는 말과 관련이 있다. 목소리, 화법과 수사, 말할 때의 표정, 말과 행동 사이의 관계 등등. 아무리 외모가 그럴듯해도 말과 목소리가 그걸 받쳐주지 못하면, 카리스마는 물론 최소한의 신뢰감을 확보하기도 쉽지 않다. 오히려 잘생긴 외모 때문에 더 따돌림을 당할 수도 있다. 결국 이성 간이든 아니든 만남이 지속되면, 그 관계를 끌어가는 핵심적인 사항은 외모가 아니라 '화법'이다. 그리고 그 화법의 밀도와 색깔을 규정하는 게 바로 서사다. 춘향이의 "말빨"이 얼마나 화려하고 변화무쌍한지는 이미 언급했고, 여기서는 『임꺽정』을 예로 들어 보자. 꺽정이와 그의 친구들은 무식하다. 진서고 언문이고 문자와는 담을 쌓은 인물들이다. 그래서 이들은 어떤 공부건 책이나 문자를 통해 하는 법이 없다. 그럼? 이야기로 배운다. 이야기로 배우고 이야기로 전수한다. 해서, 이들은 타고난 이야기꾼이요 수다쟁이다. 이들은 모두 길 위에서 만났다. 어디론가 떠돌다 어느 길목에서 딱 마주치면 일단 한판 싸우고, 그 다음엔 술을 마시고, 그 다음엔 밤새 이야기를 나눈다. 자신의 인생역전을 판소리 완창을 하듯 한바탕 주워섬긴다. 도적질을 하러 가는 중에도 이야기를 하고, 서로 싸우면서도 이야기로 응수를 한다. 다들 입담 하나는 끝내준다. 낯선 공간에서 낯선 여인네를 만나 즉각 결연을 맺는 저력도 다 이 입담 덕분이다. 이 과정을 따라가노라면, 서사와 경청이 하나의 능력임을 알게 된다. 그리고 그것이야말로 사람과 사람 사이의 가장 매혹적인 교량이라는 것도. 특히 사랑과 서사의 긴밀한 함수관계를 터득하고 싶다면, 『임꺽정』의 '연애담'(10가지 이상의 케이스가 나온다)을 참조하길 적극 권장하는 바이다.

그에 반해, 우리시대는 서사가 사라졌다. 그래서 사람들은 이야기의 능력을 망각해 버렸다. 자신의 일상, 자신의 인생, 자신의 배움이 모두 이야기가 될 수 있다는 사실을 까먹은 것이다. 동시에 청각도 잃어버렸다. 자신의 속내와 인생역전을 멋들어지게 이야기할 줄도 모르지만, 남의 사연을 들을 줄도 모른다. 해서, 남의 이야기는 드라마와 영화를 통해 엿보고, 자기 이야기는 정신과 의사나 심리상담사를 찾아간다.(이런!) 좋은 음식을 먹고 맑은 공기를 마셔야 하는 것처럼 좋은 말, 청정한 말을 하고 또 들어야 한다. 구술과 암송이 최고의 공부법인 이유도 거기에 있다(이 점에 대해서는 『공부의 달인, 호모 쿵푸스』를 참조하시라). 역사상 이름 높은 '사랑의 달인'들이 다 언어의 달인인 점, 책읽기와 공부하기가 연애의 필수과정인 것도 같은 맥락이다.

그러므로 사랑을 원한다면 혹은 지금 운좋게(!) 사랑을 하고 있다면, 무엇보다 서사의 능력을 키우도록 하라. 다시 말하지만, 서사는 화술이 아니라, 나의 삶과 외부가 맺는 관계성의 문제다. 따라서 서사의 능력을 키우기 위해선 대략 두 가지 전략이 필요하다. 하나는 지금까지와는 아주 다른 삶의 영역을 개척하는 것. 다른 하나는 자신의 평범한 일상에 생생한 힘과 활력을 불어넣는 것. 물론 이 두 가지는 함께 맞물려 있다.

만약 지금 누군가를 짝사랑하고 있는 처지라면, 자기비하와 헛된 망상에 빠져 허우적거리지 말고, 그 열망을 낯선 세계와 접속하는 동력으로 써 보는 건 어떨까. 사회봉사활동도 좋고, 시민운동도 좋다. 새로운 공부를 시작하는 것도 좋고, 낯선 네트워크에 들어가 친구관계를 바꾸는 것도 좋다. 그렇게 되면 진부하기 짝이 없는 일상도 탄력이 붙게 된다. 외적 자극에 의한 촉발로 인해서다. 요컨대 핵심은 신체의 소통과 감응력을 높이는 데 있다. 즉 이런 과정을 거치게 되면, 몸이 전혀 다른 '어펙션'(affection)을 내뿜게 된다. 그게 바로 서사의 동력이다. 사랑하는 이에게 뭔가 '줄' 게 생긴 것이다. 전혀 다르게 변한 나를, 나의 싱싱한 일상을, 그 일상에 대한 이야기를 줄 수 있다면, 그보다 더 멋진 선물이 또 있을까.

선물 이야기가 나왔으니 말인데, 선물을 왜 꼭 내가 좋아하는 상대한테만 주려고 하는가. 그런 대상을 보내 준 이 세상에 대해서도 뭔가 보답을 해야 하지 않나. 사랑을 하면 반드시 그렇게 해야 한다고, 나는 생각한다. 사랑이란 단지 그 대상하고만 소통하는 것이 아니다. 그 대상이 살아가는 시공간과도 깊은 교감을 나누어야 마땅하다(이쯤에서 "사랑하는 대상이 바로 '나'다", "참된 사랑은 사랑하는 대상을 스스로 창조한다!"는 테제들을 암기해 보는 것도 좋겠다). 그러므로 사랑이 시작되면 내면에 웅크리는 것이 아니라, 더 넓은 세상 속으로 성큼 들어가야 한다. 그러다 보면 그 힘에 의거하여 인연이 형성될 수 있고, 인연이 맺어진 다음엔 그렇게 만들어진 삶의 서사를 다시 나눌 수 있다. 물론 그 과정에서 새로운 인연이 생길 수도 있고. 암튼 이래저래 남는 장사다!

'창조'의 키워드—리듬과 강도

니체는 차라투스트라의 입을 빌려 이렇게 말했다. 좋은 결혼이란 "더욱 높은 신체를 창조하는, 창조하는 자를 창조하는 것"이라고 표현했다('아이와 결혼에 대하여'). 역시 핵심은 몸이다. 창조는 몸을 통해서만 자신을 표현한다. 따라서 삶을 창조한다는 건 구체적으로 새로운 몸을 창조하는 것이기도 하다.

그럼, 어떻게 새로운 신체를 창조할 것인가? 원리는 간단하다. 리듬과 강도(intensity). 우리 몸은 이미 어떤 종류의 리듬과 강도로 세팅되어 있다. 모임에 지각하는 사람은 늘 어디서나 지각을 한다. 용두사미형 인물은 어디서건 초반에는 방방 뜨다 중반부만 되면 슬그머니 사라지곤 한다. 나 같은 '소심한 무데뽀 형'은 처음엔 쉽게 움직이지 않지만, 일단 목표가 정해지면 끝을 보고야 만다. 기타 등등. 이것이 바로 리듬이다. 리듬이 시간적 질서라면, 강도는 공간적 구조와 관련되어 있다. 즉, 같은 리듬을 가지고 있어도 그 리듬이 만들어 내는 '어펙션'은 다 다른 것이다. 요컨대, 리듬과 강도란 우리 몸이 만들어 내는 에너지장 정도로 이해하면 되겠다. 체질이라든가 팔자라는 것도 결국은 다 여기에 달려 있다. 생년월일시를 통해 운명의 흐름을 읽어 내는 사주명리학의 이치 또한 마찬가지다. 요컨대, 몸이 곧 운명이다!

    강의 중에 농담처럼 하는 말이 있다. "전생이 궁금하십니까?" 그러면 다들 눈이 동그래지면서 귀를 쫑긋한다. 답은? "지금 살고 있는 그 모습이 바로 전생입니다." 썰렁~ 하지만, 이보다 더 정확한 답변은 없다. 알다시피, 우리가 지금 보고 있는 별은 지금 별의 모습이 아니다. 몇억 광년 전, 사람으로 치면 전생에 해당하는 아득한 과거의 그 빛과 모양을 우리가 보고 있을 뿐이다. 지금, 저 별은 전혀 다른 모습으로 바뀌었거나 아니면 폭발되어 우주의 허공을 떠돌고 있을지도 모른다. 마찬가지로 우리 자신도 지금 현재를 그대로 연출하지 못한다. 과거의 어느 시공간적 흔적을 투사하고 있을 뿐이다. 그렇다면 다음 생의 모습도 쉽게 알 수 있다. 지금 살고 있는 이 "꼬라지"가 바로 우리의 미래다.

너무 절망적이라고? 아니다, 그 반대다! 지금, 내 앞에 펼쳐지는 삶의 현장이 '과거, 현재, 미래'의 시공간이 다 맞물려 있는 인생과 우주의 승부처라는 의미이기도 하다. 다시 말해, 과거의 그림자, 미래의 실루엣을 떨쳐 버릴 수만 있다면, '지금, 여기'를 온전히 살아 낼 수 있다. 그 척도는 어떤 리듬과 강도를 표현하느냐에 달려 있다. 그리고 딱 그만큼이 나의 다음 스텝, 곧 미래를 결정한다는 것인데, 이보다 더 기막힌 프로젝트가 어디 있단 말인가. 요컨대, 삶의 창조란 거창한 추상적 이념이 아니라, 바로 이 '지금, 여기'를 구성하고 있는 내 몸의 리듬과 강도를 바꾸는 것을 의미한다. 거꾸로 말하면, 이 리듬과 강도를 바꿀 수만 있다면, 인생 역전도 얼마든지 가능하다는 뜻이다. 와우~

평소, 우리의 리듬과 강도는 엄청 산만하다. 한마디로 멍~하게 지낸다는 뜻이다. 그게 바로 무명이다. 그 무명 속에서 '탐진치'가 자라난다. 뭔가 큰 촉발이 일어날 때라야 이 무명의 상태에서 깨어나는데, 주로 분노하거나 쾌락에 빠지거나 둘 중의 하나인 경우가 많다. 쾌락과 분노는 다 몸에 해롭다. 따라서 그냥 멍한 상태로 살면 분노와 쾌락 사이를 오가느라 점점 더 리듬과 강도가 낮아질 수밖에 없다. 이런 상태론 뭘 해도 열정과 끈기가 따라붙지 않는다. 그렇다면, 가장 먼저 이 멍하고 산만한 상태에서 벗어나야 한다. 리듬의 거품을 빼면 강도는 절로 확보된다. 인류의 위대한 스승들, 인생의 대가들은 이 점에서 아주 탁월하다. 매일매일의 일상은 물론이려니와 단 한순간, 아니, 단 하나의 호흡도 쓸데없이 낭비하지 않는다. 그렇게 되면,

몸과 마음, 말과 행위 사이에 완벽하게 상응을 이루게 된다. 이런 것을 일러 삶의 진정성이라 할 터. 사랑이란 그런 진정성을 확보할 수 있는 절호의 찬스에 해당한다.

사랑은 내 안에 잠자고 있던 태풍이 몰아쳐 나로 하여금 뭔가에 강렬하게 집중하도록 하는 일대 사건이다. 그때 일어나는 집중력은 실로 놀라운 수준이어서, 그 정도의 힘이라면 내 몸에 쌓인 낡은 흔적들을 일거에 몰아낼 수 있다. 만약, 그 정도가 아니라면, 그건 사랑이라고 할 수도 없다. 예컨대, 사랑을 하고 있는데, 자신의 몸과 일상에 어떤 변화도 일어나지 않았다면, 단언컨대! 사랑하지 않는 것이다! 그러니 사랑을 하고 있다면, 사랑을 꿈꾸고 있다면 먼저 동선을 바꾸라.

동선을 바꾼다는 건 일상의 차서(次序)를 재배치하는 것이다. '차'란 시간적 순서, '서'란 공간적 질서를 뜻한다. 차서를 재배치한다는 건 중요한 것과 중요하지 않은 순서를 바꾸고 하루의 활동들을 시공간적으로 다르게 안배한다는 뜻이다. 삶은 몸의 에너지들이 서로 교호하는 물리적 장이다. 내가 리듬과 강도를 바꾸면 당연히 내 주변에 이전과는 다른 물리적 장이 형성된다. 인연조건이 달라진다는 뜻. 그렇게 되면 그걸 바탕으로 새로운 관계와 활동 속으로 들어갈 수 있다. 그게 바로 새로운 신체의 창조며 삶의 창조다.

이런 맥락에서 보면, 사랑은 어떤 경우에도 절대 대상을 위해 나를 희생하는 것이 아니다. 일차적으로는 내가 사랑하는 대상과, 더 넓게는 이 세계와의 공존을 기획하는 일이다. 이 공존에서 가장 필요한 건 바로 자신이 원인이 되는 것이다. 사랑을 통한 삶의 창조, 그것은 그 누구도 대신할 수 없는 나의 영역이다.

"우리는 욕망들을 지닌 채, 욕망들을 통해서 성을 이해해야 하며, 새로운 형식적 관계, 새로운 형식의 사랑, 새로운 형식의 창조를 진행해야 한다. 성은 숙명이 아니다. 성은 창조적인 삶을 위한 가능성이다."(푸코, 「성, 권력, 정체성의 정치학」, 1984)

에로스와 유머

'기쁜 능동촉발'―스피노자의 지혜

"웃음과 춤은 중력의 영으로부터 얼마나 자유로운가를 보여 주는 징표이다. 표정과 걸음걸이만큼 사람들의 상태를 잘 보여 주는 것은 없다."(고병권, 『니체의 위험한 책, 차라투스트라는 이렇게 말했다』, 255쪽) 니체에 따르면 웃음과 걸음걸이가 관건이란다. 헌데, 만약 사랑에 빠졌는데 무겁고 어둡다면? 그거야말로 무게와 깊이를 혼동한 것이다. 슬픈 것이 영원하다는 편견도 거기에서 비롯한다. 한의학적으로 보면, 우울한 것, 슬픈 것은 당연히 무겁다. 밑으로 꺼지는 기운이기 때문이다. 그래서 자꾸 무거워지면 결국 몸 안에 담음(痰飮)이 뭉쳐서 각종 질병을 낳게 된다. 『동의보감』에선 질병의 거의 80%를 기의 울체, 즉 담음에서 온다고 본다. 현대의학에선 이걸 스트레스라고 한다. 그러니 이게 얼마나 몸에 해로운지 실감할 것이다. 결국 "그들은 사랑조차 망쳐 놓는다. 사랑에 무거운 저울추를 달아 두고는 진정한 사랑이라 우기지만, 그때 사랑은 종종 구속으로 변질된다"(같은 책, 254쪽). 사랑이라는 가장 평화로운 낱말이 지배와 예속, 가학증과 피학증이라는 폭력적인 관계로 변질되는 것도 다 이 때문이다.

이런 식의 중력장을 해체하기 위해서는 스피노자의 지혜가 필요하다. 스피노자는 인간이 일으키는 감응을 이렇게 분류했다. 기쁨과 슬픔. 기쁨은 내 능력의 증가에서 오는 것이고, 따라서 그 자체가 보상이다. 슬픔은 내 능력의 감소에서 오는 것이고, 그래서 원한의 감정을 낳게 된다. 기쁨은 신체의 특정 영역과 관련되어 있는 쾌감과는 달리, 신체 전체의 능력 향상을 뜻한다. 그리고 신체의 능력은 외부적 관계에 따라 계속 달라진다. 고로, 기쁨의 내용과 질도 계속 변화한다. 다시 이 관계에 대한 태도에 따라 능동과 수동 두 가지로 나뉜다. 능동촉발과 수동촉발. 전자는 내 안에서 흘러나오는 힘이고 후자는 외부에 의해 영향을 받는 힘이다. 전자가 긍정적이라면, 후자는 당연히 부정적이다. 다시 말해, 내가 스스로 온전한 원인이 될 수 있다면, 나는 그 결과를 명철하게 장악할 수 있다. 수동은 정확히 그 반대다. 원인이 바깥에 있기 때문에 나는 계속 끌려다닐 수밖에 없다.

긍정과 부정, 둘 사이에는 건널 수 없는 강이 있다. 부정적인 힘은 아무리 증대한다 해도 긍정이 될 수 없다. 긍정은 창조적 능력이다. 여기서는 선과 악이 아니라, 좋고 나쁨이라는 윤리가 작동한다. 도덕이 초월적 규범이라면, 윤리는 생리적인 것이다. 세상에 절대적으로 좋은 것도 절대적으로 나쁜 것도 없다. 내가 외부와 어떤 관계를 맺느냐에 따라 약이 되기도 하고, 독이 되기도 한다. 한약 중에 부자라는 약재가 있다. 이것은 아주 치명적인 독을 품고 있지만, 불치병에 걸린 사람을 낫게 하기도 한다. 결국 어떤 관계로 마주치느냐가 그 속성을 결정짓는 것이다.

사랑이야말로 이렇다. 사랑은 나의 기쁨이 흘러넘치는 것이다. 누군가를 사랑한다는 건 그 사랑의 원인이 되는 나의 존재를 긍정하는 힘이기도 하다. 저렇게 멋진 사람을 사랑하게 된 나는 얼마나 훌륭한 존재인가? 군중 속에서 저 한 사람을 발견해 낼 수 있는 나의 직관력과 탁월한 안목이란! 좀, 유치하긴 하지만 이런 정도의 긍정이 있어야 한다. 즉, 누구를 사랑할 수 있는 능력을 가진 자신을 존중하고 경탄하는 것, 그런 자긍심과 환희가 있어야 그 열락이 외부로 흘러 나갈 수 있다. 만약 사랑에 빠졌는데, 그 기쁨이 새로운 리듬을 만들지 못할 뿐 아니라, 그 커플 옆에 있으면 모든 사람이 피곤해진다고 치자. 그런 사랑은 일단 사랑이 아니다. 수동적·부정적 힘으로 서로를 갉아먹는 '변태'들이다. 그런 사랑이 삶을 창조하고 타인을 촉발할 리가 없다. 혹시 지금 자신이 그런 사랑을 하고 있는지 잘 살펴보시라.

사랑을 하면 누구나 질투, 분노, 광기, 변덕 같은 힘들에 끌려다니게 된다. 그 힘들이 바로 나의 능력을 갉아먹는 수동촉발임은 말할 나위도 없다. 그 힘들에 끌려다니지 않기 위해서도 반드시 이런 지혜가 필요하다. 그런 감정들에 붙들려서는 안 된다. 붙들리면 지는 것이다. 그렇기 때문에 그 힘들보다 더 강한 긍정의 힘을 키워야 한다.

만일 내가 참으로 한 사람을 사랑한다면, 나는 모든 사람을 사랑하고 세계를 사랑하고 삶을 사랑하게 된다. 만일 내가 어떤 사람에게 "나는 당신을 사랑한다"고 말할 수 있다면 "나는 당신을 통해 모든 사람을 사랑하고 당신을 통해 세계를 사랑하고 당신을 통해 나 자신도 사랑한다"고 말할 수 있어야 한다.(『사랑의 기술』, 70쪽)

불교에 따르면, 깨달음의 출발은 자신이 곧 부처임을 아는 것이라 한다. 하지만 사람들은 자신이 위대한 존재라는 걸 절대 알아차리질 못한다. 아니, 당최 믿으려 들지를 않는다. 위대한 존재는 저 멀리 어딘가에 별도로 있을 거라고 전제하기 때문이다. 그 또한 '지금, 여기'를 부정하는 허무주의의 일종이다. 이 지독한 허무주의를 넘어서는 과정이 바로 수행이다.

사랑 또한 그러하다. 사랑의 창조, 그 궁극적 지점은 다름 아닌 자신을 사랑하는 것이다. 자신의 삶의 현장, 곧 '지금, 여기에 있음' 자체를 사랑하는 것이다. 지나간 것에도, 도래할 것에도 끄달리지 않는, 자신의 현존성에 대한 절대적 긍정! 그렇게 될 수 있다면 사랑은 그 자체로 창조의 여정이 될 수 있지 않을까.

'미친' 사랑의 노래 ─ 「노처녀가」

중력장을 해체하고 에로스적 열정을 맘껏 향유하려면 무엇보다 경쾌한 스텝을 밟을 수 있어야 한다. 그리고 그 경쾌한 움직임의 핵심 전략은 다름 아닌 "유머"다. 니체의 말마따나 웃음과 걸음걸이는 함께 간다. 이것과 관련하여 꼭 들려주고 싶은 노래가 하나 있다. 제목은 「노처녀가」. 조선시대의 대표적 노래형식인 '가사'(歌辭)라는 장르에 속하는 작품이다(참고로,「상춘곡」,「사미인곡」 같은 작품들이 이 장르의 간판작품들이다).

주인공은 마흔을 훌쩍 넘긴 노처녀, 배경은 조선시대의 어떤 향촌. 이팔청춘 열여섯 살이면 누구나 혼인을 했던 그 시절에 마흔이 넘도록 혼인을 못했으니 참, 팔자 한번 기박하다. 요즘이야 마흔 넘긴 독신들이 수두룩하다. 앞에서도 말했다시피, 노처녀라 하기엔 다소 민망하여 우리 연구실에선 그들을 '독거노인'이라 부른다. 요즘도 이럴진대, 조선시대 향촌에서 마흔 넘은 노처녀라면 다른 친구들은 손자들 재롱을 볼 노년층에 속한다. 그래도 어쨌거나 결혼을 한 번도 안 했으니, 노처녀는 노처녀인 셈이다.

근데, 작품을 읽어 보면 이 처녀는 나이가 문제가 아니다. 나이 이전에 "일신이 갖은 병신"이다. 곰보에 한쪽 눈이 먼 데다 귀도 먹었다. 왼손과 왼쪽 다리를 제대로 못 쓴다. 이 밖에도 신체적 결함이 수두룩하다. 이 정도면 외모 콤플렉스 정도가 아니라, 정상적인 사회생활이 불가능한 수준이다. 요즘 같았으면 가족들도 어쩌지 못하고 요양원에라도 보냈을 것이다. 하지만, 당시엔 아무 문제 없이 마을 공동체 안에서 공존할 수 있었다. 근대 이전의 부락사회에선 광인이나 미치광이, 바보, 심지어 문둥병 환자까지도 서로 뒤섞여 살 수 있었다. 그만큼 이질성이 공존할 수 있는 여지가 넓었던 셈이다. 그에 비하면, 우리는 얼마나 균질적이면서, 또 그래서 냉혹한 시대에 살고 있는지. 쩝!

아무튼 그렇기는 해도 웬만하면 자기 신세를 한탄하고 운명을 한탄할 만도 하건만, 이 처녀, 조금도 기죽지 않는다. 기가 죽기는커녕 오히려 기세등등하기까지 하다. 예컨대, 이런 식이다. "내 얼굴 얽다 마소 얽은 궁게 슬기 들고 / 내 얼굴 검다 마소 분칠하면 아니 흴까 / 한편 눈이 멀었으나 한편 눈은 밝아 있네 / 바늘귀를 능히 꿰니 보선볼을 못 박으며 / 귀먹다 나무라나 크게 하면 알아듣고 / 천둥소리 능히 듣네 / 오른손으로 밥 먹으니 왼손 하여 무엇 할꼬 / 왼편 다리 병신이나 뒷간 출입 능히 하고."

오, 놀라워라! 무슨 선문답처럼 반전에 반전을 거듭한다. 사실 콤플렉스라는 게 그렇다. 정상성의 표준 아래서만 그것이 결핍이요 장애가 되는 것이지, 만약 그런 식의 척도에 속박되지 않는다면 심지어 눈이 하나 멀었다는 사실까지도 자신을 부정하는 이유가 될 수 없다. 이 처녀는 아주 직설적으로 그 점을 환기하고 있는 것이다. 이 처녀의 '선문답'은 계속된다. "엉덩뼈가 너르기는 해산 잘할 장본(張本)이오 / 목이 비록 옴쳤으나 만져 보면 없을쏜가." 허참, 뻔뻔스럽기는! 거기다 한술 더 떠, 행실까지 훌륭하다며 떠벌이는데, "시속행실 으뜸이니 내 본시 총명키로 / 무슨 노릇 못할소냐 기역 자(字) 나냐 자를 / 십년 만에 깨쳐 내니 효행록 열녀전을 / 무수히 숙독하매 모를 행실 바이 없고 / 중인이 모인 곳에 방귀 뀌어 본 일 없고 / 밥주걱 엎어 놓아 이를 죽여 본 일 없네 / 장독소래 벗겨내어 뒷물 그릇 한 일 없고 / 양치대를 집어내어 추목하여 본 일 없네." 자신의 모든 것을 긍정할 수 있는 놀라운 능력! 이 정도면 가히 절대긍정의 경지라 할 만하다.

그러니 이 처녀, 혼인하겠다는 야망(?)을 결코 포기하지 않는다. 위아래 형제들이 시집을 갈 때마다 "화증이 폭발하고" 웃었다 울었다 온갖 히스테리를 다 부린다. 하지만, 가족 친지들은 아무도 신경 써 주지 않는다. 해서, 결국 자기 스스로 혼인을 하겠다고 나섰다. "내 서방을 내가 갈히지 남다려 부탁할까"라며, 자신이 운명의 주인임을 스스로 선포한 것이다.

먼저 천지신명의 힘을 빌리기로 한다. 일등 신랑감인 김도령과 이등 신랑감인 권수재, 두 사람의 성명을 써 가지고 쇠침통을 흔들면서 이순풍, 소강절, 원천강에게 신통함을 보여 주십사 빌었더니, 오호라 김도령이 낙점되었다. 천지신명이 점지해 주었는데, 어찌 거역할 수 있으랴. 이거야말로 운명적 사랑이 아니고 무엇이랴. 얼씨구나! "큰기침 절로 나고 어깨춤이 절로난다." 흥분을 가라앉히고 잠깐 잠이 들었는데, 꿈속에서 멋들어지게 김도령과 혼례식을 치렀다. 막 합방을 하려는 찰나, 아뿔사! 개짖는 소리에 놀라 잠이 홀딱 깨 버렸다. 이런! "미친증이 대발하여 벌떡 일어 앉으면서 / 입은 치마 다시 찾고 신은 버선 또 찾으며 / 다듬잇돌 옆에 끼고 짖는 개를 때릴 듯이 / 와당퉁탕 냅들 적에 업더지락 곱더지락 / 바람벽에 이마 박고 문지방에 코를 깨며" 한바탕 "난리블루스"를 떤다. 너무 오랫동안 사랑에 굶주리다 보니 화증이 폭발해 버린 것이다. 좀 유별나긴 하지만 오랫동안 고독에 몸부림친 솔로들이라면 이 노처녀의 미친증에 깊은 공감을 보낼 터이다.

하지만, 지성이면 감천이라 했던가. 아니, '발원하라! 그리하면 이루어진다'고 했던가. 그날로 김도령과의 혼사가 일사천리로 진행된다. 그러자, 이 처녀 바로 조증 상태로 돌입한다. "혼인택일 가까우니 엉덩춤이 절로 난다 / 주먹을 불끈 쥐고 종종걸음 보살피며 / 삽살개 귀에 대고 넌지시 이른 말이 / 나도 이제 시집간다 네가 내 꿈을 깨던 날에 / 원수같이 보았더니 오늘이야 너를 보니 / 이별할 날 멀지 않고 밥 줄 사람 나뿐이랴." 과거에 대한 회한, 미래에 대한 불안감, 그런 건 안중에도 없다. 다만 이 순간을 마음껏 즐길 따름!

헌데, 놀랍게도 소원을 성취하고 나자 "먹은 귀 밝아지고 병신 팔을 능히 쓰게" 되는 기적이 일어난다. 거기다 쌍둥이 옥동자까지 낳아 온갖 복을 다 누린다. 어떤가. 이 정도면 '미친 사랑의 노래'라 할 만하지 않은가. 보통 사랑에 미친다 하면 우리는 비련의 정사를 떠올린다. 그게 바로 현대인들의 한계다. 사랑에 미치면 왜 꼭 '죽거나 나쁘거나'의 상황만 연상하는가. 이 노처녀처럼 '거꾸로 미치는' 사랑도 얼마든지 있다. 자기의 존재를 온전히 긍정하고, 욕망에 충실하며, 관습의 경계를 자유롭게 넘나드는 사랑. 관습이고 통념이고 다 무시하고 '행복하게 살아라!'라는 존재의 명령을 충실히 이행하는 사랑. 그녀는 사랑에 미쳤다! 하지만, 그녀의 광기는 삶의 새로운 생성을 야기하였다.

이 대목에서 꼭 환기해야 할 사항. 이 미친 사랑과 생성의 동력은 전적으로 그녀만의 독특한 유머 덕분이라는 것. 그녀가 자신의 운명을 비장하게 받아들였다면, 일단 그녀는 사랑 자체를 꿈꾸지 못했으리라. 자신이 사랑을 할 만한 가치가 있다는 걸 상상조차 하지 못했으리라. 자신의 운명을 절망적으로 만들어 버리는 통념들을 과감히 내던질 수 있었기에 그녀는 사랑의 열정에 자신을 내맡길 수 있었던 것이다. 그리고 그 힘은 바로 모든 상황을 역설적으로 뒤집을 수 있는 유머에 있었다. 이 유머의 내공을 터득하느라 그렇게 나이가 들었던 것이 아닐까?^^

그러므로 노처녀의 불편했던 몸이 치유되는 건 결코 우연이나 기적이 아니다. 그녀가 겪은 온갖 장애가 관습의 굴레와 욕망의 억압을 표현한 거라면, 욕망이 해소되는 순간, 그 신체적 장애들이 한꺼번에 치유되는 것은 너무도 자연스럽다. 장애를 겪을 때도 그녀는 그것을 결핍으로 받아들이지 않았다. 그러니 소망이 성취되었을 때, 그녀에겐 더 이상의 결핍이 있을 수 없다. 이렇듯, 유머의 힘은 실로 막강하다. 그러므로 어떤 대상과도 접속할 수 있고, 끊임없이 자기로부터 떠날 수 있으려면, 무엇보다 '유머러스한 신체'가 되어야 한다. 특히 돈과 학벌, 멀쩡한 외모를 갖추고도 사랑에 굶주린 채 쓸쓸하게 소멸되어 가는 이 시대 노처녀(혹은 독거노인^^)들은 더더욱.

무상성, '불멸'의 진리

이제 사랑의 기술 가운데 가장 어려운 난코스에 도착했다. 이 고봉준령을 넘으면 진정 사랑의 달인이 될 수 있다. 숨을 깊게 들이마시고, 호흡을 가다듬으시라.

사랑은 느닷없이 오고, 느닷없이 가 버린다. 사춘기 시절, 여기저기 산만하게 꽂혔다 식었다를 반복하는 수준은 아닐지라도, 많은 경우 사랑의 오고 감은 대개 돌발적이다. 평상적인 흐름과 과격하게 단절되면서 시작되기 때문이다. 아니, 그러한 단절 자체가 사랑이다. 만약 그런 식의 단절이 없다면 사랑이라 하기 어렵다. 친구 같은 관계건, 정으로 다져진 관계건, 그것이 사랑이 되려면 어떤 식으로든 불연속적인 문턱을 넘어야만 한다. 그래서인가. 끝날 때도 상당히 급진적(?)이다. 전혀 예기치 않은 상태에서 이별이 찾아온다(이 대목에서 습관적으로 배신 혹은 변심을 떠올릴 테지만, 그런 케이스는 앞에 '실연은 없다!' 부분에서 다루었고, 여기서 말하는 이별은 그야말로 사랑 자체의 소멸을 말하는 것이다). 기간이 짧은 경우야 말할 것도 없지만, 아주 오래 사귄, 혹은 오래 함께 산 부부의 경우에도 그렇다. 어느 날 갑자기 결별의 국면에 접어들곤 한다.

한편으로 생각해 보면, 이게 보편적인 사랑의 전개과정이다. 왠 줄 아는가? 삶이 바로 그러하기 때문이다. 삶의 궤적에 있어서도 변곡점은 어느 순간, 느닷없이 찾아온다. 계절이 바뀌는 모습을 한번 보라. 찌는 듯 무덥다가도 입추가 되면 여지없이 하늘은 저만치 높아져 있다. 그러고 나면, 대기의 촉감, 바람의 냄새가 바로 달라진다. 삶 또한 그렇다. 삶에도 절기가 있다. 절기가 바뀌면 몸도, 마음도, 활동도 여지없이 다른 국면으로 접어든다. 그러니 사랑이야 말할 나위도 없다. 그럼에도 사랑에 관한 많은 이야기들은 대개 전자(만남)에만 주목할 뿐, 후자(별리)에 대해선 그저 방치해 버린다. '사랑의 서사'에서 빼 버리는 것이다. 아니, 어떻게든 이별을 지연시키는 데만 골몰한다. '영원한 사랑'이라는 신화 혹은 주술 때문이다. 하지만, 그래선 곤란하다. 아무리 영원성에 대한 주술을 왼다 한들 이별을 피해 갈 방도는 없다. 살아 있는 한, 죽음을 절대 피해 갈 수 없는 것과 마찬가지로. 그러므로 죽음을 어떻게 받아들이냐가 삶을 결정하듯이, 헤어짐의 내용과 형식이 사랑의 전체 여정을 결정한다. "모든 존재는 사라진다."(정화스님) 마찬가지로 모든 사랑은 이별을 향해 나아간다. 무상성(無常性), 사랑의 여정에 있어서 불멸의 진리는 오직 이것뿐!이다.

사랑도 '생로병사'를 겪는다

루쉰의 작품 가운데 「죽음을 슬퍼하며」(傷逝)라는 소설이 있다. 두번째 단편집 『방황』('루쉰문고' 4, 그린비, 2011)에 실린 작품이다. 루쉰의 문장 가운데 유일한 연애소설이다. 줄거리는 대략 이렇다.

20세기 초 민국 말기 한 중년 남자와 젊은 여자가 동거를 시작한다. 관습적으론 결코 용납될 수 없는 관계다. 하지만, 여자는 당당하게 집을 뛰쳐나온다. "나는 나 자신의 것이에요." 사랑의 탈주선을 탄 것이다. 헌데, 문제는 그 다음부터다. 그녀에겐 삶이 아니라 사랑이 전부였다. 늘 남자가 자신에게 사랑을 고백하던 그 순간을 떠올릴 뿐 아니라, 남자에게 그 장면을 반복해 주기를 원한다. "밤이 깊어 주위가 고요해지면 두 사람이 마주 앉아 복습하는 시간이 된다. 나는 언제나 질문을 받고, 시험당하며 게다가 당시에 한 말을 다시 말해 보라는 명령을 받는다. 그러나 나는 열등생처럼 언제고 그녀로부터 보충을 받고 정정을 받아야만 했다."

남자 또한 그녀를 지극히 사랑한다. 하지만 남자는 과거의 순간에 묶여 있지 않다. 그녀와 더불어 삶을 함께 만들어 가고 싶어서다. 이렇듯, 동거가 시작되면서 남자와 여자의 시선과 리듬이 서로 어긋나기 시작한다. 둘 사이의 간극이 점차 커지자, 여자는 남자에 대한 집착을 강아지와 닭한테로 옮겨 버린다. 강아지를 돌보고 닭 모이를 주는 데 몰두하느라 남자의 밥을 줄이기도 한다. 둘은 점점 더 멀어진다. 남자는 마침내 여자에게 더 이상 사랑하지 않는다고 고백한다. 여자는 다시 집으로 돌아간다. 하지만, 남자의 예감대로 여자는 죽어 버린다. 남자는 이루 형언할 수 없는 깊은 공허감에 휩싸인다. 이게 끝이다.

보통 연애소설이나 멜로드라마는 주변의 온갖 반대와 관습적 장벽을 무릅쓰고 어떻게 사랑이 결실을 맺는지 그 과정에 초점이 맞춰진다. 그래서 사랑이 확인되는 순간, 대개 끝나 버린다. 하지만, 현실에선 그때부터가 시작이다. 이전의 과정이 워밍업이라면, 이후부터가 메인 게임인 것. 그런 점에서 멜로물들은 늘상 워밍업만 하다 마는 셈이다. 루쉰은 역시 고수다. 그는 곧바로 메인 게임에 돌입한다. 관습적 장벽은 뛰어넘었지만, 그렇다고 그것이 이후의 여정을 보장해 주는 건 결코 아니다. 사랑과 생활이 전면적으로 결합하면서 둘의 내면 깊숙한 곳에 똬리를 틀고 있는 갖은 망상들이 얼굴을 내밀기 때문이다. 그리고 그 위로 시간이 흘러간다. 이때부터 바야흐로 사랑은 예측불허의 장면들을 연출하기 시작한다.

소설 중간쯤에 남자는 이렇게 독백한다. "그녀는 벌써부터 아무 책도 읽지 않았고, 그리하여 인간의 생활에서 첫번째가 삶을 구하는 것임을 모르고 있었다. 이 길을 개척하려면 반드시 손을 맞잡고 함께 나아가거나, 또는 홀로 분투하며 나아가지 않으면 안 된다는 것을 모르고 있었다. 만약 남의 옷자락에 매달리는 것만 알게 되면 비록 전사라 할지라도 전투를 할 수 없게 되고 함께 멸망할 수밖에 없게 된다." 핵심은 간단하다. 사랑은 끝없이 변화하는 흐름이요 운동이라는 것, 그래서 무조건 앞을 향해 나아가야 한다는 것, 이것을 간과하고 어느 한 지점에 머물러 있고자 할 때 삶도, 사랑도 가차 없이 소멸되고 만다는 것. 이것은 단순히 사회적·시대적 관습에 대한 저항과는 또 다른, 매우 존재론적 차원의 문제다. 사랑을 위해선 존재의 심연에 대한 통찰이 수반되어야 하는 이유가 여기에 있다.

"사랑이 어떻게 변하니?" "영원히 너만을 사랑할게." "이 순간을 영원히!" 우리는 늘 이런 식의 구호에 포위되어 있다. 물론 말짱 거짓말이다. 사랑은 당연히 변한다. 사랑을 하는 마음과 몸이 변하기 때문이다. 모든 태어난 것은 자라고 병들고 늙고 죽는다. 마찬가지로 사랑 또한 나고 자라고 쇠하고 소멸된다. 한마디로 생로병사를 한다. 어떤 커플도, 어떤 유형도 이 존재와 우주의 '정언명령'으로부터 자유로울 수 없다.

이런 점에서, 첫사랑의 신화는 정말 '만들어진' 것이다. 첫사랑을 경험한 지 10년, 20년이 지났는데도, 그 사이에 어떤 관계를 맺지도 않았는데도, 그 환상을 여전히 품고 있다면 그건 둘 중 하나다. 하나도 자라지 않았거나 아니면 자신을 속이고 있거나. 그런가 하면, 평생을 일심동체로 산 커플이라도 이 무상성을 피해 갈 도리는 없다. 그들 또한 끊임없는 변화를 겪어야 하고, 결국에는 죽음에 의해 사랑의 종말을 맛보아야 한다. 또 혁명적 동지거나 정치적 파트너라고 해도 역시 마찬가지다. 어떤 이념적 유대도 사랑의 생로병사 앞에선 무력하기 짝이 없다. 80년대 운동권 커플들이 이 방면에 관한 한, 지독한 실패를 반복해야 했던 이유도 여기에 있다.

모든 무상함이 다 그렇지만, 사랑의 무상성만큼 사람들을 당혹케 하는 것도 없다. 그것은 어쩌면 다른 파트너가 생겨서 배신당한 경우보다 더 치명적일 수도 있다. 루쉰의 소설에서처럼 스스로 목숨을 끊어 버릴 정도로 끔찍한 재앙이 되기도 한다. 사랑의 영원불멸을 믿었던 딱 그만큼, 그에 비례하여 절망과 허무에 휩싸이게 된다. 이미 말했듯이, 마음에는 안팎이 없다. 사랑이 몸과 마음의 특별한 행로라고 한다면, 사랑도 일종의 흐름이요 운동이다. 이 흐름을 멈추게 할 수 있는 건 세상에 없다. 따라서 중요한 건 이 흐름을 능동적으로 타는 것이다.

하지만 대개의 연인들은 이 생로병사의 마디를 잘 알지 못한다. 아니, 그걸 알아야 한다는 생각조차 하지 않는다. 그저 어느 날 필이 꽂히고, 그 다음에 짜릿한 사랑을 주고받은 다음, 엉망으로 망가졌다고 기억할 뿐이다. 쉽게 말하면, 자신의 마음이 이동하는 경로를 제대로 알아채지 못한다. 그래서 한 번 실패하고 나서도 고스란히 또 반복할 수밖에 없다. 그러므로 "사랑이 어떻게 변하니?" 이 질문은 이렇게 바뀌어야 한다. "사랑이 어떻게 안 변하니? 변하지 않는 것, 그건 사랑이 아니야"라고.

지나간 것은 지나가게 하라

생로병사의 마디를 안다 함은 한 국면이 다음 국면으로 넘어가는 문턱과 길목을 정확히 통찰하는 것을 뜻한다. 그렇게 되면 이미 흘러간 것, 즉 국면이 전환된 것에 대해 덜 집착하게 된다. 집착이란 무명의 산물이다. 즉, 어디서 왔다 어디로 가는지 모를 때, 지나온 곳도, 나아갈 곳도 알지 못할 때 말 그대로 길을 잃는다. 그 공포와 암담함이 번뇌와 망상의 모태다. 그리고 번뇌와 망상의 핵심이 바로 집착이다. 사랑과 소유를 포개는 근원도 거기에 있다. 그러므로 무상성에 대한 훈련은 실로 절실하다.

무상성을 인정하지 못하는 그만큼 번뇌는 증폭된다. "흘러가는 물을 보면서 흐름을 보지 않고, 물만 본다. 무상과 상 사이의 간극만큼 고(苦)가 발생한다."(정화스님) 다시 말해, 무상한 것을 붙들려고 하는 그만큼이 고통이라는 뜻이다. 니체가 망각능력을 강조한 이유도 거기에 있다. 망각한다는 건 사실 자체를 잊어버리는 건망증이나 기억상실증을 말하는 것이 아니라, 과거의 사실이 환기하는 정서적 배치에 끄달리지 않음을 의미한다.

이렇게 말하면, 그냥 수동적으로 혹은 냉소적으로 흘려보내라는 뜻처럼 들릴지도 모르겠다. 아니다, 절대! 그렇지 않다. "기억하되, 기억을 떠난 영역에 머무르면"(정화스님) 된다. 그런데 아주 역설적이게도 열정적인 사랑을 나눈 사람만이 이 무상성을 온전히 마주할 수 있다. 왜냐하면 사랑이 생겨난 그 시공간에서 쓸 수 있는 모든 기운이 완전 연소되었기 때문이다. 달리 말하면, 시절인연을 오롯이 다 누렸기 때문이다. 사랑이라는 사건이 왔을 때, 존재를 오롯이 집중하면서 삶을 창조하는 데 매진했다면, 다시 말해 허황한 판타지와 삿된 감정에 사로잡히지 않았다면, 그 사랑은 미련도, 회한도 남기지 않는다.

하지만, 대개는 그렇지 않다. 한편으론 지나간 것, 곧 추억에 매달리고, 다른 한편으론 아직 오지 않은 것에 대한 두려움과 몽상 속에서 정작 '지금, 여기'에 온전히 기투하지를 못한다. 대부분은 자신의 과거 또는 상대방의 과거의 그림자에 사로잡혀 엄청난 에너지를 소모한다. 질투에 몸부림치고, 자의식에 시달리고. 한의학적으로 보면 '허열'(虛熱)들이 망동하는 셈이다. 이것이 바로 불완전 연소다. 과거로부터 날아온 온갖 까끄라기와 찌꺼기로 인해 불꽃이 제대로 타오르질 못하는 불완전 연소. 그러다가 막상 헤어지게 되면, 그때부터 또 미련과 자책감에 허우적거린다. 불완전 연소된 만큼의 잉여가 또 남게 된 것이다. 이런 궤적을 밟아 가다 보면 인생이 온통 찌꺼기로 범벅이 된다. 몸도 당연히 망가진다. 질병이란 게 원체 그렇다. 지나간 시간의 흔적이 지나가지 않고 그대로 남아 있는 것이 병이다. 다시 말해, 나를 둘러싼 주변의 조건이 바뀌었는데, 내 몸의 어떤 곳은 여전히 과거의 순간에 묶여 있으면 그게 곧 병이 된다. 비근한 예로, 체했다는 것이 그런 것 아닌가? 어제, 혹은 훨씬 전에 먹은 음식이 모두 연소되질 않고 그대로 자기의 형체를 고집하고 있는 것, 그것이 바로 '체기'다. 예컨대, 오징어가 내 위장에 들어가서 '오징어적' 정체성을 계속 고수한다고 생각해 보자. 허걱! 생각만 해도 끔찍하다. 이런 '시간차 공격'이 자주 반복되면 체질적 소화불량, 신경성 위장병이 된다.

그럼, 치료를 한다는 건 무엇일까? 완전히 연소시켜 다른 것으로 변이하게 해주는 것이다(오징어적 정체성을 해체시켜 주는 것!). 즉, 위장에 남아 있는 시간적 잉여들을 흘려보내 주는 것이다. 따라서 사랑을 하는데 몸이 약해지고 자주 체한다거나 하면, 그건 사랑이 제대로 흘러가지 못하고 있다는 뜻이다. 지금, 여기의 현장을 주시하지 않고 계속 지나간 것들이 누적되면서 잉여가 쌓이고 있다는 뜻이다. 그렇게 되면, 병이 문제가 아니라, 존재 자체가 위태롭게 된다. 요컨대, 몸이건 사랑이건 핵심은 같다. 지나간 것은 지나가게 하라!

헌데, 만약 둘 사이의 시간적 리듬이 어긋난다면? 즉, 한쪽은 지금 전이의 단계에 접어들었는데, 다른 한쪽은 지금 한창 절정의 단계라면? 그땐 인과의 그물망을 넓게 쳐야 한다. 존재와 우주 사이의 비전 탐구가 필요한 지점이 바로 여기다. 너무 거창한가? 좀 그렇다. 그래서 다들 어떻게든 모른 척하거나 건너뛰고 싶어 한다. 그러다 더 큰 번뇌 망상에 붙들려 제대로 연소하지도 못한 채 파국을 맞이하기도 한다. 파국이 두려워 뒷걸음질치다 오히려 파국을 더 빨리 불러들이는 격이라고나 할까.

이런 두려움을 떨칠 수 있는 기막힌 훈련법이 하나 있다. 마음의 무게중심을 움직이면 된다. 마음의 무게중심? 우리는 보통 무게중심이 하나라고 생각한다. 그나마도 미미하긴 하지만. 헌데, 무게중심이 한곳에 붙박혀 있으면, 평평한 길을 걸을 때는 별문제가 없지만, 굴곡이 심한 길을 가거나 낭떠러지 혹은 늪 같은 걸 만났을 땐 치명적이 된다. 만약 무게중심을 자유롭게 이동할 수 있다면, 설령 벼랑에서 떨어진다 해도 절대 다치지 않을 것이다. 고양이의 낙법을 떠올리면 된다. 무게중심을 자유자재로 이동할 수 있다면, 사랑이 일어나면 일어나는 대로, 쇠하면 쇠하는 대로 그 흐름을 유연하게 탈 수 있을 것이다. 이를테면, '응무소주(應無所住) 이생기심(而生其心)'— 머무는 바 없이 생각하라!(육조 혜능) 물론 그러기 위해선 내 안에 '정'(精)이 넉넉하게 확보되어야 한다. 정이 생성되려면 신(神)과 기(氣)

가 잘 어우러져야 하고. 신과 기가 잘 상응하려면 양생술을 닦아야 하고…… 기타 등등.

사르트르와 보부아르는 최초의 계약결혼으로 유명한 커플이다. 계약결혼이었지만, 평생을 함께한 동반자였다. 그럼에도 이들의 사랑 역시 무상한 흐름 앞에서 숱한 곡절의 마디들을 경험해야 했다. 특히 사르트르는 타고난 바람둥이었던 탓에 둘의 관계는 늘 스릴과 긴장의 연속이었다. 하지만, 보부아르는 사르트르가 새로운 애인이 생길 때마다 아예 셋이 함께 공존하는 식으로 대처했다고 한다. 한마디로 존재의 무게중심을 유연하게 옮긴 것이다. 만약 사르트르와의 관계를 하나의 방식으로만 고집했다면, 이들의 애정전선은 초기에 끝장나고 말았을 터. 그랬다면, 이들의 삶도, 철학도 훨씬 빈곤해졌을지 모른다.

물론 그렇다고 보부아르가 사르트르를 위해 일방적으로 헌신한 건 결코 아니다. 희생을 할 필요도 없었거니와, 보부아르 자신도 사르트르만큼의 자유를 충분히 누렸다. 보부아르 역시 10년간이나 미국의 한 남성과 뜨거운 사랑을 주고받았다고 한다. 하지만, 그것이 사르트르와의 관계를 근본적으로 훼손하지는 않았다. 말하자면, 사랑의 무상한 흐름을 이들은 아주 다이내믹한 방식으로 헤쳐 나간 셈이다. 이들처럼 서로를 구속하지 않고도 얼마든지 뜨겁게 사랑하고 소통할 수 있다. 마음 혹은 존재의 무게중심을 자유롭게 옮길 수만 있다면!

운명애(Amor Fati) — 운명은 '용법'이다!

자신을 망치는 상대한테 늘 끌리는 이들이 있다. 항상 상처를 받으면서도 또다시 그런 대상을 만나곤 한다. 신기한 노릇이다. 불교에선 이것을 "업"이라고 한다. 날 때부터 이미 신체에 깊이 새겨진 기억이라는 뜻이다. 사람은 백지 상태로 태어나는 것이 아니고 선천의 기억을 몸에 새기고 태어난다. 명리학적으론 사주팔자가 여기에 해당한다. 명리학적 앎의 체계에 따르면, 몸, 더 구체적으로는 오장육부 혹은 경락의 배치가 신체적 리듬과 강도를 결정하고, 그것이 곧 운명의 궤도를 결정한다고 본다. 다시 말해서, 모든 존재는 천지의 기운을 받아 태어나는데, 그것이 가장 먼저 오장육부와 경락의 배치를 만들고, 또 그것이 성정과 행위의 관성을 만들고, 그에 따라 가족적·사회적 배치가 형성된다. 그리고 그것의 시공간적 구조를 우리는 팔자 혹은 운명이라고 부른다.

요즘 도심을 지나가다 보면 온통 사주카페에 점성술 텐트들이 즐비하다. 한편으론 실업의 심각성을 보여 주는 것이자, 다른 한편 현대인들이 자신의 운명에 얼마나 목말라 있는지를 말해 주는 장면이기도 하다. 많은 사람들이 커다란 운명적 비전도 아니고, 고작 사귄 지 한두 달 된 애인과의 관계, 혹은 자식의 진학 문제 따위를 상담하기 위해 점쟁이를 찾아간다. 모든 관계가 한 치 앞을 재기 어려운 상황인 셈이다. "모든 고정된 것이 연기처럼 사라진다!"는 마르크스의 전언은 근대가 중세적 가치를 전방위적으로 해체할 때 나온 말이지만, 이 말은 바로 우리시대를 더할 나위 없이 잘 표현해 주고 있다. 그런 점에서 자본주의가 고도화될수록 앞으로 점성술은 더욱 만개하게 될 것이다.

헌데, 문제는 점성술이 번성할수록 사람들은 점점 더 운명으로부터 소외될 수밖에 없다는 사실이다. 단적으로 말해, 점쟁이한테 길흉화복을 묻는 건 아무 의미가 없다. 일어날 일은 어차피 일어날 것이고, 일어나지 않을 일은 일어나지 않는다. 그걸 족집게처럼 알아맞히는 게 대체 무슨 의미가 있단 말인가? 점이 무슨 묘기대행진도 아니고. 중요한 건 내가 나의 운명에 어떻게 개입할 수 있는가이다. 그러기 위해선 간절히 발원하는 바가 있어야 한다. 앞에서도 말했듯이, 발원한다는 건 자신에게 주어진 운명의 지도를 재배치하겠다는(불교식으론 업장을 소멸시키겠다는) 실존적 결단을 의미한다. 그때 명리학적 지혜가 필요하다. 내가 본래 가지고 태어난 카드를 통찰함으로써 어떤 패를 버리고, 어떤 패를 꺼내들 것인지를 선택할 수 있는 까닭이다.

이런 관점에서 보면, 운명을 바꾸는 것도 아주 간단하다. 리듬과 강도 부분에서 예고했듯이, 몸에 새겨진 기운의 배치를 바꾸면 된다. 없는 기운을 만들어 낼 수야 없지만, 내가 태어날 때 타고난 기운들은 얼마든지 활용가능하다. 그것을 어떻게 조합하느냐, 어떤 식으로 차서를 정하느냐에 따라 내 운명의 궤적은 얼마든지 달라질 수 있다(헷갈리면 화투나 카드 게임을 연상하면 된다). 출가자들이 수행을 하는 것도 이 신체에 새겨진 지도로부터 벗어나기 위함이리라. 그런 점에서 업장을 덜어 내면 깨달음을 얻는다는 것도 아주 간단한 이치다. 사주팔자의 흐름이 지닌 관성들로부터 자유로워지면 그게 곧 깨달음이 된다. 한비야 식으로 말하면, 지도 밖으로 행군하라!^^ 이렇게 말하면 다들 포기해 버린다. 그냥 팔자대로 살지 뭐. 맞다. 모두가 다 수행자가 될 수도 없고, 그럴 필요도 없다. 그럼 그냥 무데뽀로 살아야 하나? 점쟁이들이나 찾아다니면서? 그렇지는 않다. 팔자를 완전히 벗어날 수야 없겠지만, 적어도 팔자 안에서 자유의 공간을 확보할 여지는 얼마든지 있다. 이것까지 포기하면, 그건 정말 부처님도 어찌할 수 없다는 구제불능의 신세가 되어 버린다.

예컨대, 앞에서 말한 것처럼 계속 자신을 망치는 상대한테 끌리는 팔자를 타고났다고 치자. 두 가지 방법이 있을 수 있다. 하나는 평소에 자신의 욕망의 배치를 바꿀 수 있는 일상적 훈련을 하는 것이다. 즉, 재능·건강·재물 등 자신이 현재 가지고 있는 것들을 지금까지와는 전혀 다른 방법으로 쓰면 된다. 그렇게 기운의 배치를 바꾸면 자신의 몸에 새겨진 욕망의 코드에 변화가 생기게 마련이다. 욕망은 고정불변의 실체가 아니라, 관계성의 산물이기 때문이다. 이 점을 백분 활용하는 것이다. 젊었을 땐 연약했다가 나이가 들수록 건강해지는 사람들이 있는데, 그게 바로 이런 경우다. 나이가 들면 기운 자체는 줄지만, 그 기운을 활용하는 지혜는 늘어나게 된다. 그러면 당연히 더 건강해진다. 태생적으로 건강이 안 좋은 사람도, 또 아주 심한 병에 걸린 사람도 마찬가지다. 자신이 가지고 있는 기운을 어떻게 바꾸느냐에 따라 얼마든지 삶의 구조와 편폭이 달라질 수 있다. 내 안에 잠재해 있는 일그러진 욕망의 코드도 마찬가지다. 그냥 대책 없이 끌려다니지 말고 배치를 바꾸라. 그것은 금욕적으로 참는 것과는 전혀 다른 것이다. 일상의 배치를 바꿈으로써 구체적인 변화의 흐름을 타는 것이다.

다른 하나는 자신의 그런 사나운 운명에 대해 능동적으로 수긍해 버리면 된다. 능동적으로 수긍한다? 무슨 말인고 하니, 피할 수 없다면 그 상황을 적극 즐겨 버리라는 것이다. 대신, 그 무상한 변화 자체를 통찰할 수 있어야 한다. 사랑이 번뇌가 되는 건 많은 경우 사회적 통념으로 인해서이다. 만약 내가 이 가치들로부터 자유로울 수 있다면(이게 바로 공부다!) 아무리 엇나가는 팔자라 해도 그것이 나의 존재성에 해를 입힐 수가 없다('미친 사랑의 노래'를 떠올릴 것!). "팔자가 사납다"고 하는 건 대개가 돈과 권력, 가족 등의 척도에서 많이 빗나갔다는 뜻이다. 하지만, 만약 내가 그런 가치에서 자유롭다면 상대가 어떻든(심지어 바람둥이라 해도) 무슨 상관이란 말인가. 니체의 말대로 사랑은 사랑하는 대상도 창조한다고 했는데, 내가 그 대상을 전혀 다른 존재로 창조해 버리면 되는 것 아닌가. 이 방면의 최고 고수는 '그리스인 조르바'이다. 그는 언제, 어디서나 사랑을 한다. 상대는 주로 팔자 사나운 과부들이다. 상부살 잔뜩 낀 과부들과 떠돌이 유랑객과의 사랑이라? 이보다 더 사나운 궁합이 있을까 싶지만, 결코 그렇지 않다. 그의 사랑의 행로에는 늘 생의 환희가 함께한다. 번뇌는 그림자도 찾아볼 수가 없다. 왜? 사회가 부과한 어떤 망상체계에도 지배당하지 않기 때문이다.

"인간이라니, 무슨 뜻이지?"라는 질문에 그는 이렇게 단언한다. "자유라는 거지." 따라서 그에게 있어, 사랑이란 '자신의 생의 약동'을 자연스럽게 발로하는 행위이다. 그와 함께 있으면 "음식은 곧 피로 변했고 세상은 더 아름다워 보였다. 우리 옆에 앉은 여자는 시시각각으로 젊어졌다. 얼굴의 주름살도 사라지기 시작했다."(니코스 카잔차키스, 『그리스인 조르바』, 이윤기 옮김, 열린책들, 45쪽) 그야말로 '충만한 신체, 충만한 대지'인 것이다.

그런가 하면, 정반대의 케이스도 있을 수 있다. 늘 연애에 빠져 허우적대는 사람이 있는가 하면, 도무지 연애 자체가 발생하지 않는 사람들도 적지 않다. 전자가 과잉이라면, 후자는 불급이다. 후자가 겪는 번뇌도 만만치 않다. 하지만, 이 경우도 마찬가지다. 정말 사랑의 열정을 맛보고 싶다면, 지금 당장 일상의 배치를 바꾸는 훈련에 돌입해야 한다. 건강·재능·재물 등 자신이 가지고 있는 모든 것을 지금까지와는 전혀 다른 방식으로 써 보라. 물론 그러기 위해선 어떤 식으로든 공부를 해야 한다. 사주팔자를 풀이할 때, '인성'이라는 영역이 있다. "나"를 낳아 주는 상생의 기운을 지칭하는 용어다. 헌데, 이 인성을 풀이하면 공부운이 된다. 실로 절묘하지 않은가. 나를 낳아 주는 상생의 기운이 다름 아닌 공부라니. 물론 이때 공부는 자격증, 학벌과는 거리가 먼, 존재 우주에 대한 탐구를 뜻한다. 열정이 도무지 솟구치지 않는다면, 이 상생의 리듬을 적극 활용해 보는 것도 나쁘지 않다.

다시 한번 말하지만, 대상은 내가 창조하는 것이다. 따라서 사랑을 하고 싶어도 사람이 없다는 말은 결국 대상을 창조할 능력이 없다는 뜻일 뿐이다. 그런 사람들은 대개 몸이 무겁다. 자의식도 엄청 강하다. 몸이 무겁고 자의식이 강하다는 건 사랑을 가로막는 각종 망상들을 몸 여기저기에 덕지덕지 붙이고 다닌다는 뜻이다. 그런 상태로 누군가가 나타나 주기를 기다리고 있으니 인연이 올 리가 있는가? 만약 자신이 그런 케이스라고 여겨진다면, 일단 자신의 몸과 마음을 잘 관찰해 볼 필요가 있다. 나의 욕망이 어떤 가치에 의해 구조화되어 있는가를. 내 몸의 동선이 어떤 식으로 왜곡되어 있는가를. 그리고 일단 그것들로부터 벗어나려는 투지를 불태워야 한다. 그런 다음엔 전전긍긍하지 말고 시절인연이 오기를 기다려라. 대신 그냥 기다리면 왔다가도 휘리릭 지나갈 뿐 아니라, 겨우 이어진다 해도 지리멸렬한 상태로 끝날 수도 있다. 그러니 그냥 멍하게 기다리지 말고 욕망의 코드를 바꾸기 위한 치밀한 훈련을 해야 한다. 명상이든 요가든 사회봉사활동이든 암튼 뭐든 해야 한다. 세상에 공짜는 없는 법이다.(^^)

만약 그게 싫다면? 그냥 자신의 운명을 즐기면 된다. 대신 결핍이 없어야 한다. 결핍을 속으로 쌓아 두면 업장이 더욱 두터워질 테니까. 그리고 사랑을 하지 않고도 충만하게 살려면 연애보다 더 크고 넓은 비전이 있어야 할 테니, 역시 그걸 위해서도 몸과 마음, 그리고 운명에 대한 통찰을 멈춰서는 안 된다. 아니, 더 본격적으로 해야 한다. 역시 에로스는 쿵푸다.^^

* * *

운명이란 무엇인가? 길흉화복의 궤적이다. 사람들은 당연히 좋은 운이 오기를, 나쁜 운이 사라지기를 바란다. 여기서부터 꼬이기 시작한다. 이상한 계산법 아닌가? 좋은 건 내 탓이며 당연한 소치고, 나쁜 건 남 탓이고 세상 탓이다. 이런 마음 자체가 이미 운명과의 간극을 만들고, 이 간극만큼의 괴로움을 낳는다. 따라서 이런 계산법으론 절대 운명을 긍정할 수 없다. 자기 팔자를 한탄하는 행위, 그건 무조건 '사나운 팔자'에 해당한다. 부귀를 누리면서도 얼굴엔 청승기가 가득하고, 입으론 신세한탄이 그치지 않는 사람들이 많이 있다. 가장 천한 팔자가 그런 게 아닐까? 그럼 어떻게 해야 하는가? 질문을 다시 구성해야 한다. 좋고 나쁜 것은 어떻게 결정되는가? 만약 그 기준이 다르다면 길흉화복의 해석도 다 달라질 게 아닌가? 그렇다! 그것은 '하나의' 척도에 불과하다. 그런데 그게 정말 믿을 만한 건가? 절대 그렇지 않다. 그저 어떤 시대, 어떤 집단의 통념일 따름이다. 그렇다면 결국 길흉화복은 사람마다, 시대마다 다를 수밖에 없다. 팔자를 능동적으로 장악하라는 건 바로 이 해석의 기준을 남에게 맡기지 말고, 스스로 마련하라는 뜻이다. 그렇게 되면 어떤 운명도 다 긍정할 수 있게 된다. 좋으면 좋은 대로, 나쁘면 나쁜 대로, 인연이 오면 오는 대로, 가면 가는 대로. 자신의 운명을 있는 그대로 받아들일 수 있는 것. 그것보다 더 기막힌 길조가 어디 있으랴. 그런 점에서 최고의 운세란 운명을 사랑하는 운명, 곧 '운명애'(Amor fati)!다. 어떤 사랑도 그 자체로 축복이요 행운이라는 건 바로 이런 맥락에서다. 물론, 그 걸 누리기 위해선 '운명은 용법이다!'는 테제를 사무치게, 실로 사무치게! 터득해야 하지만 말이다.

에로스와 운명애

로, 「디드로의 초상」, 1767

에로스와 지적 능력의 함수관계

지성에서 비롯된 매력은 쉬이 사라지지 않는다. 장금이가 그랬고, 루쉰이 그랬고, 사르트르가 그러했다. 우리는 흔히 '매력'을 멋지고 세련된 외모와 일치시키지만, 사실 네루다와 조르바가 그렇게 많은 여인들의 사랑을 받았던 게 그들이 '잘생겼'기 때문이던가? 이 '사랑의 달인'들이 가진 공통점은, 지성과 서사가 흘러넘쳤다는 사실이다. 고로, 공부하라, 그러면 사랑은 절로 따라올 테니!

할스, 「즐거운 친구들」, 1623

한바탕 웃음으로, 함께 있어 좋은 사람들!

기쁨은 신체 전체의 능력 향상을 뜻한다. 내 안에서 흘러나오는 긍정적인 에너지는 음악이 되고, 기쁨이 된다. 연인이나 부부관계, 혹은 친구관계에서 자기 스스로가 기쁨의 동력이 되는 사람이 바로 진짜 능력을 가진 자이고, 진정으로 자유로운 사람이다. 어떤 상황에서든지 원인을 바깥에서만 찾는 사람은 누구와 있어도 즐겁지 않고 자유로울 수 없는 그야말로 노예적 인간이다. 그러므로 웃어라! 세상이 함께 웃을 것이니!

헤르메센,「바니타스」, 1535년경

모든 사랑은 이별을 향해 나아간다?

'바니타스'(vanitas), 덧없다는 뜻이다. 변하지 않는 것은 변화뿐이라는 식상한 말을 끌어 오지 않더라도 우리는 살면서 이미 몇 번의 무상함을 실감했을 터. 사랑이라고 다를 리 없다. "어떻게 사랑이 변하니?" 순진한 유지태는 울부짖었지만(「봄날은 간다」), 나는 오히려 이렇게 되물을 수밖에 없다. "어떻게 사랑이 안 변하니?"

267

에필로그

천 개의 사랑,
천 개의 길

"모든 인간은 자신의 능력만큼 신을 만난다." 스피노자의 말이다. 사랑도 똑같다. 하지만, 오해해서는 안 되는 사항이 하나 있다. 이 능력의 차이를 위계화해서는 안 된다는 것. 각기 다른 방식의 사랑법이 있을 뿐이다. 심지어 평생 사랑과는 관계 없이 살 수도 있다. 혹은 평생 연애 타령만 하면서 살 수도 있다. 전자와 후자 사이에는 어떤 위계도 없다. 경우에 따라선 후자보다 전자가 더 에로스적 충만감을 누릴 수도 있다. 욕망과 일상의 배치를 변환할 수만 있다면, 얼마든지! 궁극적으로는 사랑과 사랑 아님의 경계마저도 사라져야 하니까. 이미 연로해진 소포클레스에게 어떤 사람이 아직도 성적 접촉을 즐기느냐고 물었을 때, 그는 "아이고 맙소사! 사납고 잔인한 주인에게서 도망쳐 나온 것처럼 이제 나는 막 거기서 빠져나왔소이다"라고 답했다 한다. 여기에 대한 키케로의 덧붙임. "아쉽지 않은 사람은 결핍도 느끼지 못한다네. 그래서 아쉽지 않은 것이 더 즐거운 법이라고 말하는 것이네."

사랑의 능력에서 핵심은 사랑과 삶이 맺는 관계에 있다. 거듭 강조하거니와, 다 "살자고 하는" 짓이다. 사람과 사람 사이, 몸과 마음 사이, 인간과 자연 사이를 단절시킨 홈 파인 공간을 탈주하는 것, 삶의 역동적 복합성이 요동치는 매끄러운 공간으로 나아가는 것. 이건 정말 벅찬 도전이다. 그래서 에로스적 열정이 필요하다. 무모하고 담대해야 하니까. 그리고 일단 탈주가 시작되면, 거기에는 어떤 방향도 목적도 없다! 어디든 갈 수 있고, 무엇이든 할 수 있다. 천 개의 사랑, 천 개의 길!

"사랑하고 노래하고 투쟁하다"

파블로 네루다. 칠레의 민중시인. 오대양 육대주를 종횡하고, 스페인 내전을 비롯하여 수많은 혁명전선을 누볐지만, 그럼에도 그의 생애는 간단히 요약된다. "사랑하고 노래하고 투쟁하다." 사랑과 시와 투쟁. 그는 세 번 결혼을 했다. 어디 그뿐이랴. 낯선 고을 야삼경에 덤불숲에서 이름도, 얼굴도 모른 채 한 연인과 정사를 나눈 이후 그는 언제, 어디서나 사랑을 나누었다. 하지만 그는 유치한 바람둥이가 아니라 사랑의 화신이었다. 왜냐? 그의 사랑은 시와 노래, 투쟁과 저항으로 매끄럽게 흘러갔기 때문이다. 그는 늘 사랑에 빠졌지만, 절대 중독되지 않았다. 중독된다는 건 삶과 분리되어 오직 쾌감의 증대를 향해 치닫는 것이다. 그는 오히려 거꾸로였다. 그의 사랑은 늘 그로 하여금 수많은 사람들 속으로 밀어 넣었고, 민중에 대한 사랑과 혁명적 파토스에 불타게 해주었다. 그는 사랑 때문에 우정을 훼손하지도, 민중에 대한 열망을 저버리지도, 시를 포기하지도 않았다. 그의 멋진 독백을 잠시 감상해 보자.

> 최초의 탄환이 스페인 기타를 관통하고 거기서 음악 대신에 피가 솟구쳐 나오자 내 시는 인간의 절망이 널브러진 길 한가운데서 유령처럼 서성거렸고, 시에서는 무수한 뿌리가 생겨나고 피가 강물처럼 흘렀다. 그때부터 내 길은 다른 사람들의 길과 합류하게 되었다. 그리고 문득 고독이라는 남쪽에서 민중이라는 북쪽으로 방향

을 전환한 나 자신을 보게 되었다. 내 보잘것없은 시는 민중에게 칼이 되고 손수건이 되어, 무거운 고통으로 흘린 땀을 닦아 주고 빵을 위한 투쟁의 무기가 되기를 열망했다.…… 우리는 그 어떤 신비도 찾지 않는다. 우리들이 바로 신비이기 때문이다. 내 시는 끝없이 광활한 세상의 일부가 되고, 바닷속과 지하 세계의 일부가 되고, 놀라운 식물세계로 들어가고, 대낮에도 유령과 대화를 나누고, 땅속 깊은 속에 숨겨진 광물을 탐색하고, 가을과 인간 사이의 관계를 다시 맺어 주고 있다. (『파블로 네루다 자서전』, 박병규 옮김, 민음사, 2008)

그래서 그는 자신의 시가 "대낮에 광장에서 읽는 시"가 되기를 희망했다.

"책이란 숱한 사람들의 손길에 닿고 닳아 너덜너덜해져야 한다. …… 어둠을 헤치고 나아가 인간의 가슴을 만나고, 여인의 눈을 만나고, 길거리의 낯선 사람들을 만나고, 또 노을을 쳐다보거나 한밤중에 별을 바라보며 시 한 구절을 읊조리고 싶은 사람들을 만나야 한다. …… 우리 시인들은 낯선 사람들과 섞여 살아야 한다. 그리하여 낯선 사람들이 길거리에서, 해변에서, 낙엽 속에서 문득 시를 낭송할 수 있어야 한다."(같은 책, 386쪽)

시와 역사와 천지만물이 하나로 유동하는, 혁명적인, 너무나 혁명적인!

하여, 그는 늘 친구들 속에서, 거리에서, 혁명의 대오 속에 있었다. 세 번이나 결혼을 했지만, 그가 가정의 울타리에 갇혀 있었던 적은 한 번도 없었다. 즉, 그의 사랑과 섹스, 결혼은 늘 세상을 향해 열려 있었던 것이다. 세상을 향해 열려 있는 에로스, 이것이야말로 혁명의 원동력이다. 혹은 그 반대일 수도 있다. 민중과 혁명에 대한 열망이 그의 에로스의 동력이었을 수도 있다. 여기서 원인과 결과를 헤아리는 게 무슨 의미가 있을까마는. 68혁명이 바로 그랬다. 그때 젊은이들은 바리케이드 위에서 청춘의 열정을 불살랐고, 사랑을 나누었다. 에로스와 혁명, 사실 이보다 더 매끄러운 결합은 없다. 둘 다 지배적인 코드를 박차고 나가 흐르는 흐름이자 유동성이기 때문이다. 사랑이 삶을 창조할 수 있다면, 그 창조활동 가운데 가장 아름답고 가치 있는 것은 바로 혁명에 대한 열망일 것이다. 혁명에 대한 열망이야말로 국가와 가족, 학벌, 계층의 벽에 갇혀 질식하기 직전인 에로스적 본능을 살아 숨쉬게 하는 최고의 전략이 아닐까.

코뮌주의자의 사랑법 ─ 사랑과 우정 '사이'

혁명이 광장에서, 바리케이드 위에서 표현되는 것이라면, 코뮌은 그 혁명의 일상적 형식이다. 일상 속에서 자본과 권력의 코드를 벗어난 새로운 삶의 형식을 만들어 가는. 그럼, 코뮌과 에로스는 어떻게 연동되는가?

『무엇을 할 것인가?』라는 책이 있다. 19세기 말 러시아, 체르니

셰프스키라는 작가가 쓴 연애소설이다. 당대 젊은이들에게 엄청난 영향을 끼쳤고, 레닌의 저 유명한 저서『무엇을 할 것인가?』도 거기에서 유래한 것이라 한다. 이 작품에는 세 명의 주인공이 나온다. 한 명의 여성과 두 명의 남성. 남성 둘은 각별한 친구 사이이자, 시대와 삶을 바꾸고자 하는 열망에 불타는 젊은이들이었다. 처음엔 두 남녀가 사랑에 빠져 가정과 관습을 박차고 나와 새로운 삶을 개척한다. 혁명을 꿈꾸는 지식인과 노동자들이 힘을 합쳐 코뮌을 건설한 것이다. 함께 일하고 공부하고 축제를 벌이는 코뮌. 여기까지라면 그저 평범한 혁명소설로 간주되었을 것이다. 하이라이트는 그 다음부터다. 그런 일상이 지속되다가 이 여성이 또 다른 남성, 곧 남편의 절친한 친구와 사랑에 빠지게 된다. 어떤 이념도, 의지도 사랑의 무상성을 막지는 못한다는 걸 그대로 보여 주는 대목이다. 자, 이런 상황에서 코뮌주의자들은 어떻게 할 것인가? 그 전개방식은 실로 놀랍다.

 먼저, 여성 자신보다 남편이 그 사실을 미리 알아차린다. 무슨 낌새가 있었냐고? 천만에! 그녀의 꿈과 작은 행동거지 등을 세밀하게 관찰해 본 결과 아내와 친구가 깊이 사랑하고 있음을 알게 된 것이다. 그 다음, 그는 자신을 냉철하게 돌아보았다. 그러자 자신도 아내와의 사랑에 빈틈이 있었음을 알게 되었고, 아내와 친구가 정말 훌륭한 결합이라는 결론을 도출하게 된다. 말도 안 된다고? 물론 이 남성이 대단한 내공의 소유자인 건 틀림없다. 하지만, 그렇다고 절대로 불가능한 경지는 아니다. 또 이들의 삶 자체가 코뮌적 활동 속에서 구성되었기 때문에 질투나 분노, 소유와 집착 같은 감정들의 힘이 그

다지 크게 작동할 여지가 없다는 사실도 중요하다. 즉, 우리가 질투와 분노에 휩싸이는 건 사적 소유와 뗄 수 없이 연루되어 있다. 이혼이나 불륜이 치명적인 사건이 되는 것도 마찬가지다. 재산권 혹은 소유의 문제가 아니라면 그렇게 엄청난 분노와 원한을 낳을 까닭이 있을까. 요컨대, 이 정도 통찰만 할 수 있어도 우리도 얼마든지 이 소설의 주인공의 경지에 도달할 수 있다는 것이다.

아무튼 그 다음의 행보는 더 놀랍다. 그는 추락사를 가장한 자살 쇼를 하고는 미국으로 떠나 버린다. 아내와 친구를 쓸데없는 사회적 편견이나 비난에서 보호해 주기 위해 아주 치밀한 자작극을 벌인 것이다. 물론 그 둘에게는 그 저간의 사정을 소상하게 적은 편지를 보냄으로써 자책하거나 괴로워하지 않도록 달래 준다. 아내와 친구는 기꺼이 그 호의를 받아들인다. 시간이 한참 지난 후, 그는 미국에서 다른 여성과 사랑에 빠지고, 그 다음에 다시 되돌아온다. 그 다음엔? 코뮌에서 넷이 함께 살아간다.

이상적이다 못해 공상에 가깝다고? 그럴지도 모른다. 하지만, 미리 그렇게 설정할 필요는 없다. 앞에서도 말했듯이, 사랑의 감정은 끊임없이 변해 간다. 서로에 대한 태도뿐이 아니라, 존재와 사랑의 관계 역시 그러하다. 그리고 그것은 지극히 당연한 이치다. 내 삶이 바뀌어 가는데, 사랑이 어떻게 동일한 궤적에 머물러 있단 말인가? 사랑의 여정에 대해 인과의 그물망을 넓게 칠 수 있다면, 누구든 그 변화무쌍함 속에서 자신의 위치를 유연하게 이동할 수 있다. 특히 여기서 중요한 건 사랑과 우정 사이의 매끄러운 변이다. 함께 있고자 하는 열망을 지속시키는 데 있어 우정은 분명 사랑보다 유효한 전략이다. 문제는 우리시대엔 우정의 가치가 말할 나위 없이 허접해졌다는 데 있다. 사랑이 다른 관계들을 다 변경으로 추방해 버린 탓이다. 사랑 아니면 우정이라는 대립각도 거기에서 비롯한다. 그런 식의 이분법도 문제지만, 이 구도하에서 우정이란 어떤 강렬한 교류나 감응도 없이 그저 무덤덤한 관계라는 의미에 가깝다. 요컨대, 사랑의 독점적 지배하에선 우정도 절대 싹을 틔우지 못한다.

사랑과 우정이 왜 적대적인가? 사랑하는 연인이란 가장 좋은 친구라는 의미도 들어 있지 않은가. 이탁오의 말 가운에 이런 게 있다. "스승이면서 친구가 아니면 스승이라고 할 수 없다. 친구이면서 스승처럼 배울 게 없다면 역시 친구라 할 수 없다." 이 구절을 그대로 변주하면 이렇게 되지 않을까?

"연인이면서 우정을 나눌 수 없다면, 연인이 될 수 없다. 친구이면서 사랑보다 뜨거운 열정을 느끼지 못한다면, 역시 친구라 할 수 없다." 사랑과 우정만큼 가까우면서도 먼 단어도 없다. 하지만, 이 간격을 넘지 않으면 사랑은 절대 도약을 이루지 못한다. 그만큼 사랑은 우정이라는 든든한 배경이 필요하다. 사랑이 원숙해지면 누구나 친구 같다고 하고, 사랑에 멍든 이들이 하는 말 가운데 친구 같은 연인이 필요하다고 하는 것은 결코 헛소리가 아니다. 하지만 그러기 위해선 평소 우정의 지혜를 많이 터득해 두어야 한다.

연애를 하다가도 꼭 결혼을 할 때가 되면, 뭔가 틀어지고 해서 이젠 결혼이 내키지가 않아요. 그래서 생각한 게 이제부턴 친구를 열심히 사귀어야겠다, 이런 생각이 드는 거예요. 그런데, 생각해 보니 우정의 기술에 대해서도 별로 아는 게 없다는 생각이 들더라구요. (세미나 후배, 윤성)

『동의보감』 세미나를 같이 하는 후배다. 명리학을 배워 자신의 사주팔자를 펼쳐 보니 남편 자리에 해당하는 오행이 꽉 막혀 있었다. 그동안 여러 번 결혼의 기회가 있었는데, 번번이 어긋나곤 했었는데, 그게 우연이 아니었던 것이다. 뿐만 아니라, 그 오행에 해당하는 장기에 병이 들어 이미 수술을 한 적도 있다. 헌데, 이 후배는 그 뒤론 아주 마음이 편해졌다고 한다. 팔자타령을 하게 된 게 아니라, 오히려 그것을 자신의 고유한 리듬으로 받아들이고 나니까 쓸데없는 번뇌가 사라졌다는 것. 그래서 연애고 결혼이고 조급해하지 않고 아주 좋은 남자친구를 사귀어야겠다고 마음먹게 된 것이다. 위의 멘트는 이런 맥락에서 나온 말이다.

그렇다. 우정에도 많은 학습이 필요하다. 좋은 친구를 만나기 위해선 자신이 먼저 좋은 친구가 되어야 한다. 아주 다른 삶, 낯설고 창발적인 사유와 생활을 선물할 수 있어야 한다. 사랑과 우정 사이의 매끄러운 흐름, 그것이 바로 코뮌주의자의 사랑법이다. 실제로 공동체를 하면, 사랑과 우정 사이가 그렇게 확연히 갈라지지 않는다. 사랑과 우정이 공존할 수도 있고, 사랑은 아니지만 끈끈한 우정이 가능할 수도 있고, 사랑하는 것도 아니고 아닌 것도 아니고, 아닌 게 아닌 것도 아닌 채로. 윽, 헷갈린다. 그야말로 n개의 성, n개의 관계가 가능한 셈이다.

도와 에로스—사랑에 관한 '우주적' 농담

> 수련 : "마지막 남은 호흡을 아껴 득도의 경지에 오르세요. 저를 위해 쓰지 말고 최후의 호흡으로 해탈하세요."
> 리무바이 : "나는 평생 동안 당신을 사랑해 왔소. 나의 영혼은 당신이 있기에 죽어서도 외롭지 않을 거요."

영화 「와호장룡」의 대단원에 해당하는 대사다. 푸른 여우의 독이 온몸에 퍼져 리무바이는 마침내 죽음에 이른다. 그의 무공이라면 마지막 호흡으로 득도할 수 있다. 생사를 넘는 자유의 경지로 나아갈 수 있다는 뜻이렷다. 하지만, 리무바이는 그 호흡을 사랑하는 연인 수련을 위해 쓴다. "도에 대한 집착마저도 버린 도인의 경지일까? 아니면 사랑 앞에서 도를 놓친 속인의 경지일까?"(『이진경의 필로시네마』, 212쪽) 뭔지 모르겠지만, 대단한 사랑임엔 틀림없다. 영화 속에서 둘은 사랑하는 연인이자 도반(道伴)이다. 하지만, 그들은 평생 그 사랑을 가슴에 품고 살아간다. 처음 그 사랑을 고백하는 순간, 둘은 다만 손을 잡는다. 그것은 "억누르는 인내라기보다는 마주잡은 손을 타고 흐르는 따뜻하고 애틋한 절제가 그 사랑의 깊이를 보여 준다."(같은 책, 190쪽) 이 순간 이들이 교감한 열정은 어떤 섹스보다도 강렬하다.

물론 나 같은 속물로선 감히 짐작조차 하기 어려운 경지긴 하지만.

흔히 도(道)와 에로스는 적대적이라고 간주한다. 에로스적 충동을 억눌러야만, 다시 말해 가능한 한 탈성화되어야만 도를 터득할 수 있다고 생각하는 것이다. 정말 그럴까? 그렇다면, 관음보살의 저 관능적인 자태는 어떻게 이해해야 할까? 아니, 그 이전에 관음보살은 여성일까? 남성일까? 여성도 남성도 아닌 제3의 성이다. 여성도 남성도 될 수 있는 변이체! 그런 점에서 도와 에로스는 대립되는 것이 아니라, 역동적으로 감응한다. 진정, 원초적 본능의 한가운데를 통과하지 않고서 어찌 생사를 넘는 해탈이 가능할 것인가? 사랑이 생명의 원초적인 뿌리이자 원동력이라면, 마땅히 인간의 우주적 경지인 도와 이어질 수 있어야 하지 않을까? 이름하여, 사랑의 절대적 탈영토화!

너무 수준이 높아 엄두가 안 난다고? 염려하지 마시라. 도를 터득한 다음엔 다시 평상심으로 돌아온다. "평상심이 도다." 그럼, 평상심이란? 배고프면 밥을 먹고, 목마르면 물을 마시는 거란다. 언어도단! 한편으로 그렇고, 한편으로 그렇지 않다. 누구나 밥을 먹고 물을 마신다. 하지만, 밥을 먹고 물을 마시는 일이 도라는 걸 아는 이는 드물다. "만약 그것이 생사를 넘고 우주를 가로지르는 존재의 표현이라면, 그 심오한 뜻을 깨우칠 수 있다면, 밥을 먹고 물을 마시는 매일매일의 일상이 온통 존재의 충만감으로 넘치게 되지 않을까. 만약 그럴 수만 있다면, 그거야말로 삶의 가장 벅찬 경지가 아닐까." 에로스 또한 마찬가지이리라. 사랑이 밥이 되고 물이 되는 경지, 그것이

도와 에로스가 만나는 지점이리라. 농담하지 말라고? 맞다, 농담이다. 농담은 농담인데, 사랑에 관한 우주적 농담!^^

사랑하라, 두려움 없이!

"나를 보여 주는 게 너무너무 두려워요. 머릿속으로 상상을 할 때는 너무 좋은데 막상 만나서 연애가 시작되면 자꾸 뒷걸음질을 치게 돼요."

"몇 번 만나다가 조금 더 진전이 될라치면 나도 모르게 중단을 시켜 버려요. 더럭 겁이 나는 거예요."

사랑에 관한 지도를 그리면서 많은 사람을 만났다. 그들의 목소리는 거의 똑같았다. 너무 외로워요. 그래서 사랑을 너무 하고 싶어요. 그런데 사랑이 너무 두려워요. 거절당할까 봐, 그래서 더 외롭게 될까 봐서요. 외로움은 두려움을 낳고, 두려움은 외로움을 낳고. 대부분 다 이 지독한 사슬 안에서 뱅글뱅글 돌고 있었다. 다른 문제에 관해선 그토록 지적이고 명철한 이들도 사랑과 성이라는 문제 앞에선 어떤 액션을 취해야 할지 어디로 발을 내디뎌야 할지 몰라 했다.

그래서 다시 원점이다. 아무리 그럴듯한 지도를 그렸다 한들 대체 무슨 소용인가. 길을 나서지 않는 이들에게 지도란 한낱 종잇조각에 지나지 않는다. 그러므로 가장 중요한 건 한 걸음을 내딛는 것이다. 모든 존재의 지상과제는 행복이다. 행복하라!는 명령에 부응해야 한다. 그럼, 행복은 무엇으로 이루어지는가? 자유와 해방이다. 자유와 해방의 개념은 철학적으로, 시대별로 다 다를 수 있다. 하지만 분명한 사실이 하나 있다. 한걸음씩 앞을 향해 나아가야 한다는 것이다. 뒷걸음질 치거나 훌쩍 건너뛰는 건 반칙이다. 나로부터 떠난다는 것이 바로 그런 의미이다. 니체의 말을 빌리면, "우리는 낡은 것으로 되돌아갈 수도 없다. 우리는 이미 배를 불태워 버리고 말았다. 용감해지는 수밖에 없다."(『인간적인 너무나 인간적인』)

영화 「와호장룡」의 마지막 장면. 리무바이가 죽자 수련은 용(장쯔이 분)에게 무당산으로 가라고 일러 준다. "마지막으로 부탁하건대, 앞으로는 네 자신한테 진실하게 살아." 무당산 위에 오른 용은 자신을 사랑하는 호에게 진심 어린 소원을 빌라고 한 뒤, 산 아래로 몸을 던진다. 백척간두진일보(百尺竿頭進一步)!

그렇다. 진실한 사랑을 위해 필요한 건 단 '한 걸음'이다. 사랑에 관한 오만과 편견, 자의식을 둘러싼 망상의 그물망을 벗어나 한 걸음, 단 한 걸음만 내디딜 수 있다면, 그것이 곧 백척간두진일보다.

그러므로, 사랑하라! 두려움 없이!